FELIZ POR DENTRO, BELLA POR FUERA

Dra. Amy Wechsler

Feliz por dentro, bella por fuera

El revolucionario programa
para conseguir una piel perfecta en 9 días

URANO
Argentina – Chile – Colombia – España
Estados Unidos – México – Uruguay – Venezuela

Título original: *The Mind Beauty Connection*
Editor original: Free Press, A Division of Simon & Schuster, Inc., New York
Traducción: Alicia Sánchez Millet

Copyright © 2008 *by* RealAge Corporation
Published by arrangement with the original publisher, Free Press,
a Division of Simon & Schuster, Inc.
All Rights Reserved
© de la traducción 2009 *by* Alicia Sánchez Millet
© 2009 *by* Ediciones Urano, S.A.
Aribau, 142, pral. – 08036 Barcelona
www.edicionesurano.com
www.mundourano.com

ISBN: 978-84-7953-725-8
Depósito legal: NA. 3.006 - 2009

Fotocomposición: Ediciones Urano, S.A.
Impreso por Rodesa S.A. – Polígono Industrial San Miguel
Parcelas E7-E8 – 31132 Villatuerta (Navarra)

Impreso en España — *Printed in Spain*

Para Zoe, Jaden y Harry

Nota para las lectoras

Este libro contiene las opiniones e ideas de la autora. Está pensado para proporcionar material informativo y útil sobre los temas que en él se tratan. Se entiende que la autora y el editor no pretenden transmitir información médica, sanitaria o sobre cualquier tipo de servicio profesional. La lectora debe consultar con su médico, especialista o cualquier otro profesional del campo de la salud antes de poner en práctica o sacar conclusiones sobre cualquiera de los consejos que aquí se dan.

La autora y el editor están exentos de toda responsabilidad sobre daños y perjuicios, pérdidas o riesgos, personales o de cualquier otra índole, que pudieran producirse como consecuencia, directa o indirecta, del uso y de la aplicación de cualquiera de los contenidos de esta publicación.

Índice

Introducción

El fin del envejecimiento por estrés

¿Qué edad aparentas? ¿Qué edad *crees* que aparentas? Si un sencillo test delante del espejo pudiera decirte cuál es tu edad física —sin tener en cuenta tu edad cronológica—, ¿qué crees que revelaría? Estás a punto de descubrirlo. En el primer capítulo vas a responder a tres cuestionarios, uno de los cuales es revolucionario. El test SkinAge está diseñado por RealAge y te dirá exactamente qué edad aparentas. Te indicará el punto de partida para que sigas el programa gradual que revela este libro, que te transformará desde dentro hacia fuera y que todo el mundo notará.

Si tu aspecto te frustra o te deprime —tanto si tienes 22 como 62 años—, éste es tu libro. Seguro que lo has elegido por algo. Quizá sea por un acné sin precedentes, por las profundas líneas de expresión y pequeñas arrugas, porque tu cutis no está radiante, por tu pelo fino y uñas quebradizas, por esos cinco kilos de más que no tenías el año pasado, o quizá por tu acelerado envejecimiento general que se hace patente por todas partes cada vez que te pones delante del espejo. Quizás ahora evites los espejos a toda costa. Sean cuales sean tus razones personales, voy a enseñarte a cambiar todo eso. Al fin y al cabo, para tu bienestar es esencial que te guste estar en tu piel. De hecho, mi experiencia me dice que nuestro aspecto es el espejo de nuestro estado de salud.

Podemos hacer muchas cosas para obtener grandes resultados sin tener que dar pasos radicales o someternos al bisturí. Mi visión es sencilla, eficaz y tiene mucha fuerza. Sin florituras ni trucos. Te quedarás boquiabierta cuando descubras mis sencillas prácticas diarias para resaltar tu belleza radiante y natural. Y para vosotras, madres ocupadas, que creéis que ya no se os permite estar espléndidas, escuchad lo que os voy a decir. Yo también soy madre, y no hay suficientes palabras para expresar lo importante que es utilizar las vanguardistas estrategias actuales para potenciar la salud, y por supuesto, la belleza. Toda vuestra familia se beneficiará.

Cuando RealAge me propuso escribir un libro, me entusiasmó la idea de poder transmitir mis conocimientos sobre cómo mantener un aspecto lo más radiante posible y sentirse del mismo modo, centrándome en la piel que nos envuelve tan maravillosamente. Algunas personas hacen lo imposible por descubrir los secretos que las ayuden a mantener su aspecto juvenil y resaltar su atractivo, y gastan miles de dólares, o de euros, en la industria de la belleza. El secreto está en aprender un poderoso principio y seguir un programa que se rija por él.

Este principio es la conexión mente-belleza, y es el requisito fundamental para conseguir una piel más bella (y un cuerpo, debo añadir). La esencia de esta conexión es la poderosa fuerza que existe entre nuestra mente interior y nuestro aspecto exterior, que se basa en una bioquímica probada. Los sorprendentes avances de la ciencia moderna nos están revelando cómo influye nuestra mente en la rapidez y la calidad de nuestro envejecimiento físico. Esto no sólo incluye nuestra forma de pensar y nuestra conducta, sino cómo nos enfrentamos a la vorágine de la vida moderna y conservamos la capacidad intrínseca de autocuración y embellecimiento de nuestro cuerpo. Pero lo más importante es que los científicos siguen descubriendo cosas increíbles acerca del extraordinario centro de comunicación que forman nuestra piel y nuestro cerebro, capaz de cambiar nuestro cuerpo por dentro y nuestro aspecto externo de formas que jamás hubiéramos podido imaginar.

En contra de las creencias populares, la piel no es tan sólo una barrera pasiva. Es un órgano muy activo. La mente y otros órganos se comunican entre ellos, directamente a través de los nervios, y de forma indirecta a través de mensajeros químicos.

Una visión sensata y sencilla

Este libro te incitará a realizar pequeños cambios en tus cuidados personales mediante recomendaciones prácticas y viables. No estoy escribiendo esto para venderte productos caros, ni para decirte algo que no haya sido probado clínicamente *con personas*. Muchas de las lociones, pócimas y demás productos en teoría imprescindibles que se amontonan en los estantes de los supermercados y perfumerías prometen mucho y hacen poco. Los prometedores estudios de laboratorio no siempre se traducen en resultados efectivos en las personas. No sólo voy a acabar con los mitos del mercado de la cosmética, sino que te voy a dar buenos consejos para distinguir los productos que de verdad te pueden ayudar, de los que no son más que un reclamo publicitario. Te voy a decir directamente lo que puedes hacer a partir de hoy para mejorar tu aspecto (¡y también reforzar tu confianza en ti misma!) sin dejarte engañar por la publicidad. Y si decides probar con métodos más agresivos como el Botox y el *resurfacing* [«una nueva superficie»], te guiaré para que encuentres la solución adecuada para ti, para tu bolsillo y para tu paz mental.

El envejecimiento prematuro y el acné del adulto son dos de los problemas cutáneos más comunes que veo en mi consulta, y me he dado cuenta de que muchas veces he de llegar al fondo del problema emocional o que ha causado el agotamiento para tratar estos síntomas de la vida moderna. Hay una gran variedad de estrategias que pueden ayudar a invertir los efectos de la tensión y la edad. Antes de graduarme en dermatología llevaba siete años ejerciendo de psiquiatra. Cada día tenía que recurrir a mi antigua especialidad para separar lo psicológico de lo físico y encontrar soluciones sencillas y sensatas para ambos problemas.

La primera línea de defensa

Mi experiencia en psiquiatría se complementa con mi práctica actual como ninguna otra especialidad podría hacerlo, y también me ha ayudado a ser mejor madre, esposa, amiga y doctora. Muchas pacientes vienen a verme para que les ayude a mejorar su aspecto y terminan hablándome de un millón de cosas. Por ejemplo, si alguien viene a verme para que le elimine el vello sobre los labios, me gusta hablar de cómo se siente una mujer que tiene demasiado vello en esa zona. La piel es un receptáculo de emociones, todos los días alguien llora en mi consulta. Nunca dejo que las pacientes se *vayan* llorando, pero sé que es una experiencia positiva.

En lo que respecta a belleza y al sentido de la identidad, estos dos campos de la medicina combinan a la perfección. La mayor parte de nuestros pensamientos afecta a nuestro aspecto, y viceversa. Siempre he creído que el cuerpo se ha de tratar en estrecha conexión con la mente. Debido a mi especialidad, tengo que estar al día en muchos otros campos de la medicina. He de remitir continuamente a mis pacientes a otorrinolaringólogos, a obstetras o ginecólogos, a especialistas de la fecundación *in vitro*, a masajistas, muchas veces también a la manicura y pedicura, e incluso a sitios para que les hagan zapatos adecuados.

Recurrir al dermatólogo no se debería considerar un lujo, es tan importante como hacerse la revisión médica anual. Al igual que cualquier médico de medicina general, considero que estoy en la primera línea de defensa para que cuides mejor de ti y no tengas que adoptar medidas radicales como la cirugía estética, o que algún día te enteres de que padeces algún tipo de cáncer de piel grave o una enfermedad relacionada con la edad que pone en peligro tu vida. Puesto que mis técnicas están encaminadas a reducir tu estrés y a resaltar tu belleza natural, los beneficios que te esperan pueden ser infinitos. Repercutirán en tu salud cardiovascular, cerebral, digestiva, y en cualquier otro aspecto tuyo que te hace ser *quien eres*.

La razón por la que dejé la psiquiatría para dedicarme a la dermatología es muy sencilla: echaba en falta la práctica médica, el elemento físico de la medicina que es tan esencial en dermatología pero que está ausente en la psiquiatría. Sabía que era bastante hábil con mis manos, y estaba convencida de que estaba destinada a utilizarlas para ayudar a las personas no sólo psicológicamente. Al fin y al cabo, ser médico es tener el conocimiento y la oportunidad para tratar el cuerpo de los pacientes con manos de sanadora y los procedimientos establecidos. Hago tantísimas cosas en dermatología que puedo transformar la vida de una persona en un período relativamente corto. He de admitir que la dermatología te aporta una gratificación inmediata. Una paciente puede entrar en mi consulta para una visita o tratamiento y marcharse encontrándose mejor y con un aspecto renovado. Eso es difícil conseguirlo en la práctica de la psiquiatría. Las enfermedades de la piel son muy interesantes, pero en realidad es la interacción con las personas lo verdaderamente satisfactorio.

En este libro

En el primer capítulo evaluarás tu aspecto con tres cuestionarios, uno es el revolucionario test SkinAge que fue diseñado exclusivamente por los científicos de primera línea de RealAge para conocer la edad de tu piel respecto a tu edad cronológica. Empezarás revitalizando tu aspecto tal como indico en el capítulo 2, y te explicaré cómo has de cuidar tu piel diaria, semanal y mensualmente para que brille de forma natural. Aprenderás los cuidados básicos de la piel y te iré introduciendo en los productos de belleza y técnicas caseras que has de conocer, y te advertiré sobre las que no son más que una forma de tirar el dinero. Luego te prepararás para emprender un viaje de nueve días adaptado a tus necesidades específicas. Tengo recomendaciones para todas las situaciones, tanto si tienes problemas de insomnio, una agenda demasiado apretada o te falta tiempo para hacer ejercicio como si no puedes elegir los alimentos adecuados para tu piel. Te enseñaré los siete hábitos gratuitos para una piel sana. Son los que mantendrán tu belleza natural, muchos de los cuales fomentan la regeneración celular. Antes de iniciar tu programa de 9 días, tendrás que identificar tu perfil de estrés mediante unas cuantas preguntas directas. Esto te ayudará a personalizar el programa siguiendo unas directrices para cada día que menciono en el capítulo 4, a la vez que aprendes más ideas fascinantes sobre la intersección mente y belleza, especialmente en lo que respecta a la dieta, nivel de actividad, hormonas, edad y estilo de vida.

Más adelante haré un repaso sobre la fisiología corporal no sólo en lo referente al proceso de envejecimiento, sino como respuesta a todo aquello a lo que te has de enfrentar a diario. Entonces será cuando realmente empezarás a comprender el envejecimiento por el estrés y la conexión mente-belleza. En las páginas de este libro hallarás las respuestas a las preguntas que me plantean con más frecuencia. Te sorprenderá observar cuántas personas preguntan lo mismo pensando que son las únicas.

A las que están preocupadas por ciertas patologías de la piel —desde el acné hasta el cáncer de piel—, los capítulos 8 y 9 les serán de especial ayuda. En el último capítulo compartiré todo lo que siempre has querido saber sobre los tratamientos más agresivos que existen en la actualidad, en caso de que elijas seguir esa vía con un médico titulado, y también te ayudaré a encontrar al que tú necesitas. Esto incluye hablar sin tapujos sobre la cirugía estética, las prácticas con productos farmacéuticos y los temas de imagen corporal que puede que influyan mucho en ti. No me callo nada respecto a lo que pienso sobre ciertas prácticas, algunas de las cuales están muy de moda hoy en día. Resumiendo: cuando hayas terminado de leer este libro habrás dado los siguientes pasos:

- Conocer la verdadera edad de tu piel, incluyendo qué porcentaje es físico y cuál es emocional.
- Estar dispuesta a seguir un sencillo, práctico y económico programa de mente-belleza de 9 días que puede quitarte años (sí, *años*) de encima.
- Encontrar un plan de rejuvenecimiento adecuado para tu mente, cuerpo y bolsillo.
- Contar con un régimen de mantenimiento a largo plazo que sólo te robará unos minutos al día, con el cual notarás y verás tu piel con un aspecto extraordinario.

Para adaptar este programa a tu cuerpo, especialmente si tienes algún problema de salud, te ruego encarecidamente que consultes a tu médico. Por ejemplo, puede que algunos consejos no sean convenientes si estás embarazada o dando de mamar. También te aconsejo que tengas informado a tu médico si vas a empezar a hacer ejercicio y hace tiempo que no te mueves. Cada persona responde de forma distinta a este programa, por lo tanto los resultados también variarán. Quiero aclarar que los productos y las empresas que menciono en este libro no me patrocinan en modo alguno, puesto que no tengo ninguna relación comercial con ellas. Simplemente, pretendo darte ideas y ejemplos fáciles para que empieces, porque sé que muchas de vosotras necesitáis cosas más específicas y directrices extra. Sin embargo, te animo a probar otros productos del mercado que puede que te vayan mejor o que prefieras por otras razones. Por último, he cambiado algunos nombres y características de las personas que menciono en el libro para mantener su anonimato.

Este libro es para todas aquellas mujeres que se han mirado alguna vez en el espejo y les gustaría verse con mejor aspecto. No obstante, mirarte en el espejo y ver una arruga que quieres eliminar no es más que una parte. Este libro se centra principalmente en la piel, pero la recompensa de realizar la conexión mente-cuerpo es mucho más que un apaño rápido. Estoy segura de que muchas os sacaréis algunos kilos de encima y que seréis testigos de vuestra propia transformación médica, a medida que os vayáis sintiendo más sanas y, en una palabra, más vivas. Cada persona obtendrá unos resultados distintos, pero garantizo que toda la que siga mis consejos y estrategias al pie de la letra observará y notará una mejoría, grande o pequeña, por dentro y por fuera. Todas merecemos sentirnos y vernos mejor, sin que importe la edad que marque el calendario. ¿Estás lista para convertirte en una persona nueva? ¡Pasa la página y empecemos!

Consejo: visita la página www.RealAge.com para obtener información, recursos y apoyo adicional que mejorarán tu programa.

1

El test SkinAge y otras comprobaciones realistas

¿Cómo te sientes realmente respecto a tu imagen?

Admítelo: alguna vez te has mirado en el espejo (quizá muchas veces) y has pensado: «¿Cuándo me ha salido *esto*?». Si yo cobrara un céntimo por cada mujer que se ha dicho esto, sería la persona más rica del planeta. Creo que es una experiencia generalizada, y cuando te planteas esta pregunta por primera vez, empiezas a examinarte más de una zona. De pronto sientes la necesidad de explorarlo todo más de cerca. Entonces sigues la huella de arrugas en la frente en las que no te habías fijado antes, ves una zona despigmentada o una mancha marrón en las mejillas, y que te está empezando a salir un grano, de aquellos duros y profundos, en la barbilla. Te separas un poco del espejo y empiezas a hacer inventario de otras partes de tu cuerpo: pelo, cuello, pecho (escote), manos, caderas, cintura, perfil. No tienes el mismo aspecto que hace diez años, o quizá sólo dos. Te invade un desagradable sentimiento. Tu cara —corrijo, todo tu cuerpo— se está transformando y no puedes hacer nada para evitarlo, o al menos eso *crees*. Sí, estás envejeciendo y ya no te confunden con una jovencita (los días en que tenías que enseñar tu carné de identidad para comprar alcohol han quedado muy atrás). De todos modos, estoy segura de que no te gustaría volver a ser una niña, pero no te importaría tener la misma energía y aspecto radiante de antes.

La buena noticia: puedes hacer algo para rejuvenecer ese aspecto que el estrés de la vida moderna te ha robado. Así es: mucho de lo que ves es *reversible*. Y el programa que describo en este libro también te ayudará a recobrar la energía y la vitalidad que la vida temporalmente te ha confiscado.

¡Quién nos iba a decir que una simple palabra como *envejecer* podría despertar tantas emociones! Nadie piensa en ello hasta que un día ve las pruebas en el espejo.

La pregunta de la edad

¿Cuándo empieza el envejecimiento? Bueno, en algún momento durante la adolescencia —entre los 11 y los 25 años—, el ritmo acelerado de crecimiento celular empieza a disminuir. En otras palabras: empiezas a envejecer. Y aunque no hayas notado este cambio externamente, ni tampoco hayas notado nada por dentro, ha marcado el inicio de ese lento, pero inevitable declive que todos experimentamos con el paso de los años.

No hace falta que un médico te diga que con el tiempo empezarás a notar los primeros signos del envejecimiento, y que tu piel, nuestro órgano más extenso y que supone entre un 12 y un 16 por ciento de nuestro peso corporal, revela los primeros indicios de este proceso. Entonces es cuando notamos las arrugas, las líneas, la sequedad y los hombros caídos… y quizá pasemos por ese triste momento delante del espejo. Aunque parezca que ha sucedido de repente (*¡me ha cambiado la cara de la noche a la mañana!*), en realidad ha ido sucediendo día tras día, año tras año. Probablemente, ya lo sabías. Nadie te ha marcado la cara por la noche por haber tenido un mal día o una mala semana. No culpes a tu esposo, tus hijos, tu trabajo, tus problemas económicos, tu sobrepeso, y ni se te ocurra culparte a ti. Todos hemos pasado por momentos similares; son situaciones simplemente humanas. Por suerte, no tenemos por qué resignarnos a pensar que no podemos hacer nada.

El proceso cíclico de *renovación celular* —el complejo fenómeno del crecimiento, reparación y ruptura tisular— dice mucho sobre nuestra edad. Cuando pensamos que estamos envejeciendo por fuera, en realidad nos estamos refiriendo a la rapidez con la que se deterioran nuestro colágeno y nuestra elastina, que son las fibras proteínicas que mantienen nuestra piel elástica, fuerte y radiante. Una vez dañadas, estas fibras se vuelven secas y quebradizas, lo que conduce a la pérdida de firmeza y a las arrugas.

¿Cuándo se acelera esta pérdida del colágeno? La mayor parte de las mujeres empiezan a quejarse alrededor de los 35 años. A esa edad se acelera la ruptura, y aparentar tener veintitantos años (con una piel tersa, hidratada y fresca digna de una portada de revista) va siendo cada vez más difícil. El lado bueno es que el estilo de vida desempeña un papel muy importante en nuestra salud y aspecto. No importa qué cartas barajaron papá y mamá cuando naciste, puedes coger el control remoto de tu aspecto y acabar siendo bella. Las instituciones de salud más prestigiosas confirman que del 70 al 80 por ciento de nuestra salud y longevidad depende de nosotros. Es decir, que las decisiones que tomamos y nuestros hábitos influyen por lo menos hasta en un 70 por ciento en nuestro estado de salud (y en nuestro aspecto). Eso es un hecho que tiene mucha fuerza. Ha llegado el momento de vivir lo mejor posible, con las mejores estrategias para tener un aspecto estupendo y sentirnos de maravilla.

Una antigua búsqueda

Todas las civilizaciones han buscado la fuente de la juventud y han intentado invertir los signos y efectos del envejecimiento.

La ventaja de vivir en el siglo XXI: sabemos más que nunca sobre el proceso del envejecimiento y no sólo cómo enfocarlo, sino cómo *invertirlo* físicamente. Estoy segura de que algunas de mis recomendaciones para quitarte años sin vaciar tu cuenta bancaria te encantarán y te sorprenderán.

Cuando termines este libro ya habrás empezado un proceso para parecer más joven y renovada, y tendrás una piel sana y fresca como no la has tenido en mucho tiempo. Irónicamente, cuanto más cansada y estresada estés, más notarás la diferencia. Al mismo tiempo, aprenderás mucho sobre el envejecimiento en general. No podemos hablar de la piel y la belleza sin hablar de la salud y de envejecer. Todo está interconectado; por lo tanto, cualquier cosa que hagas para reparar y rejuvenecer tu aspecto exterior también aportará mucho bienestar a tu interior.

Del mismo modo que las células de la piel necesitan un suministro constante de agua, oxígeno, vitaminas y nutrientes, el resto de los órganos y tejidos del cuerpo, desde el cerebro y el corazón hasta los tendones y los dedos de los pies, también lo necesitan. Asimismo, igual que revitalizaremos los tejidos conectivos de la piel, también llegaremos a tejidos conectivos similares en nuestro interior (vasos sanguíneos, nervios, articulaciones, tendones y ligamentos). El estado de todas estas partes del cuerpo dice mucho sobre cómo envejecemos, nuestro aspecto y longevidad. Abordar la inflamación desde fuera, incluidas patologías como el acné, el eccema, la rosácea, etcétera, puede terminar tratando también la inflamación desde dentro. Por cierto, la inflamación va a ser uno de los temas importantes que voy a tratar en todo el libro, porque es la causa de la *fealdad*. Con esta palabra me refiero a lo que no nos gusta ver cuando nos miramos al espejo, así como lo que no queremos oír cuando el médico nos está examinando.

Tal como he dicho en la introducción, lo que pretendo es realizar todo en ti: mente, cuerpo y calidad de vida. Por supuesto, la meta que todas queremos conseguir es reducir el tiempo que estamos enfermas o con malestar; en otras palabras (y para recordar al fallecido antropólogo Ashley Montagu): morir cuanto más jóvenes nos sintamos mejor, pero lo más *tarde* posible.

¡Recuerda!

No te olvides de visitar mi centro en www.RealAge.com para recibir apoyo continuado, actualizaciones y acceso *online* a los recursos que complementarán este programa. También puedes hacer mediante la web los tests que vienen a continuación.

El primer requisito de este viaje es comprender dos cosas: cómo te sientes realmente respecto a tu imagen, y qué puedes hacer para verte mejor y más radiante en el futuro. El siguiente capítulo trata sobre esto último. De momento, vamos a centrarnos en cómo te sientes en estos momentos haciendo tres tests. Considéralo el punto de partida desde el cual puedes fijarte metas y empezar a rastrear tus triunfos a medida que vas avanzando y das la bienvenida a todos los beneficios que te esperan en este programa de belleza. Ha llegado el momento de celebrar el fin de las arrugas, de los granos de la edad, de los ojos hinchados, del agotamiento crónico y de mucho más.

Test 1: El rápido

Este test sólo te ocupará cinco segundos. Es una sencilla comprobación para evaluar tu opinión respecto a tu piel en estos momentos. Aunque es correcto que te centres en la cara, te voy a pedir que pienses en todo tu cuerpo. Al fin y al cabo, el aspecto va mucho más allá de la cara; si ese lunar en la barriga o esas arañas vasculares de las piernas te preocupan realmente, pensarás en ellas de inmediato. No te mires en el espejo. No lo pienses durante más de cinco segundos. Simplemente revisa los rostros que aparecen a continuación y elige el que exprese cómo te sientes ahora.

Muy mal	Mal	Bien	Contenta	Muy contenta
☐	☐	☐	☐	☐

Aunque este test pueda parecer sencillo, revela el tipo de viaje que vas a emprender en este libro. Si has seleccionado «Contenta» o «Muy contenta», estás más conforme con tu aspecto que la mayoría. Pero si has respondido «Bien», «Mal» o «Muy mal», me imagino que mantienes la misma conversación interna que muchas de mis pacientes. Muchas veces es un comentario repetitivo, y es muy probable que sea más alto e insistente cuando estás delante del espejo. Por ejemplo:

- Tengo la piel fatal. No, tengo la piel bien. No, mi piel estaba bien y ahora ya no.
- ¿Cuándo me ha salido esta arruga? ¡Ha sido de la noche a la mañana! ¡Dios mío, me estoy haciendo vieja!
- De pronto, tengo que ponerme todo este maquillaje. Nunca había tenido que hacerlo antes. ¿Qué está pasando?
- ¿Tengo acné? ¡No había tenido granos desde los veinte años! ¿Por qué me salen estos granos?
- ¡Si me vuelvo a ver estas bolsas en los ojos un día más, gritaré! Vale, ayer sólo dormí cuatro horas, pero ¿cuándo voy a compensar todas las horas de sueño que he perdido?

¿Te resulta familiar? Esto no son más que versiones abreviadas. A veces el monólogo interior acerca de tu piel se repite indefinidamente en tu cabeza, una y otra vez, formando un bucle enloquecedor. ¿Estás dispuesta a apretar el botón de paro de una vez por todas? Entonces, vamos a recurrir un poco a la ciencia para hacer el segundo test: descubrir la verdadera edad de tu piel.

No es un cuestionario de belleza típico, de esos que aparecen mensualmente y de manera breve en la mayoría de las revistas de moda y que luego desaparecen para siempre. Dos de los científicos que han diseñado el test RealAge, que supuso la revisión de más de 30.000 estudios para descubrir los 100 factores más importantes que determinan tu edad biológica, también diseñaron el SkinAge test. Alex Goetz y Harriet Imrey profundizaron en la investigación y dedicaron diez años a revisar trabajos de expertos, comparando las innumerables causas y efectos principales del envejecimiento de la piel, para resumirlos en datos que permitieran hallar una forma válida de medir científicamente la edad de la piel, es decir, para que sepas qué edad *aparentas* respecto a la edad que *tienes*.

Lo que consiguieron es admirable por su simplicidad: en lugar de evaluar tu exposición a las infinitas variables que pueden provocar el envejecimiento de tu piel —genes, horas de sol, costumbres, haber fumado, nivel de estrés, etnia, si trabajas en el exterior o en el interior, lugar donde vives, contaminación, etcétera—, se fijaron solamente en los resultados: cuántos signos de envejecimiento existen en tu cara. El test que incluyo aquí contiene sólo 13 preguntas, pero es muy fiable. Las que estéis interesadas en profundizar más, podéis usar una calculadora más precisa en www.RealAge.com. Además, no tendréis que preocuparos de hacer los cálculos.

Para que funcione el test de SkinAge has de tener entre 27 y 81 años. ¿Por qué esas limitaciones de edad? Si eres menor de 27, todavía no tienes suficientes rasgos de envejecimiento visibles para medirlos. Si superas los 81, la diferencia entre la edad de tu piel y el calendario no será muy significativa.

¿Preparada? Ha llegado el momento de saber si la edad de tu piel es menor o mayor que la edad real del resto de tu cuerpo, o si se corresponde con ella. (Ah, y si también quieres conocer la edad real de todo tu cuerpo —la edad biológica, no la que marca el calendario—, puedes hacer el test gratuitamente en el sitio web de RealAge.)

El test SkinAge

A veces no nos vemos con claridad. Haz este test después de haberte lavado la cara o tomado una ducha. Sécate y ponte alguna crema hidratante (no afectará a tu examen visual), mírate bien mientras respondes a estas preguntas. Suma tus puntuaciones utilizando los valores que vienen a continuación del test para conocer la verdadera edad de tu piel. ¡Procura no hacer trampa! Si alguna de estas preguntas hace que descubras algo en lo que no te habías fijado antes o que preferirías evitar reconocer, ¡admítelo! Ésta es tu oportunidad para hacer inventario de tu aspecto, afróntalo directamente y sé sincera. Sólo entonces podrás actuar eficazmente para retrasar el reloj. Evita también estirarte la piel cuando te mires para influir en tus respuestas. Nadie te estará mirando, ni te van a puntuar, así que no te engañes.

1. *¿Tienes la piel de las mejillas (quizá también la de la frente) lisa o flácida?*
   a) Lisa
   b) Me cuelga un poco
   c) Cuelga y forma bolsas debajo de la mandíbula

2. *¿Tienes bolsas debajo de los ojos?*
   a) No
   b) Se me marcan un poco
   c) Muy marcadas

3. *¿Tienes los párpados superiores caídos y casi te tocan las pestañas?*
   a) No
   b) Un poco
   c) Mucho

4. *¿Tienes líneas finas marcadas en la frente o en las mejillas?*
   a) No
   b) Algunas
   c) Bastantes

5. *¿Tienes arrugas profundas en las mejillas?*
   a) No
   b) Sí, algunas arrugas que se van haciendo más profundas
   c) Sí, varias arrugas profundas

6. *¿Tienes líneas de expresión desde los orificios nasales hasta las comisuras de los labios?*
   a) No
   b) Sí, unas líneas superficiales
   c) Sí, líneas muy marcadas

7. *¿Tienes patas de gallo en los ojos?*
   a) No
   b) Sí, muy finas
   c) Sí, muy marcadas

8. *¿Tienes arrugas debajo de los ojos?*
   a) No
   b) Sí, finas
   c) Sí, muy marcadas

9. *¿Tienes líneas de expresión horizontales en la frente o verticales en el entrecejo?*
   a) No
   b) Sí, finas
   c) Sí, muy marcadas

10. *¿Tienes líneas de expresión verticales en el labio superior?*
    a) No
    b) Sí, algunas
    c) Sí, muchas

11. *¿Tienes líneas finas arriba y abajo de los labios?*
    a) No
    b) Sí, algunas
    c) Sí, muchas

12. *¿El color de tus mejillas y frente no es uniforme y tienes puntitos rojos o incluso zonas descoloridas?*
    a) No
    b) Algunos puntitos o zonas descoloridas
    c) Muchos puntitos y zonas descoloridas

13. *¿Tienes milia en la frente o las mejillas (los **milia** son pequeños quistes que parecen granitos de pus pero que no se van)?*
    a) No
    b) Sí

DETERMINA LA EDAD DE TU PIEL

Ahora vamos a ver cuál es la edad de tu piel. Haz un círculo alrededor de los puntos que corresponden a la respuesta de cada pregunta y súmalos.

1. a=0 b=3 c=6	6. a=0 b=0,5 c=1,5	11. a=0 b=1 c=2
2. a=0 b=1,5 c=3	7. a=0 b=0,5 c=1,5	12. a=0 b=7 c=14
3. a=0 b=1,5 c=3	8. a=0 b=0,5 c=1,5	13. a=0 b=5
4. a=0 b=1,5 c=2,5	9. a=0 b=0,5 c=1,5	
5. a=0 b=1 c=2	10. a=0 b=1 c=2	

Puntos totales ___20___ + 27 = ___47___ ¡La edad de tu piel!

¿Es más joven tu piel, tiene la misma edad o es mayor que tu edad crono-lógica? Si es mayor, no te asustes. Imagínate lo bien que te vas a sentir cuando te saques seis años o más de tu piel. Ésta es mi meta: que vivas el resto de tus días con la piel más saludable y con el mejor aspecto posible.

El test de la imagen de ti misma

El último test determina lo que revela sobre *ti* tu lenguaje corporal. Tu aspecto exterior y lo que está sucediendo realmente en el interior a nivel celular, sobre todo en el cerebro, puesto que tus emociones, estados de ánimo y nivel de estrés general, están íntimamente relacionados. No puedes tratar tu cuerpo de forma local sin evaluar todo tu ser.

Cuando alguien viene a mi consulta —hombre o mujer, ya sea la primera vez o la décima—, enseguida pienso en la parte psicológica. Cuando nos estamos saludando o conociendo, instintivamente leo su lenguaje corporal, busco los signos de estrés emocional que pueden estar implicados en el problema de piel que le ha llevado a pedir hora para visitarse. Si me parece ver algo más que algún problema grave en la piel, también he de tenerlo en cuenta antes de decidir qué tratamiento prescribir.

Éstas son las nueve preguntas que me planteo con cada paciente. Háztelas y anota las respuestas en el libro, en un papel o en un diario, si es que tienes alguno. No tardarás mucho, pero tómatelo en serio y sé sincera, no hagas trampa pensando en cuál puede ser la respuesta correcta. Cuanto más sincera seas, mejor conseguirás los resultados que quieres con los conocimientos que adquieras en este libro. Es normal que algunas preguntas te hagan pensar, pero procura no analizar demasiado ni las preguntas ni las respuestas. Simplemente piensa en qué aspecto tienes cuando sales, y no en el que tienes cuando estás absorta leyendo este libro. Al terminar el test, te enseñaré a descodificar tu lenguaje corporal como lo haría yo si nos viéramos en mi consulta.

1. *¿Cómo vas peinada?*

2. *¿Te depilas las cejas?*

3. *¿Todavía te regaña tu madre (hermana, mejor amiga) para que no vayas encorvada?*

4. *Cuando te maquillas, normalmente llevas:*
   [ ] poco o nada   [ ] cantidad moderada   [ ] mucha cantidad

5. *¿Tus manos están más en tu cara o en tu falda?*

6. *¿Sueles llevar ropa ajustada o suelta?*

7. *Describe cómo andas normalmente. Más bien:*
   [ ] lenta y tranquilamente   [ ] rápido y con resolución

8. *Cuando hablas con las personas, ¿las miras directamente o desvías la mirada por la habitación?*

9. *¿Revisas tu aspecto rápidamente antes de ver a otras personas?*

QUÉ TE DICE TU LENGUAJE CORPORAL

Esto es lo que busco cuando reviso el aspecto de una persona. Coteja tus respuestas para hacerte una idea de las señales que estás emitiendo silenciosamente al mundo y a ti misma, si lo escuchas. (Algunas cosas pueden parecerte generalizaciones, pero reflejan una evidencia clínica que yo —y otros médicos— he observado en mi práctica clínica. Hay algunas zonas grises, y no todas las interpretaciones son blanco o negro, pero te animo a que seas lo más abierta posible respecto a las explicaciones siguientes, y a que veas dónde puedes situarte dentro del abanico de posibilidades.)

- El flequillo muy largo o con raya al lado que cubre la mitad de tu cara puede ser un estilo muy actual, pero a veces sugiere que estás cubriendo algo (¿acné, envejecimiento?), o que te sientes un poco nerviosa entre la gente.
  Sea cual sea la tendencia en el peinado del momento, una mujer que se siente segura de sí misma suele peinarse de forma que se le vea bien la cara y que acentúe sus rasgos. Tanto si es echado hacia atrás, recogido en una cola

como detrás de una oreja, está transmitiendo: *me gusta mi aspecto*. Las mujeres que están muy preocupadas por su aspecto o por su piel utilizan el pelo como barrera, telón o disfraz.

- *Las cejas sin depilar o con mucho pelo también llaman mi atención.*
Cuando veo una mujer que tiene cejas gruesas con algunos pelos en el entrecejo encima de la nariz, me pregunto sobre su autoestima, especialmente si tampoco lleva el pelo arreglado y no se maquilla. Eso implica que cree que no merece la pena dedicarse tiempo. El otro extremo, unas cejas demasiado depiladas indican una tendencia obsesiva que también puede llevar a tocarse demasiado la piel, algo que siempre preocupa a los dermatólogos (mira más abajo «si siempre te estás tocando la cara»).

El poder de un perfil, o cómo parecer más alta, más delgada, más joven y más segura de ti misma en menos de 10 segundos: ¡Yérguete! La postura, que es la figura que adoptamos cuando nos mantenemos erguidas y la posición de nuestro cuerpo sentado o de pie, tiene un papel muy importante en nuestro aspecto y estado de ánimo. También nos ayuda a estar más fuertes y flexibles cuando nos hacemos mayores. Creo que todas podemos mejorarla. Imagina que alguien está tirando de un hilo en todo tu cuerpo desde los pies a la cabeza. Todo se alinea y ninguna parte se resiste a la gravedad. Cuando estés sentada, procura sacar el pecho (evita encorvar la espalda o inclinarte hacia delante), baja los hombros (observa que no estén levantados hacia las orejas) y relájalos con la cabeza erguida justo por encima de ellos. Si estás delante del ordenador asegúrate de que tienes la pantalla al nivel de los ojos, no cruces las piernas o los pies, e inclínalos en un ángulo de unos 90 grados. Aquí tienes un reto: a ver si puedes pasar un día sin sostener un teléfono móvil entre tu oído y el hombro, cambia el bolso de hombro, y utiliza la mano con la que no levantas peso normalmente para levantar y cargar algo. Tomar clases de yoga o Pilates también te ayudará a fijarte en tu postura; estas prácticas son para encontrar el equilibrio corporal y reforzar los músculos, y te ayudarán a mantener una figura elegante y esbelta.

- *¿Te dejas caer cuando te sientas? ¿Estás encorvada cuando estás de pie?*

Cualquiera de las dos posturas puede indicar varias cosas: agotamiento, timidez, falta de tono muscular, o una mujer que no se siente cómoda con su estatura. A mí me sucedió cuando era pequeña: crecí muy rápido y muy pronto, sobrepasaba a la mitad de mi clase y empecé a encorvarme para adaptarme mejor físicamente. Mi madre me ayudó a entender las ventajas de ser alta (practicar deportes, llegar mejor a los estantes y asaltar su armario), y ahora pienso que ojalá midiera más de mi 1,73 m. Lo cierto es que ahora me encuentro entre las personas que van un poco encorvadas. ¿Se debe a que están cansadas o... a que están deprimidas? Curiosamente, es entonces cuando más se necesita adoptar una buena postura, porque el encorvamiento dificulta la respiración, y la falta de oxígeno hace que te sientas más apagada y más cansada.

- *Los mensajes que transmite tu maquillaje.*

Éste puede suponer una gran fuente de información, desde tu lugar de nacimiento hasta lo cargada que está tu agenda. Ningún maquillaje constituye una sentencia definitiva. De mí depende —y en este caso de ti— adivinar qué quiere decir. ¿Que prefieres tener un aspecto natural? ¿Que no te sientes muy femenina? ¿O que estás demasiado ocupada para pintarte un poco los labios? Puede ser difícil juzgar a alguien que prefiere no maquillarse, porque cada persona puede tener razones totalmente únicas para no hacerlo. Puesto que el maquillaje está tan arraigado en nuestra cultura, siempre me pregunto si la paciente tiene algún problema de confianza en sí misma y de autoestima para no sentirse motivada a usarlo.

Cuando estamos enfermas, tristes, cansadas, o nos relajamos durante el fin de semana, casi siempre pasamos de maquillarnos. No es muy habitual encontrar a alguien tan segura de sí misma que salga habitualmente a la calle mostrando sus rasgos naturales (incluso las *top model* llevan maquillaje en público). La dosis correcta de maquillaje puede hacer maravillas para la percepción que tenemos de nosotras mismas, lo que a su vez se relaciona directamente con la autoconfianza. Si no te gusta llevar maquillaje porque temes que sea la causa de tus problemas de piel, te encantarán mis ideas del capítulo 3. Noticias breves: los problemas de piel no tienen por qué estar relacionados con el maquillaje. De hecho, pocas veces se deben a reacciones a los productos de belleza o al maquillaje. Se deben al maltrato que le das a tu piel.

El maquillaje suave o moderado es bastante directo. Está comunicando que no tienes mucho que ocultar (cicatrices de acné, despigmentaciones, ojeras). Salvo que parezca más casual que deliberado, lo más probable es que te sientes cómoda con tu aspecto.

Cuando veo un maquillaje muy denso siempre me pregunto si está tratando de ocultar algo, desde una erupción hasta una marca de nacimiento. Pero —aquí hay una gran excepción— a veces ir muy maquillada es una costumbre: en Tejas y en el sur de Estados Unidos es casi un derecho de nacimiento. Por otra parte, algunas mujeres usan maquillaje como una máscara social. Cuando dicen: «No puedo salir sin arreglarme la cara», realmente lo dicen en serio. Quieren que el mundo las vea siempre perfectas, aunque no haya nada perfecto y la vida cambie constantemente.

- *Si siempre te tocas la cara, piensa por qué lo haces.*

Algunas personas intentan ocultar dientes mal puestos. Otras se pueden sentir incómodas mostrando sus emociones. Pero lo que de verdad busco aquí es lo que los dermatólogos llamamos hurgadoras. Mentalmente, divido a mis pacientes entre hurgadoras y no hurgadoras. Si una no hurgadora tiene una picadura de mosquito, procura no rascársela; si tiene una costra, generalmente no se la toca. En cambio, las hurgadoras suelen estar ansiosas y no pueden evitar hurgarlo todo: zonas abultadas, marcas en la piel, herīditas, cutículas, repelones de las quemaduras por el sol, siempre se las están tocando. Hurgar empeora con el estrés.

¿Cuál es el gran problema? Hurgar persistentemente decolora y hace cicatrices. No me canso de decirles a mis pacientes que dejen de tocarse la cara, pero el primer paso es darse cuenta de ello, no todas son conscientes. Luego les pregunto si usan un espejo de aumento y, si lo tienen, les digo que lo tiren. Examinarse la piel con todo detalle significa incitar a hurgarse. Hurgarse puede ser una reacción al estrés («Cuando estoy tensa, me hurgo, me retuerzo el pelo, me muerdo las uñas»), pero si se convierte en una costumbre, es de las que cuesta romper. Por eso siempre trato de cortarlo desde un comienzo.

Ser hurgadora puede estar un poco en los genes, o deberse a una imitación de la conducta del padre o de la madre. A algunas personas se les ha enseñado, erróneamente, que —por ejemplo— han de reventarse los granos. Veo a chicas adolescentes reventarse los granos cuando están nerviosas, y esto continúa de adultas, aunque este comportamiento puede adoptar otras formas. La mayor parte de las personas que se hurgan son conscientes de lo que hacen, pero cuando lo hacen puede ser un acto inconsciente, por lo que es importante que encuentren formas de darse cuenta de lo que desencadena esa conducta, y de acabar con esa costumbre mediante otras más saludables.

La mayor parte de las hurgadoras se dedican a su labor al final del día, en la comodidad de su hogar. Lo hacen cuando ya no están distraídas con el trabajo, además hurgarse o rascarse en público no está bien visto. Pero por la tarde, nuestras preocupaciones aumentan a medida que el día se va apagando. Entonces disponemos de tiempo para nuestras preocupaciones, y para algunas, hurgarse las cicatrices, costras o acné es una forma de descargar tensión. Una vez tuve una paciente que me contó que ella y su esposo habían comprado una casa para las vacaciones en una aislada zona playera. Su marido trabajaba mucho fuera de la ciudad, así que ella se retiraba a su segunda residencia cuando él estaba de viaje de negocios. Mientras estaba allí en su soledad (el desencadenante), empezaba a tocarse y manipularse la cara con unas pinzas en el espejo de aumento que tenía en el cuarto de baño. Me contó que nunca lo hacía cuando estaba con su marido, pero le preocupaba su conducta cuando estaba sola ante ese espejo gigante de su cuarto de baño.

Nuestra primera acción fue alertar al marido de ese problema. Lo trajo a mi consulta y le expliqué cómo ayudarla a evitar que se estuviera hurgando la cara, la causa de sus problemas. Tirar el espejo formaba parte del tratamiento. Cuando las personas no tienen una pareja en la que puedan confiar de este modo, recomiendo que las pacientes aprendan a ser más conscientes de su vicio, de modo que cuando sientan la necesidad de hurgarse, tienen que cambiar de registro y llamar a una amiga o leer un libro. Si lo que desencadena la necesidad de hurgar es un picor o un dolor, un paquete de hielo o una compresa fría pueden ser muy útiles. Un poco de crema con hidrocortisona para un prurito incesante o un baño de leche también apagarán las llamas y la necesidad de tocarse.

- *El tipo de ropa que llevas, ajustada o suelta, también puede influir.*

Es evidente que esto es una generalización, pero cuanto más cómoda te sientas contigo misma y con tu cuerpo, más probable será que lleves ropa que resalte tu figura. Por ejemplo, si viene una mujer que tiene el rostro delgado y está cubierto por gruesas capas de maquillaje, puede que esté encubriendo una anorexia. Si viene alguien con una cara redonda y mucho maquillaje, me pregunto si hace poco que se ha engordado. Pero si viene una mujer un poco obesa, pero con ropa ajustada, deduzco que ha perdido algunos kilos y que se siente orgullosa de ello. Si viene una mujer de peso normal con ropa ancha, puede sugerir lo contrario. Si las cuatro van bien vestidas, indica —guau— que tienen autoestima. Todas utilizamos la ropa para decir algo sobre nosotras: piensa cuál es tu mensaje habitualmente.

- *Tu forma de caminar es uno de los mejores indicativos para conocer tu confianza en ti misma.*

Cuando pisas con energía y motivación, estás telegrafiando al mundo que confías en ti, que llevas las riendas de tu vida y de ti misma. Cuando es al contrario, el mensaje también es el opuesto. Caminar despacio y arrastrando los pies no sólo indica que eres vulnerable, sino que lo divulga a los cuatro vientos: varios estudios han demostrado que las mujeres que caminan despacio y sin decisión atraen más la delincuencia callejera.

- *Los ojos suelen denotar cómo te sientes socialmente.*

Evitar el contacto visual indica ansiedad, depresión, incomodidad, timidez o cierto malestar. A veces, como es lógico, las personas se sienten intimidadas cuando están delante de un médico. Puede que tengan sentido de culpa porque creen que han hecho algo mal, como abandonarse físicamente, y creen que las voy a amonestar por ello. Quizá se sienten incómodas por la razón por la que han venido a verme («Sólo es un pequeño sarpullido, está aquí abajo»). Quizá piensan que las juzgaré por querer usar Botox. Quizá se sienten estúpidas («Sólo son unos granitos»). Para que se estén más cómodas siempre les cuento historias personales (sobre el horrendo acné que tenía cuando iba al instituto), o les enseño dónde utilicé el Botox (un poco en el entrecejo). Pero si alguien evita constantemente el contacto visual, incluso después de unas cuantas visitas, cuando ya parece que hemos creado una relación, saco el tema y le digo: «Me he dado cuenta de que te cuesta mirarme. ¿Sabes por qué lo haces? ¿Te sucede también en el trabajo o cuando tienes una cita? ¿Te das cuenta de que transmites que estás nerviosa o que eres tímida?». Siempre trabajo este aspecto, porque quiero ver una mejoría en él.

- *Si no revisas tu aspecto antes de una cita con otras personas, ¿por qué no lo haces?*

Antes de ver a alguna paciente, me miro en el espejo, me reviso los dientes (¡especialmente después de comer!), quizá me pinto un poco los labios o me arreglo el pelo. Esto no es sólo para tener un buen aspecto. También es una muestra de respeto por las personas que han venido a verme, tanto si vienen de dos calles más abajo como si han venido de muy lejos.

Si no te esmeras un poco cuando vas a ver a alguien, ¿es porque piensas que no importa... o no te importa tu aspecto... o porque nunca tienes tiempo para darte un repasito? Estas tres cosas me plantean más preguntas. Si siempre antepones tus hijos a ti misma, o estás patológicamente ocupada, o piensas que tu aspecto no tiene remedio..., estás descuidándote o infravalorándote. ¡Ha llegado el momento de que te permitas cuidarte!

Felicidades

Ya ha terminado lo más difícil. Autoexaminarse puede ser duro, pero espero que estos cuestionarios te hayan ayudado a comprender cuál es la edad de tu piel y de qué forma tu aspecto físico está conectado con tus emociones y personalidad. Conseguirás mucha más información en los siguientes capítulos, que te ayudarán a ver la verdadera conexión entre tu cuerpo y tu mente. La ciencia es sorprendente. Y creo que cuanta más información tengamos, menos miedo hemos de tener a envejecer.

Mi objetivo en este capítulo ha sido ayudarte a que echaras un primer vistazo a los factores físicos y psicológicos que contribuyen al aspecto de tu piel y a tu salud. Ahora vamos a seguir avanzando e iremos directamente a las recomendaciones que te ayudarán a invertir los signos del envejecimiento. Hoy mismo podrás crearte un programa personalizado.

2

Empieza revitalizando tu aspecto

Cuidados básicos de la piel

Conocí a Clarissa, una madre de 35 años, con una piel de al menos 39. Algunos días parece que tenga 42. Al igual que muchas otras madres trabajadoras que intentan abarcarlo —y hacerlo— todo, Clarissa no duerme lo suficiente por la noche (entre cinco y seis horas). Directora de producción de una gran compañía de San Diego, pone el despertador a las 6:15 de la mañana para poder arreglar, dar de desayunar y llevar a la escuela a sus pequeños gemelos. Empieza a trabajar a las 9 en un puesto que cada vez le exige más debido a que la acaban de ascender. Llega a casa alrededor de las 7 de la tarde. Su esposo —cuyo horario laboral empieza y termina antes que el de ella— es el que se encarga de la comida. Cuando llega Clarissa, ya ha dado de cenar a los gemelos, y mientras le prepara algo para cenar, ella se dedica a bañar a los niños. Después, mientras los niños se van calmando, la pareja pasa media hora junta. Los pequeños se acuestan a las 9 y su padre poco después que ellos, porque se levanta a las 4. Cuando todos están en la cama, Clarissa dedica un tiempo a Internet, se pone al día con las amistades a través del correo electrónico, navega por sus páginas web favoritas, y muchas veces incluso trabaja. Al final se va a dormir de madrugada.

La falta de sueño, provocada en parte por su adicción nocturna y estimuladora a Internet, ha empezado a dejar huella en su rostro en forma de arrugas y un tono de piel opaco, haciendo que parezca mayor de lo que es. «Ya nadie me llama "señorita" ni por equivocación», me dice riéndose. También tiene algunas áreas secas en las mejillas, unas cuantas líneas horizontales en la frente, y algunas manchas del sol que *no* son recientes, me dice haciendo hincapié en ello. «Siempre que salgo a correr durante media hora, llevo una gorra para cubrirme la cara y gafas de sol grandes. Al vivir en San Diego, veo muchos problemas de piel debidos al sol, y me aterra.» Para demostrármelo, saca una crema de protección solar Shiseido con un SPF (Factor de protección solar) de 55. «Me encanta y la utilizo cada día, llueva o haga sol», me dice.

Le hago un gesto de aprobación con el dedo durante la primera visita por su saludable costumbre. Al igual que con la mayoría de mis pacientes, me pedía un programa de mantenimiento sencillo de la piel, «Apenas si tengo tiempo de cepillarme los dientes por la mañana.» Después de anotar su historia clínica (ninguna quemadura solar importante de pequeña, pero sí fumadora indirecta debido a su padre), consideré que la *tretinoína* tópica (comercializada como Renova.02) sería una solución sencilla para las pequeñas líneas, arrugas y manchas marrones, si la usaba regularmente por la noche. Para tratar las zonas secas y blancas, le di una muestra de un producto con hidrocortisona, que las hizo desaparecer inmediatamente.

Hacerle una receta para Renova fue la más sencilla de las tareas para frenar su envejecimiento. Quería que Clarissa fuera mucho más allá y se ocupara de su estrés. Su vida era un círculo de trabajo y de cuidar a los niños, y yo sabía por experiencia propia que ser madre de unos gemelos de tres años no es tarea fácil. Le dije que durmiera más y que pasara más tiempo a solas con su marido para que pudieran centrarse en su felicidad conyugal. Le recomendé que contratara a una canguro y que saliera con su esposo al menos dos fines de semana al mes.

A los seis meses, Clarissa mostraba grandes resultados. Su piel y su estilo de vida habían mejorado notablemente. El tono de su piel era más uniforme, y las manchas solares habían desaparecido. «Me noto la piel más firme y tiene una textura tan suave que parece que lleve maquillaje, aunque no es así. Hace un mes que no lo necesito, desde que empecé con Renova.» Tenía unas cuantas zonas problemáticas —zonas secas por la barbilla y el mentón—, pero le dije que no se pusiera Renova en esa zona durante una semana, y funcionó de maravilla.

Probando y probando, también descubrió una rutina para la piel que realizaba cada noche y que sabía de memoria: se lavaba la cara en la ducha con su limpiador favorito de Kiehl, luego se aplicaba Renova, y por último una crema hidratante de Lancôme. (Por la mañana sólo se limpiaba rápidamente la cara y se aplicaba la fotoprotección de Shiseido.) Los cuidados de la tarde requerían algo más de constancia para su ajetreada vida, un poco de tiempo para ella que le resultaba terapéutico. «Al ser más diligente con el cuidado de mi piel, siento que estoy haciendo algo por mí, que estoy ayudando a mejorar la salud de mi piel. Y saber que estoy colaborando para que mi piel tenga un aspecto más joven y reaccione como tal hace que me sienta mejor.»

Tener más ayuda también ha sido una buena idea. Su cuñada le cuida los niños un par de fines de semana al mes, así puede estar tranquila con su marido. Esta autodenominada adicta al trabajo que se llevaba el trabajo a casa, también se las ha arreglado para reducir algunas horas de su horario laboral. Aunque intenta acostarse pronto —para ella, eso significa a las once—, admite que algunas veces no lo consigue. «Suelo dormir entre seis horas y media y siete cada noche, que es más que antes —dice—. Pero a veces, doy vueltas y más vueltas en la cama. Algunas personas se duermen nada más rozar la almohada; mi marido tiene suerte en eso, pero yo no. La mente no para de dar vueltas.»

Clarissa no es la única con trastornos del sueño. Los mismos consejos que le di para dormir mejor por la noche te los daré a ti un poco más adelante. Uno de los hechos que destaca la historia de Clarissa es que los cuidados para la piel no tienen por qué ser caros ni exigir demasiado tiempo. Sea cual sea tu edad, por muchos hijos o problemas familiares a los que tengas que enfrentarte —ahora *y* más adelante—, puedes parecer más joven si adoptas unas cuantas técnicas reductoras del estrés que te funcionen, descubres qué productos para la piel te van bien (y los que no te sirven de nada), desarrollas hábitos saludables respecto al sol y aprendes a tratar el acné de adulta, si ése es tu problema. No cabe duda de que empezar joven y ser constante es lo ideal, pero… nunca es demasiado tarde para cambiar unas costumbres no demasiado buenas por otras estupendas.

Muchas mujeres se hacen demasiadas cosas en la cara: la limpian, la tratan y lo hacen todo en exceso. Así que vamos a empezar por lo básico. Dale un descanso a tu piel haciendo lo mínimo. Imagina que haces menos y ves mejores resultados.

En este capítulo voy a cubrir los consejos de belleza básicos, lo que creo que toda mujer debería hacer con regularidad sea cual sea su tipo de piel. También comparto mi programa de cuidados diario, que puede ser la base para tu nuevo régimen. Para empezar, exploremos algunos productos generales que se encuentran en el mercado; prácticamente todos tienen alguna relación con la juventud, la belleza y el antienvejecimiento. Te voy a enseñar a ahorrar dinero, quebraderos de cabeza, arrugas y lamentos.

Las reglas básicas para una belleza óptima de la piel

- Una limpieza diaria suave.
- Dos buenas cremas hidratantes: una para el día con SPF superior a 30, y otra para la noche.
- Si es necesario: lociones especiales para el acné y algún preparado especial, exfoliantes, serum antioxidante, fórmulas con retinoides y retinol.

Para tu información: varias marcas para el cuidado de la piel me han propuesto que colabore con ellas en alguna de sus gamas de productos, pero hasta la fecha no he aceptado ninguna oferta. Salvo que realmente me guste algo y esté convencida de que funciona, nunca pondré mi nombre. En este libro encontrarás muchas marcas, pero que mis recomendaciones no te impidan probar otras. Lo que importa es que encuentres lo que te funciona.

Productos antiedad: los que realmente funcionan

En 2005, las mujeres estadounidenses gastaron 664 millones de dólares [465 millones de euros] en cremas y preparados antiedad, y eso sólo en los grandes almacenes. Actualmente, esa cifra ha ascendido a casi 2.000 millones de dólares [1.400 millones de euros]. Estamos invirtiendo mucho dinero en ingredientes como aceite de semillas de arándanos rojos del Ártico recogidas a mano, y seda de Koishimaru extraída de delicados capullos. Y si añadimos cosméticos en general para resaltar nuestra belleza natural (o cubrir esas imperfecciones o zonas de otro tono), la cifra se dispara a miles de millones.

La locura es que gran parte de ese dinero se gasta en productos que tienen poco efecto sobre el proceso de envejecimiento de la piel, porque para detener el avance de las líneas finas y de los cambios de pigmentación, has de cambiar las capas más profundas de la piel. Y si alguno de los tropecientos mil productos que dicen eliminar las huellas de la edad realmente pudiera hacerlo —es decir, aumentando la regeneración celular de la dermis—, la FDA [Food and Drug Administration o Departamento de Alimentos y Fármacos de Estados Unidos] los clasificaría como medicamentos. Existen algunos productos, pero sólo puedes comprarlos con receta médica (véase la sección de retinoides).

Vocabulario caro

Un cosmecéutico es cualquier tratamiento para la piel que se vende sin receta y que no se considera ni cosmético ni medicamento, sino un híbrido no regulado de ambas cosas. Dicho de otro modo, es un producto cosmético que *dice* tener efectos medicinales o farmacéuticos. En 2006, se calculó que en Estados Unidos la venta de cosmecéuticos había alcanzado la cifra de 6.400 millones de dólares [4.480 millones de euros] anuales, y esas ventas siguen creciendo.

¿Por qué son tan convincentes las publicidades de algunos cosméticos? Cinco razones:

- **El arte de escribir.** Lee detenidamente las indicaciones y te darás cuenta de que están llenas de palabras calificativas como «destinado a» y «diseñado para reducir» y «reduce el aspecto de» y... bueno, ya te haces una idea. Todas estas promesas están grabadas en todo menos en piedra.

- **Trampas científicas.** Aunque un producto diga «clínicamente probado...», recuerda que una cosa es investigar cómo afecta un componente del café, como la cafeína, a la piel del ratón, y otra bien distinta añadir café a una loción que tonificará la piel humana. Por otra parte, pocas investigaciones cosméticas consiguen el estándar de oro científico, es decir, un estudio comparativo, cruzado, a doble ciego y al azar, realizado por un investigador cualificado (que normalmente es miembro de alguna universidad o facultad de medicina) sin que exista remuneración económica por los resultados. Los estudios suelen ser muy limitados, por lo general carecen de un control para su comparación, y suelen estar financiados por las grandes marcas de productos cosméticos, que tienen un interés especial en los resultados.

- **El efecto placebo.** Tanto si te acabas de gastar 27,50 como 275 dólares en una crema hidratante, querrás que tu piel parezca más joven, suave y firme, por lo tanto es fácil que veas cambios favorables. No nos olvidemos del aspecto psicológico de comprar algo que tenga un envoltorio lujoso. ¡Tan sólo el envoltorio puede hacerte creer que funcionará! Las inteligentes empresas de cosmética no ahorran en presentaciones, especialmente cuando exigen mucho dinero por sus productos.

- **No pasa nada.** Los cosméticos no están regulados por la FDA, por lo tanto si un producto no reduce las líneas de expresión finas, no pasa nada. Si no estás segura de que te ha provocado alguna reacción anormal, huele de maravilla y hace que te sientas bien, puede que lo vuelvas a comprar.

- **Promesas vagas.** ¿Cuántas veces has visto un producto etiquetado con la frase «Clínicamente probado para reducir el aspecto de las líneas finas y las arrugas hasta en un 33 por ciento» o algo parecido? ¿Te has preguntado alguna vez qué significa eso? No vives en un entorno clínico, por lo tanto ¿funciona de verdad ese porcentaje en el mundo real? El término *clínicamente probado* parece bastante persuasivo, pero como acabamos de ver en «Trampas científicas», suele haber más marketing que ciencia. Esta frase significa que se ha demostrado en algún estudio que al menos 1 componente del producto tiene alguna acción biológica, como favorecer la curación de las heridas estimulando la división celular. Pero no significa necesariamente que se hayan demostrado sus efectos sobre la piel en un estudio clínico bien controlado e independiente.

A PRECIO DE ORO, PERO SIN VER NINGÚN CAMBIO EN LA PIEL

Cuando la revista *Forbes* revisó los productos de tratamiento facial antiedad más caros del mundo, descubrió que el precio medio de los diez primeros productos de su lista era de 402 dólares [280 euros] *por onza* (28,34 g). Eso suponía 75 veces más que el precio medio de los productos que se vendían en la mayoría de los supermercados y demás establecimientos comerciales. ¿Por qué son tan caros estos productos? Además del despliegue publicitario y las potentes campañas de marketing (¡que también las pagas!), muchos incluyen ingredientes exóticos (entiéndase: *caros*) como el caviar, perlas trituradas y extractos de plantas raras de tierras lejanas. Los antioxidantes como el extracto de semilla de uva, aceites de manzanilla y ácido alfalipoico —todos ellos destinados a combatir los radicales libres que dañan la piel— también disparan el precio. A esto hay que añadir las proteínas transductoras de señales de la cosmética inteligente, que supuestamente estimulan el crecimiento celular y que yo creo que son un cuento, ya tienes un lote de lujo.

Dicho esto, a principios de 2008 los científicos pusieron un precio a la felicidad. Ya me entiendes: cuánto gozas pagando de vez en cuando por algo que es muy caro. Personalmente creo que todo esto es más profundo que la terapia de la tarde de compras. ¿Quién no obtiene algo más de satisfacción comprando una marca conocida, ya se trate de un bolso o de una loción, que comprando versiones más baratas de esos productos, aunque sean idénticas? Parece absurdo, pero creo que todas las mujeres estaríamos de acuerdo. Ahora bien: se ha demostrado que cuanto más creemos en lo que vale un producto, mejor nos sentimos con nuestra compra. Y también se ha demostrado que cuanto más creemos que un artículo merece lo que vale, más felices nos sentimos con nuestra compra (aunque sea durante poco tiempo). En un estudio en el que me hubiera gustado participar porque parece que debió de ser muy divertido, los participantes estaban conectados a escáneres cerebrales y tenían que degustar cinco clases de vinos, cuyo precio iba desde 5 a 90 dólares [3,50 a 63 euros] la botella. Cuando se les decía que estaban probando un vino de 90 dólares, el cerebro mostraba un aumento de la actividad en la corteza orbital frontal media, que es la zona del cerebro que registra el placer. ¡La parte más divertida es que esas zonas de placer se activaban igual cuando los engañaban y, en realidad, estaban probando el de 3,50 dólares!

Casi es instintivo creer que cuando pagas más obtienes más, que un precio más alto equivale a mejor calidad. La clave es que si *crees* que te está sucediendo algo mejor (como que estás bebiendo un buen vino o, en el caso de los cosméticos, te gastas el dinero en líneas de productos de lujo firmadas por celebridades en las revistas de alta costura), básicamente estás influyendo en la forma en que el cerebro manipula la experiencia. Por cierto, los investigadores de este último estudio descubrieron que se produce el mismo efecto en todos los tipos de compras, y que el de los vinos no es un caso aislado. De acuerdo, algunas personas pueden confundir el valor del producto con su propia valía (como cuando se plantean: «¿Esto me hará feliz?»), pero ése es otro tema delicado. Basta con decir que te doy permiso para que hagas lo que consideres apropiado… para que hagas lo que realmente deseas. Gastar dinero de vez en cuando puede ayudarte a bajar un poco tu grado de estrés. Pero no empieces a creer que la felicidad está en cada compra. Ya conoces el viejo dicho de «El dinero no hace la felicidad».

P: ¿Funcionan mejor los productos de belleza caros que las segundas marcas que se encuentran en los supermercados?
R: ¡Lo más frecuente es que no! Muchas marcas baratas son excelentes, y las grandes compañías gastan mucho en investigación y desarrollo de sus productos. Los productos caros muchas veces tienen mejor textura al aplicarlos, porque esas firmas invierten más en la forma que en la esencia del producto. Algunas personas se sienten especiales por comprar un producto caro, y eso está bien siempre y cuando los productos no irriten ni estropeen tu piel. Personalmente, pruebo muchos productos, caros y baratos, y utilizo muchas marcas baratas que son hipoalergénicas y que no tienen perfume, puesto que mi piel es muy sensible. Hay algunas cremas de fotoprotección francesas caras que creo que valen lo que cuestan.

P: ¿Qué piensa de las gamas orgánicas que se están poniendo cada vez más de moda, bueno, esas cuyos ingredientes casi parecen los que encuentras en la etiqueta de un alimento?
R: Me preguntan esto muy a menudo, sobre todo ahora que todos intentamos ser más ecológicos en nuestra forma de vida. Las intenciones de estas firmas son fantásticas, pero hay algo que a mí me preocupa mucho. Casi todas utilizan muchos extractos de plantas, desde manzanas, menta, cactus hasta soja. No obstante, muchas plantas pueden ser irritantes. La hiedra venenosa por ejemplo, ¡es totalmente natural y orgánica! Vale, es un ejemplo extremo, pero hasta el aloe vera que todo el mundo cree que es la panacea como suavizante, es irritante para algunas personas. Lo mismo sucede con la lavanda: irrita la piel de algunas personas más que un tejido de lana. Si lees los ingredientes de las etiquetas de muchos productos supuestamente naturales, casi todos tienen los

mismos productos básicos que los normales, además de los propiamente naturales; sin embargo, no se ha investigado demasiado sobre muchos de los otros ingredientes. Advertencia: me ando con cuidado con éstos.

LOS ÚNICOS REDUCTORES DE ARRUGAS Y CON EFECTO ANTIEDAD COMPROBADOS: LOS RETINOIDES

Afortunadamente, existen. No hay muchos, pero funcionan. Dos son derivados de la vitamina A que sólo se pueden comprar con receta: *tretinoína* (marcas: Retin-A, Avita, Renova, que es el producto que le receté a Clarissa, y otros) y el *tazaroteno* (Tazorac, Avage). Estos retinoides están aprobados por la FDA, y son tratamientos tópicos que ocupan los primeros puestos de mi lista de candidatos para el rejuvenecimiento de la piel. Suelo recetarlos, y se pueden aplicar al cuello, al pecho, a las manos, a los antebrazos y a la cara. Empezarías aplicando el tratamiento dos veces a la semana, por la noche, cuando tu piel se regenera de forma natural. Esto ayuda a reducir la irritación que suele acompañar al tratamiento cuando se inicia. Luego, aumentas la frecuencia con la que lo usas, la meta es aplicarlo cada noche.

Para ver los resultados hay que esperar varias semanas, pero los retinoides pueden transformar tu piel, suavizar las arrugas, vaciar poros enquistados, aclarar manchas marrones superficiales y mejorar la textura de la piel. Son estupendos para el acné, y se pueden usar para tratar otras patologías de la piel, como la psoriasis; hablaremos de todo ello más adelante. Los retinoides pueden regenerar el colágeno y prevenir los carcinomas de las células de la capa basal y de la escamosa. Los carcinomas que he mencionado no son melanomas. Ningún otro producto que compres en un supermercado o grandes almacenes será tan eficaz y potente. Algunas personas padecen efectos secundarios, como irritación de la piel (sequedad, rubor y descamación) y una mayor sensibilidad a la luz solar, pero la mayor parte no experimentan estos síntomas hasta el punto de querer dejar de usarlos. Hay formas de paliar los efectos utilizando una concentración más baja o evitando las zonas más sensibles de la piel. Por eso has de empezar usándolos una o dos veces a la semana, hasta llegar a aplicarlos cada noche.

Cuándo hay que pensar en usar retinoides. Puesto que los retinoides se pueden usar para enfermedades de la piel como el acné, es bastante habitual recetárselos a las jovencitas adolescentes y a las veinteañeras. También es bastante habitual que las veinteañeras con problemas graves por el sol empiecen a usarlos a una edad temprana. Si únicamente buscan el efecto antiedad, las mujeres suelen empezar a usarlos a los 30 años.

P: ¿Puede un producto dejar de ser eficaz cuando lo usas durante mucho tiempo?

R: No tan de prisa. No es probable que la piel se acostumbre a los ingredientes de un producto hasta el extremo de reducir su eficacia. Muchas mujeres creen que si no usan los últimos productos del mercado, se están perdiendo algo. Si sientes el impulso de comprar cosas nuevas, puedes justificar el gasto autoconvenciéndote de que los productos que estabas usando ya no te hacían nada, pero probablemente todo sean cavilaciones mentales tuyas. Los únicos productos que son menos eficaces con el tiempo, si tu acné sigue avanzando y utilizas una fórmula demasiado suave, son los tratamientos contra el acné que se venden sin receta. No temas empezar a usar productos antiedad con derivados de vitamina A en tu juventud. Los beneficios de los ingredientes son eternos (es decir, no dejarán de funcionar).

PRODUCTOS ANTIEDAD QUE SE VENDEN SIN RECETA

Aparte de los retinoides, también existen unos cuantos productos antiedad que se venden sin receta y que funcionan. Primero fíjate un presupuesto para hacerte inmune a la llamada de las sirenas que te querrán vender elixires carísimos, puesto que el precio no es una guía fiable. Puedes gastarte una fortuna; si el dinero no es problema para ti y eso te place, adelante. Pero no es necesario. Esto es lo que funciona, y también añado un par de cosas que han de ir en la etiqueta de «Advertencia al consumidor».

La crema antiedad más barata: una buena crema hidratante. Las cremas hidratantes son como la aspirina: pequeños milagros que damos por hecho. Aunque no tengan un efecto directo sobre las arrugas, protegerán la piel de la sequedad, de agrietarse y marchitarse, y la mantendrán suave, blanda y saludable. Una buena crema hidratante será más eficaz que beber 20 vasos de agua al día. Beber agua no necesariamente humedece la piel. Si estás realmente deshidratada, tu piel puede perder su brillo y quedarse más pálida, pero lo que evitará que el agua se siga evaporando y devuelva a tu piel un aspecto saludable y fresco será la crema hidratante.

A pesar de la larga lista de ingredientes de las cremas hidratantes, sólo dos tipos son los que mejor funcionan: los *emolientes* y los *humectantes*. Los emolientes —como la lanolina, el aceite de jojoba, palmitato de isopropilo, glicol de propileno linoleato, escualeno y estearatos de glicerol— actúan como lubricantes en la superficie para rellenar las grietas entre las células que están a punto de descamarse, ayudando a que esos bordes sueltos de piel muerta vuelvan a unirse. Hacen que la piel esté suave, blanda y elástica. Esa sensación de piel resbaladiza que tienes tras aplicarte una crema hidratante, lo más probable es que proceda del emoliente. Por otra parte, los humectantes atraen el agua hacia la superficie de la piel aumentando el contenido de agua de la *epidermis*, o capa exterior. Si el aire que te rodea es realmente húmedo (imagina que estás en una isla tropical y que está cayendo una tormenta), los humectantes también pueden atraer el agua de la atmósfera hacia la epidermis. Al igual que sucede con los emolientes, hay docenas de humectantes que los fabricantes pueden utilizar en sus productos. Algunos de ellos son el ácido hialurónico, los alfahidroxiácidos, sorbitol, glicerina, glicol de propileno, urea y lactato de sodio. Ingredientes más densos como las siliconas, el aceite mineral, la cera de abeja, la mantequilla de coco, la dimethicona, el petróleo y la parafina están catalogados como oclusivos. También aumentan el contenido de agua de la piel reafirmando esa barrera y retrasando la evaporación del agua de la superficie, pero estos ingredientes suelen ser grasos y es mejor utilizarlos sólo para zonas muy secas o labios agrietados. (¡Imagina que te pusieras vaselina por todo el cuerpo!) Son más eficaces cuando se aplican sobre la piel húmeda.

Otros ingredientes son las *ceramidas* y el *colágeno*. Las ceramidas son lípidos que se encuentran de forma natural en la capa superior de la epidermis, junto con otras grasas como el colesterol y los ácidos grasos. Su función principal es mantener la humedad de la piel, y se utilizan para tratar el eccema, pues varios estudios revelan que las personas que padecen eccema tienen muchas menos ceramidas en la piel.

El colágeno puede ayudar a crear la ilusión de suavidad, pero no te engañes pensando que ponerte una crema hidratante con colágeno en la cara activará tu producción de colágeno natural. Las grandes moléculas de colágeno no pueden penetrar en las capas profundas de la piel, sino que permanecen en la superficie y no tienen ningún efecto sobre su funcionamiento. (Para un curso rápido sobre las múltiples capas de tu piel ahora mismo, ve al capítulo 6.)

Todo es ilusorio

No puedes fomentar tu producción natural de grasa, pero *sí* puedes reparar tu barrera. Eso te ayudará a retener la humedad y la grasa, lo cual te dará un aspecto más juvenil. Cuando te pones una crema hidratante, estás ayudando a crear la ilusión de una piel naturalmente fresca y suave.

Es importante que sepas que, aunque las cremas hidratantes no necesariamente influirán en las funciones de tu piel a nivel celular (es decir, no cambiarán el nivel de producción de colágeno ni repararán el tejido dañado), son una forma excelente de mantener la piel hidratada, rellenar los elementos humectantes naturales en las capas exteriores y fortalecer la función de barrera de la piel. Es cierto que ese aspecto suave y fresco de la piel es temporal, pero si sigues hidratándola con frecuencia, mantendrás ese brillo. En realidad, no hay ningún producto que pueda cambiar tu tipo de piel. Hasta un *lifting* facial te sigue dejando con tu mismo tipo de piel; su textura y su capacidad para retener el agua son las mismas. No te desesperes por el hecho de que sea difícil alterar para siempre el aspecto de tu piel (y desconfía de las hidratantes que dicen tratar las arrugas y que utilizan el término *antiarrugas*). Puedes influir mucho en el aspecto de tu piel sólo aplicando ingredientes tópicos que creen la ilusión de una piel joven. Estos ingredientes te pueden ayudar a prevenir posibles deterioros en la piel debidos al medio ambiente. Por lo tanto, ¡estás haciendo mucho más de lo que parece!

El número de cremas hidratantes que hay actualmente en el mercado es abrumador. No les digo a mis pacientes: «Buscad estos ingredientes» y las envío de compras con una larga lista de palabras raras. Casi todas las marcas utilizan los mismos ingredientes. Y aunque la mayoría proclamarán tener propiedades que ninguna otra hidratante tiene, dudo que haya una mejor que otra desde un punto de vista científico. Todo se reduce a qué es lo que a ti te gusta y lo que crees que le gusta a tu piel. Encontrar una buena crema hidratante es una elección personal; puedes comprarla en un supermercado o en unos grandes almacenes. Lo único que te pido es que elijas un aroma y una textura que te gusten, y una fórmula de SPF 30 o bien superior, salvo que utilices una crema de protección solar aparte. También te recomiendo que busques la palabra *no comedogénico*, que significa que no obstruirá tus poros. Puede que a veces se utilice el término *oil free* (*no graso* o *sin aceite*) en lugar del primero. (*No comedogénico* suena muy técnico, pero es una de esas palabras de jerga bastante corrientes de la que no puedo prescindir; además, es muy posible que la veas escrita en algunas etiquetas. No le des vueltas, es muy aconsejable que algo sea no comedogénico.)

Muchas cremas hidratantes con fotoprotección sólo tienen un factor 15, lo cual es correcto siempre y cuando añadas una protección adicional (por lo menos un FPS 30). Hay muchas cremas fotoprotectoras hidratantes en el mercado que duplicarán el efecto. La Extra-protective Moisture Lotion de Eucerin, por ejemplo, es bastante conocida (con un FPS 30) y puedes encontrarla en cualquier tienda. También puedes comprar dos hidratantes: una para la cara, más liviana, y otra más densa para el cuerpo. De ti depende.

Pronto te daré muchas ideas, así como instrucciones específicas sobre la protección solar en el capítulo 8. Al comienzo de tu programa de 9 días, citaré ejemplos de productos a tener en cuenta y te diré exactamente qué es lo que has de hacer.

Cuándo empezar a usar la fotoprotección. ¡Cuanto antes! Educa a tus hijos a que también se la pongan todos los días. Hasta hay preparados para bebés, así que nunca es demasiado pronto. Bueno, es evidente que no necesitas protección solar en tu crema hidratante de noche. La mayor parte de las personas necesitan hidratarse dos veces al día: por la mañana y por la noche. Si tienes la piel seca, puedes usar una crema más densa por la noche. Si tienes una piel mixta, grasa en algunas zonas pero seca en otras, puedes mezclar productos: utiliza una crema hidratante más ligera en las zonas grasas, y otra más densa en las zonas secas. No obstante, no te sientas obligada a hacerlo; haz lo que te resulte más fácil y rápido, y lo que te vaya mejor con tu maquillaje.

P: *Cuando se trata de los cuidados básicos de la piel, ¿cuáles son los mejores remedios naturales del planeta?*

R: Hay cinco cosas que no pueden faltar.

- **Vaselina**: es el *mejor* hidratante para los labios. ¡Y el más barato! Por cierto, no uses ningún bálsamo para los labios que contenga fenol (el Blistex, entre otros, sí lo tiene). Arranca la capa superficial de los labios. Ésa es la razón por la que te vuelves adicta a ellos, porque eliminan tu protección natural.
- Para las lociones corporales: **Cetaphil Crema Hidratante** y **Neutrogena Loción Corporal Fórmula Noruega**. Yo compro tubos grandes de crema Cetaphil, o el dispensador gigante de la Fórmula Noruega; las dos son fantásticas.
- También compro los jabones **Dove** o **Purpose**. (Si tu piel es tan delicada como la mía, compra el de la marca Dove sin perfume o la fórmula para pieles sensibles.) Ninguna de las dos marcas es cara, aunque sí lo son algo más en comparación con otras marcas de supermercado, así que ¿por qué no comprar más cantidad y ahorrarte esa diferencia? No eliminan la grasa buena de tu piel.
- Como fotoprotector, la crema **Neutrogena para pieles sensibles FPS 30** es una ganga de primera calidad. Contiene un 9,1 por ciento de dióxido de titanio, un mineral en polvo que te protege al instante. (¡No, no trabajo para Neutrogena! Sólo me gustan muchos de sus productos.)
- **Aceite de cártamo**. Sí, el aceite de cocina que compras en la tienda. Es un gran hidratante, especialmente para las piernas más secas que la piel de cocodrilo, y lo bastante suave como para aplicarlo a los bebés (en algunos hospitales lo usan para los recién nacidos.) Este aceite poliinsaturado y saludable para el corazón debe sus famosas propiedades para la piel a su alto contenido en ácido linoleico, un ácido graso que normalmente genera la piel para mantener un nivel de hidratación óptimo y reforzar su función de barrera. Cuando nos hacemos mayores, disminuye la producción de ácido linoleico (por eso las personas ancianas tienen la piel tan seca), y el cártamo ayuda a substituirlo ¡de afuera hacia dentro! Aplícatelo justo después de ducharte o bañarte, cuando todavía tienes la piel húmeda para conservar la humedad. (No te pases con la cantidad: cunde mucho.) Tendrás la oportunidad de probar esta técnica en el programa de 9 días.

El dilema del tipo de piel

¿Grasa, seca, normal o mixta? Sé que puede resultar un poco confuso, y además a ello hay que sumarle la extraña piel que es grasa en unas zonas y seca en otras. Hay tantas cremas hidratantes en el mercado que seguro que encuentras alguna que se adapte a tu tipo de piel. La mayoría de las mujeres tienen la piel grasa sobre todo en la zona T (frente, nariz y zona de la boca, incluida la barbilla). Muchas tienen una piel mixta, seca en algunas zonas y grasa en otras. O tienen el cutis seco (¡o graso!). Incluso las que tienen la piel grasa tienen que hidratarla utilizando por la mañana una loción con protección solar, y una hidratante más ligera por la noche.

Los exfoliantes antiedad: AHA y BHA. Conocidos también como *alfahidroxiácidos* y *betahidroxiácidos*, ambos suavizan la superficie externa de la piel y aceleran la regeneración celular, lo cual retrasa el envejecimiento. Los AHA (también denominados ácidos *glicólicos* o *lácticos*) son hidrosolubles y proceden de las frutas y de los azúcares de la leche; los BHA, como los *ácidos salicílicos*, son liposolubles, y por lo tanto ayudan a limpiar los poros obturados. Los BHA se extraen de la corteza del sauce y del abedul dulce. En concentraciones altas, ambos hacen desaparecer los puntos negros y las pequeñas arrugas, pero también hacen que la piel sea más sensible al sol, por lo que es imprescindible aplicarse protección solar cuando los usas.

Aunque muchos productos, desde lociones limpiadoras hasta tonificantes, exfoliantes y mascarillas, incluyen AHA, su concentración suele ser demasiado baja para causar un gran efecto. Si ves una etiqueta que pone el porcentaje, procura que no sea superior a 8. Si he de ser sincera, no soy

B de «Better» (Mejor)

Los *beta*hidroxiácidos son mejores que los alfahidroxiácidos. El más común es el ácido salicílico. Prueba a incluir un tónico con una base de ácido salicílico en el cuidado diario de tu piel. Puede que no necesites una loción tonificante todos los días: empieza usándola en días alternos, o sólo unos cuantos días a la semana. ¡Si te exfolias demasiado, te puedes irritar la piel!

muy partidaria de los AHA y prefiero que mis pacientes usen los BHA. Los alfahidroxiácidos suelen ser más irritantes y escuecen más que los BHA, por lo que recomiendo probarlos antes de comprar para todo un mes.

Dato sobre la piel

La exfoliación suave ayuda a que la piel seca conserve su humedad.

Encuentro que los betahidroxiácidos no sólo son menos irritantes, sino más eficaces para el acné. Hay una marca que me gusta especialmente: se trata de Clinique, que comercializa un tónico facial que contiene ácido salicílico, un BHA clásico. (Clinique los denomina *lociones clarificantes*, aunque son líquidas; existen cuatro densidades distintas. La más popular es la 2, que es para pieles mixtas, es decir, grasas en la zona T y secas en otras áreas.)

Al contrario de lo que se piensa, no es necesario utilizar estos productos todos los días, sobre todo si tienes una piel sensible. Empieza usándolos en días alternos, o simplemente un par de veces a la semana. Al principio puede que notes un ligero escozor, pero desaparecerá a medida que tu piel se vaya acostumbrando. Si los hidroxiácidos no parecen hacer efecto, no desesperes. Hay otras formas de fomentar la renovación celular, una de ellas es al estilo antiguo.

Los exfoliantes manuales —no químicos— también ayudan a eliminar las células muertas y esa capa exterior opaca. Los exfoliantes normales contienen granitos de azúcar, avena o un granulado sintético, y puedes usarlos una o dos veces a la semana según la sensibilidad de tu piel. La exfoliación es una práctica que requiere cierta experimentación. Algunas personas toleran los productos más abrasivos, mientras que otras necesitan fórmulas más suaves que no dejen la piel ni roja ni irritada. Por una parte estás eliminando las células muertas y opacas para estimular el crecimiento celular y revelar ese brillo fresco y saludable. Pero, por otra, ¡casi estás puliendo tu cara! Es esencial que encuentres el equilibrio.

Consejo para la piel

No programes un *peeling* facial químico o microdermoabrasión el día que tengas algún acontecimiento importante. Date una semana de tiempo para que pueda desaparecer cualquier irritación.

Si quieres una exfoliación más agresiva puedes programar una visita a tu dermatólogo para un *peeling* químico con ácido glicólico o una microdermoabrasión. Muchos tienen ayudantes o esteticistas en sus consultas que son quienes se encargan de realizar estos tratamientos todos los días. A continuación tienes una breve descripción de cómo funciona.

En el tratamiento de microdermoabrasión se utiliza una máquina especial para eliminar la capa más externa de la piel. Algunas máquinas tienen cristales minúsculos y otras unas bandas con diamantes incrustados. Luego se pasa un aspirador que aspira las células muertas y deja al descubierto una piel más suave y brillante.

El *peeling* químico suele realizarse con una solución de concentrado de ácido glicólico o salicílico. También hay otros que pueden actuar sobre capas más profundas. Se te quedará la piel rosada durante varias horas después de hacerte el tratamiento, pero luego resplandecerá durante días.

P: *Siempre me ha dado miedo hacerme una limpieza de cutis por temor a que me salgan granos. ¿Puedo hacerme una limpieza de cutis especial para eliminar los granos? ¿Puede explicarme algo sobre las limpiezas con enzimas orgánicas, las limpiezas nutritivas en las que se utilizan extractos de plantas y ácidos de frutas?*

R: En primer lugar, no necesitas limpiezas de cutis o productos caros para tener una piel bonita. La clave es seguir una rutina sencilla, suave (no agresiva) y persistente. Dicho esto, doy luz verde a hacerse una limpieza de cutis, que implica la idea de cuidarse, y no hay nada de malo en que pruebes una si nunca te la has hecho (¡y te recomiendo que pruebes todos los servicios para relajarte el día en que te decidas visitar un centro de estética!). No obstante, no empieces con el especial de triple acción, sino con el más suave, y no lo programes para el mismo día en que tengas algún acto social. Puede que te quede la cara un poco roja y sensible, pero una buena limpieza no te irritará hasta el extremo de provocarte inflamación y acné. Pide a tus amigas que te recomienden algún centro o alguna esteticista, así no tendrás que elegir a ciegas.

Cuándo empezar a exfoliarse con regularidad. Puedes empezar a hacerlo en la adolescencia, y sin lugar a dudas, a partir de los 20 o de los 30. Cuando llegas a los 30, la piel se vuelve más fina y más vulnerable al entorno. Al mismo tiempo, las enzimas naturales de la piel son menos eficaces para eliminar las células muertas, por lo que éstas no desaparecen y restan brillo a la piel. ¿Cuál es el resultado? Tienes una piel sin brillo y opaca. A los 20 puedes comprobarlo, pero a los 30 deberías programar un *peeling* suave o una microdermoabrasión una vez al mes. Cuando cumplas los 40, quizás sea el momento de hacerlo dos veces al mes. Todo depende de tu tipo de piel y textura. Si la exfoliación te irrita y enrojece la piel, no lo hagas con tanta frecuencia o utiliza métodos menos agresivos. Recuerda que si te tratas demasiado y te irritas, puedes tener más problemas de piel.

Lotes caseros para microdermoabrasión y peeling químico. Ten precaución con los lotes caseros para *peeling* y microdermoabrasión. Sé que muchas personas están encantadas con este tipo de lotes, pero personalmente considero que se encuentran en una de estas dos categorías: o son demasiado suaves para tener algún efecto (por lo que son una forma de tirar el dinero), o pueden hacerte daño si no sabes lo que estás haciendo y has elegido un producto demasiado fuerte. Un lote de microdermoabrasión no incluirá ninguna máquina, sino que más bien consistirá en que te frotes la cara con una concentración alta de cristales para conseguir un efecto similar, aunque más débil. Los exfoliantes químicos caseros sólo contienen una solución entre el 10 y el 20 por ciento, para reducir el riesgo de abrasión, pero aun así todavía pueden lastimarte. También hay fórmulas más suaves, como las que contienen ácido láctico. Si tienes una piel muy sensible y no puedes tolerar esos exfoliantes, prueba uno de enzimas de frutas.

Si decides seguir esta vía y no quieres programar una sesión de prueba con un dermatólogo, al menos hazte una prueba de sensibilidad debajo del antebrazo o delante de la oreja (en la parte lateral del rostro) durante tres noches seguidas. Si no observas ninguna irritación, puedes seguir adelante.

Los antioxidantes. La lista de estos guerreros contra los radicales libres que se añaden en los preparados tópicos no deja de crecer e incluye ingredientes como la granada, extracto de semillas de uva, té verde, vino tinto, chocolate negro, bayas de café (que proceden de la fruta del cafeto), así como vitaminas C y E. Cuando funcionan —y algunos, como el té verde y el chocolate negro, parecen más prometedores que otros—, pueden proteger la piel de quemaduras solares, inflamación, deterioro del ADN y cáncer de piel. La cafeína tópica también se está haciendo muy popular entre el círculo de investigadores, pues podría reparar los daños provocados por los rayos ultravioleta, y puede que sea uno de los antioxidantes más potentes que existen. No obstante, primero se ha de identificar el ingrediente activo —como el resveratrol del vino tinto y los EGCG (galato de epigalocatequina) del té verde—, extraerlo y añadirlo a una crema o a otro medio.

El reto de la química cosmética es conseguir estabilizar estos ingredientes sin que pierdan su potencia cuando lleguen a tu piel. Por ejemplo, tengo mis dudas respecto a la coenzima Q10 (que veo en muchos productos antiedad), porque creo que no es eficaz cuando se aplica a la piel y que pierde sus propiedades rápidamente. Asimismo, la vitamina C es muy inestable y suele perder muy pronto sus propiedades debido a factores ambientales como la luz y el oxígeno, mucho antes de tener la oportunidad ejercer algún efecto sobre tu piel. Por esta razón, nunca recomiendo a mis pacientes que busquen fórmulas con vitamina C tópica; has de escoger cuidadosamente una que te permita sacar el máximo provecho de la vitamina C, y eso puede ser muy difícil (sobre todo, cuando tienes que discriminar entre tanto reclamo publicitario).

La última novedad: el serum, que se anuncia como la panacea en antioxidantes. Aunque sus efectos sobre la piel todavía no están ciento por ciento demostrados, creo en los principios de la ciencia. Cada vez hay más pruebas de que previenen y evitan el deterioro por el sol, y también neutralizan los oxidantes de la contaminación que dañan la piel. Es necesaria una alta concentración de polifenoles, casi un 90 por ciento, para que se note algún efecto, y de momento sólo algunas de las marcas más caras indican en sus etiquetas el porcentaje de antioxidantes. Por lo tanto, a mis pacientes les digo que si encuentran un buen antioxidante que se ajuste a su bolsillo, lo compren. No está mal que lo utilicen como una táctica de protección antiedad adicional.

Cuándo empezar a usar antioxidantes. Al igual que la fotoprotección, nunca es demasiado pronto para empezar a protegerte contra las agresiones externas. Las mujeres deberían empezar a pensar en usar todos los días un serum con antioxidantes a partir de los 20 años.

Retinoles. Son básicamente retinoides *light*, derivados de la vitamina A, que se venden sin receta porque no son lo bastante fuertes. Como tales, tampoco tienen la fuerza suficiente como para proporcionar los efectos antiedad: rellenar de colágeno y reparar los daños provocados por el sol. Entre sus ventajas está que es menos probable que irriten la piel que los retinoides que se venden con receta, como Retin-A y Tazorac, y algunas mujeres pueden notar mejoría en sus arrugas, aspereza y envejecimiento en general, aunque muy ligeramente. A diferencia de sus homólogos con receta, todavía no se ha escrito nada sobre los retinoles. Actualmente, se están probando nuevas fórmulas y espero que pronto salgan nuevos productos que den mejores resultados y que valga la pena comprarlos. Recientemente, ha salido un producto que me gusta recomendar a mis pacientes: Topix Replenix Retinol Smoothing Serum. Una de las ventajas de este producto en particular es que tiene un 90 por ciento de extracto de polifenoles del té verde, que ayuda a contrarrestar los efectos de los radicales libres y cualquier posible irritación en la piel. Al menos, te estás aplicando un serum antioxidante e hidratante.

Aguanta un poquito

Es casi imposible separar la irritación de la eficacia. Los productos que dan mejor resultado suelen provocar cierta irritación, especialmente al principio de usarlos. Sin embargo, la mayoría de las mujeres superan esa irritación inicial y disfrutan de los beneficios que acompañan al resultado.

Cuándo empezar a usar los retinoles. La mayoría de mis pacientes que empiezan a usar retinoles por sus efectos antiedad, lo hacen a partir de los 30 años o más tarde, al igual que sucede con los retinoides más potentes, pero también es bastante frecuente que sugiera a una joven de 20 años que se expone mucho al sol que utilice una crema de noche que contenga retinoles o retinoides. Además, nunca es demasiado tarde. Las mujeres de 50 y más también se beneficiarán de los retinoles.

Aclaradores y blanqueadores. Las manchas y zonas oscuras se deben a la hiperpigmentación, es decir, al exceso de melanina que sale a la superficie de la piel. El problema de la hiperpigmentación es muy común, fastidioso y frustrante para muchas mujeres de distintas razas. El agente blanqueador más eficaz es la hidroquinona, que se encuentra en una proporción del 2 por ciento en productos sin receta, y del 4 por ciento en los que se venden con receta. Otras opciones son la arbutina, el extracto de regaliz y el ácido kójico (pero nunca he visto que dieran muy buen resultado). Durante el embarazo el ácido azelaico es una alternativa más suave; también va muy bien para el acné durante esos nueve meses. Pero uses lo que uses, nada funcionará durante mucho tiempo si no utilizas habitualmente un fotoprotector de amplio espectro y de SPF alto para evitar la aparición de esa melanina adicional.

La *hidroquinona*, a pesar de ser el agente blanqueador más potente, no destiñe la piel. Inhibe una enzima que genera pigmento, así las células nuevas no se oscurecen. Pero un día ocupó las primeras planas y ésa es la razón por la que se prohibió en Japón, la Unión Europea y Australia. En 2006, la FDA propuso eliminarlo de la lista de ingredientes seguros de los productos que se vendían sin receta (aunque llegara a prohibirse, todavía se podría conseguir con receta). La razón es que se trata de un posible carcinógeno y que puede tener un efecto secundario muy raro, una enfermedad denominada *ocronosis*, que se puede desencadenar después de haber utilizado este producto durante mucho tiempo, especialmente en personas de color. En lugar de aclararse la zona tratada, a algunas personas les sucede lo contrario, se les pone un tono más oscuro o azulado. Los estudios que dieron mala fama a la hidroquinona se realizaron con roedores que habían ingerido hidroquinona, y la mayoría de los médicos (incluida yo) creemos que es exagerado afirmar que los humanos que lo utilizaran de forma tópica se expondrían a un riesgo grave, aunque no cabe duda de que es posible. La mayoría consumimos hidroquinona en nuestra comida en frutos del bosque, café, trigo y té.

Cuándo pensar en usar aclaradores y blanqueadores. La decoloración puede producirse a cualquier edad, pero lo más probable es que aparezca en mujeres a partir de los 20 años, especialmente en las de color. También se puede deber al embarazo, a la píldora, al sol, al acné y a las cicatrices. Si quieres probar la hidroquinona, suponiendo que puedas comprarla sin receta, te aconsejo que la pruebes durante unas semanas. Si no ves ninguna mejora, deja de usarla y ve a tu dermatólogo.

Por qué cuesta tanto fabricar una crema antiedad que funcione

Descubrir ingredientes antiedad potentes es una cosa. Utilizarlos es otra. Para empezar, conseguir que el producto se asimile en el interior de la piel, especialmente si se trata de una molécula grande, no es fácil. Mantenerla lo bastante estable como para que pueda hacer su trabajo es todavía más engañoso. Veamos el *ácido hialurónico*. Es un componente natural de la piel y un gran rellenador (cuando se lo inyecta) porque le encanta el agua. Inyéctalo directamente en la dermis, y te rellenará bien las arrugas entre unos 4 a 8 meses, y hasta puede fomentar la producción de colágeno nuevo. Si a una crema hidratante se le añade ácido hialurónico, no generará más colágeno, pero como humectante se sumará a las cualidades hidratantes del producto. Asimismo, en probeta, la vitamina C es un gran antioxidante que ayuda a invertir los daños provocados por los rayos ultravioleta, pero también es muy inestable. Sácala del entorno controlado del laboratorio y ponla en una botella que abres dos veces al día y que guardas en tu cuarto de baño, expónla a la luz sola y al aire, y la cantidad que resiste y la que perece sobre tu rostro será una incógnita.

DOS INGREDIENTES QUE PUEDE QUE NO VALGAN LA PENA (TODAVÍA)

La tecnología de los productos de belleza cambia rápidamente. Cuando escribí este libro, no aconsejaba el uso de péptidos y de factores de crecimiento por las razones que mencionaré más adelante. Pero esto puede cambiar a medida que vayan saliendo más productos que eliminen el problema asociado a estos ingredientes.

Péptidos. Estos fragmentos de proteínas compuestos de aminoácidos son como mensajeros dentro de las células, indicándoles qué funciones tienen que activar o desactivar. Si los colocas en los fibroblastos de las capas más profundas de la piel, desencadenarán la producción de colágeno. Pero hay un gran *pero*: tanto si se trata de pentapéptidos como de oligopéptidos, estas moléculas son demasiado grandes para atravesar la epidermis, que es una barrera muy poderosa y eficaz. Por lo tanto, aunque se añadan a una crema hidratante, no tendrán ningún efecto.

Factores de crecimiento. Los productos para el cuidado de la piel que anuncian ingredientes como factores de crecimiento de la epidermis me asustan, y a ti también deberían asustarte. ¿Y si estimulan el crecimiento en células que provocan cáncer? Si estos ingredientes de verdad funcionaran, tendrían que estar controlados por la FDA, porque serían considerados fármacos. Por lo tanto, advertencia al consumidor: yo mantendría alejada mi piel y mi bolsillo de ellos.

¡No te dejes engañar!

Cuando los fabricantes anuncian un producto de belleza, pueden decir cosas que no están aprobadas por la FDA. «Eficaz tratamiento antiedad», por ejemplo, simplemente podría significar que el producto te está hidratando la piel. En la categoría antiedad, no sabes si un producto te va a funcionar hasta que lo pruebes, hasta que utilizas el viejo método de ensayar una y otra vez.

La práctica diaria

El tiempo es de vital importancia cada minuto del día, especialmente por la mañana. Entiendo la necesidad de que los cuidados diarios de la piel sean lo más rápidos y sencillos posible. De hecho, cuanto menos hagas, mucho mejor. Los cuidados de la mañana serán distintos de los de la noche, pero entre los dos no te robarán más tiempo que el que empleas en cepillarte los dientes. Tu cuerpo, incluidas las células de tu piel, funciona de forma diferente a distintas horas del día. Del mismo modo que el cuerpo tiene un ritmo circadiano predecible, las células de la piel siguen un patrón cíclico que puede compaginarse con un plan de tratamiento ideal. Veamos lo que debes hacer por la mañana respecto a lo que has de hacer por la noche. Te ayudaré a que lo pongas en práctica el Día Uno.

EL RITUAL DE LA MAÑANA

Tu piel, al igual que el resto de tu cuerpo, sabe que tiene que descansar de la dura batalla que ha mantenido a lo largo del día contra los elementos. Las células de la piel se ponen en modo supervivencia produciendo más sebo (sustancia grasa), que alcanza su cumbre al mediodía. El sebo es lo que transporta la antioxidante vitamina E a la superficie de la piel para ayudar a mitigar los efectos de la contaminación y de los rayos solares. La meta de tu rutina matinal es preparar la piel para el día y ayudarla a potenciar sus métodos de defensa naturales.

P: Siempre me brilla la cara. ¿Siempre voy a tener un cutis tan graso?

R: Cuando las pacientes se quejan de tener el cutis graso, una de las primeras cosas que les pregunto es cómo cuidan diariamente su piel. Si limpias en exceso tu cutis con jabones, exfoliantes arenosos y lociones tónicas (sobre todo los que tienen una base de alcohol) y lo secas, puedes provocar una reacción produciendo más grasa para compensar. Tus genes y hormonas también pueden influir. ¿Cuál es la solución? Procura que tu limpieza diaria sea básica: utiliza un jabón suave como Cetaphil Daily Facial Cleanser para piel de normal a grasa, observa si puedes prescindir de la loción tónica durante unos cuantos días, y ponte una fórmula que no contenga aceite. Durante el día puedes secarte las zonas grasas con algún tipo de papel secante. Si aun así no eres capaz de controlar tu flujo de grasa y te preocupa, puedes utilizar un producto tópico con retinoides. Retin-A, por ejemplo, ha demostrado que resulta eficaz para controlar la grasa.

Cuando te duches, no lo hagas con agua muy caliente sino tibia, y usa un jabón o leche limpiadora suave (mis favoritos son: Dove, Purpose, Cetaphil). Puedes usar estos jabones en todo el cuerpo, cara incluida. Utiliza una esponja de luffa o un cepillo para el cuerpo si no te irrita la piel, pero no los uses en la cara. Tus manos y un poco de jabón bastarán.

No te pases mucho rato bajo la ducha y utiliza el jabón justo. Tanto el agua caliente como el jabón disuelven tu grasa natural y secan la piel, ésta es la razón por la que es esencial reducir su efecto con agua tibia y poco jabón. ¡Lava sólo las partes sucias! La piel ha de estar limpia, no seca. Si tienes acné del adulto en la cara o en el cuerpo (tema del que hablaré detenidamente en el capítulo 8), utiliza un tónico limpiador para el acné que contenga peróxido de benzoilo o ácido salicílico. Neutrogena Oil-Free Acne Wash, Clinique Acne Solutions (puedes elegir entre la espuma limpiadora y la barra limpiadora) y Clean & Clear Advantage Acne Cleanser, todas ellas son buenas opciones. Sin embargo, si son demasiado secas para tu piel, utiliza un jabón normal; no temas hidratarte la cara aunque tengas acné. Una cara con acné también necesita limpieza e hidratación.

¡Cuidado con la esponja de luffa!

No uses nunca una esponja de luffa para limpiarte la cara; olvídate también de la toallita para la cara. Utiliza las manos, que no tendrán tantas bacterias como una toallita que has estado usando toda la semana. Si usas una esponja de luffa, no la utilices por encima del escote.

Si tienes el pelo fino o seco como yo, lávatelo un día sí y un día no, por la misma razón; de lo contrario se te verá reseco. Si trabajas por la mañana y no quieres lavarte el pelo, simplemente pásate agua tibia para sacarte el sudor y ponte algún acondicionador para que esté suave (también puedes usar una pizca de champú, y cuando te laves la cabeza, prueba a ponerte el acondicionador antes del champú para evitar el efecto secante de éste).

Cuando salgas de la ducha, utiliza tres toallas diferentes, una para el pelo, otra para la cara y otra para el cuerpo. Reserva la toallita de la cara sólo para esa zona, y lávala con más frecuencia para evitar que se multipliquen las bacterias; es una forma sencilla de evitar los granos.

Después, hidrata todo tu cuerpo, pero primero la cara para que no te quede ningún residuo de loción corporal, que casi con seguridad es no acnegénica, y provoques un sarpullido. A mí me gusta utilizar una hidratante antiacné (recuerda, busca que ponga *oil free* o *no comedogénico* en la etiqueta).

¿Depilación con láser o eléctrica?

La depilación eléctrica no es lo mismo que la depilación con láser. En la primera se utiliza una aguja a través de la cual pasa una corriente eléctrica que penetra en el interior del folículo piloso. El láser, por el contrario, utiliza la energía de un rayo láser para eliminar el folículo. ¿Cuál es mejor? Bueno, yo prefiero el láser porque no se necesita usar aguja y es mucho más rápido y eficiente. Pero hay una advertencia: el láser no funciona bien sobre pelo rubio o gris, y es más caro.

Por la mañana utiliza *siempre* una crema hidratante con fotoprotección que sea al menos de SPF 30. En verano, cambio a un SPF 50. Me la pongo en la cara, escote, antebrazos, manos y cualquier otra parte de mi cuerpo que pueda estar expuesta al sol ese día, según la ropa que lleve. Si no gastas un tubo al mes es que no estás usando lo suficiente (toda la cara necesita una cucharadita de café llena). También puedes ponerte una crema que contenga antioxidantes, si tu hidratante no los tiene, de este modo habrás equipado tu cutis para enfrentarse a la dura batalla diaria contra el entorno. Una marca que ofrece un producto bien diseñado con una mezcla de potentes antioxidantes y fotoprotección es Topix Replenix CF Anti-Photoaging Complex SPF 45. (Para más información sobre fotoprotección, véase el capítulo 8.)

Recuerda que elegir las lociones correctas (hidratante, fotoprotección, crema antioxidante, etc.) es una opción personal. Experimenta con distintas marcas para encontrar las fórmulas y consistencias que te gustan. Por ejemplo, puede que no necesites una crema muy densa. Si tienes un cutis más bien graso (al cabo de un par de horas tienes zonas brillantes), prueba una hidratante más ligera. También encontrarás fórmulas para pieles mixtas y extra secas. Antes de pasar a otras fórmulas más completas, prueba bien las otras para ver si te funcionan.

P: *A veces cuando me depilo con cuchilla, me irrita las piernas y las axilas. ¿Hay alguna forma de evitar esto? ¿O de tratarlo para que no me vuelva a suceder? ¿Qué es lo que hago mal cuando me afeito?*

R: Una irritación debida a la cuchilla se produce cuando se irritan los folículos. La rojez aparece en cuestión de minutos o de horas. Puede suceder a menudo si te afeitas apurando demasiado, con demasiada brusquedad, deprisa, o sin haberte suavizado suficientemente la piel con agua tibia para soportar la abrasión. Casi todas las mujeres tienen alguna vez alguna irritación por depilarse con cuchilla; para empezar, lo mejor es evitarla, pues la erupción puede ser muy dolorosa. Si vuelves a afeitarte demasiado pronto, puedes desencadenar una serie de irritaciones por seguir maltratando la piel.

Para la irritación, compra alguna crema con hidrocortisona (del 0,5 al 0,1 por ciento) sin receta y aplícatela sobre la zona afectada dos veces al día. Luego, en vez de usar crema o gel de afeitar normal, compra una hipoalergénica y sin perfume; prueba Aveeno Ultracalming Shave Gel o Simply Mahvelous Legs Shave Cream de Kiehl (y termina con la Simply Mahvelous Legs After-Shave Lotion de Kiehl). Por otra parte, también puedes usar la gama de productos para afeitar de Clinique; aunque sean para hombres, ¡también pueden hacer milagros en las piernas de las mujeres! Si has usado una maquinilla de afeitar con tres o más cuchillas, redúcela a dos.

Para evitar la irritación postdepilatoria: utiliza buenas cuchillas y cámbialas al menos una vez a la semana; aféitate hacia el final de la ducha cuando la piel se haya suavizado por el calor, utiliza una crema o gel de afeitar, hazlo despacio, sin presionar demasiado, y no te la pases dos veces por la misma zona. Si tienes irritaciones recidivas, plantéate la depilación con láser, que deteriora los folículos pilosos y evita el crecimiento del vello. La eliminación del vello con láser requiere varias sesiones (entre cinco y siete), más una sesión de mantenimiento cada 6 a 12 meses.

TERAPIA CAPILAR: ¡NO LO ESTROPEES!

Casi todas las mujeres hemos experimentado la magia de un corte de pelo o de un peinado estupendo. Puede hacer que te sientas —y que tengas un aspecto— de maravilla. Existen casi tantos productos para el pelo como productos antienvejecimiento. Proclaman que te dejan el pelo más denso, suave, ligero, esponjoso, brillante, etc. Prueba distintos productos para encontrar el que te gusta y el que parece gustarle a tu pelo. Yo tengo un pelo muy fino y liso, por lo que me va bien utilizar un champú y un acondicionador para pelo fino y liso, y secármelo con secador. No te vuelvas loca porque no encuentras el producto ideal. ¡Cuando encuentres algo bueno, quédate con ello! Noticias de última hora: lo de cambiar con frecuencia de champú y acondicionador para que el cabello siga respondiendo es un mito. A continuación tienes algunos consejos para esas melenas que no son tan impresionantes como cuando eran adolescentes. Un pelo fino y que se cae puede ser todo un reto (por no decir que puede suponer una decepción), pero afortunadamente hay algunos trucos que te ayudarán a sacar el máximo provecho.

- Prueba una solución tópica de las que se venden sin receta de minoxidil al 2,5 por ciento, que es el nombre genérico y químico de la Rogaina. Si no ves resultados tras usarla dos veces al día durante seis meses, interrumpe el tratamiento y consulta a tu médico para que te recete algún otro producto. Recuerda que la caída del cabello puede tener una causa médica subyacente. Tu médico puede hacerte algún análisis para ver si estás anémica (si te falta hierro) o si tienes algún problema de tiroides. También puede deberse a algún medicamento o al estrés.

- Busca un buen estilista. Sincérate con él o con ella respecto a tu caída del cabello. (¡No serás la primera persona en admitirlo!)

- Prueba a teñirte el pelo. Hacerte mechas puede desviar la atención de esas zonas más claras. Además, puede reanimar tu pelo lacio, ahuecándolo y dándole más volumen.

EL MEJOR MAQUILLAJE PARA TU PIEL

Las reacciones o sarpullidos debidos al maquillaje no son muy frecuentes, así que elige el maquillaje que más te guste. Sería imposible citar todas las marcas que hacen buenos maquillajes, las que se venden en grandes almacenes o perfumerías, o en tiendas como Sephora. La revista *Allure* edita un listado al que puedes acceder online en www.allure.com/beauty/bestof si deseas conocer qué productos de belleza han sido votados como los mejores cosméticos para los ojos, labios, bases, etc. ¿Cuál es mi opinión? Me gusta Shiseido, y una de sus gamas denominada Clé de Peau Beauté (puedes encontrar las tiendas que la venden en www.cledepeau-beaute.com; hacen maquillajes y productos para el cuidado de la piel exquisitos). Entre mis favoritos también se encuentran Clinique, M.A.C. y Bobbi Brown (véanse las Preguntas y Respuestas para obtener ideas sobre cuáles son los mejores productos en los que invertir tu dinero). Hay algo que has de tener en cuenta: Maybelline suele ser la ganadora entre los mejores fabricantes de máscaras. No obstante, si llevas lentillas o tienes los ojos sensibles, prueba la gama de rímel hipoalergénico de Almay diseñado para las mujeres que llevan lentillas. Lo indicará en el envoltorio.

P: Los minerales ya no están sólo en los alimentos y en las vitaminas. ¿Qué piensas de los maquillajes con una base de minerales que se están poniendo tan de moda?

R: Al igual que todas las tendencias —aunque ésta pueda durar—, tiene sus pros y sus contras. Éstos son los contras:

- Es cierto que los minerales actúan como una barrera solar, pero la dosis que obtienes a través de estos productos es muy probable que sea mucho menor de lo que promete la etiqueta, porque lo que suele gustar a la gente es que no tiene que usarlos demasiado; son finos y ligeros, y no necesitas mucha cantidad para conseguir el efecto deseado. Tendrías que llevar mucha cantidad para conseguir un SPF 15 o superior. No creas que estás protegida. Es lo mismo que cuando te pones un poquito de protección solar 30: para que tenga algún efecto te has de poner una cucharadita entera.

- Algunos de estos maquillajes afirman que no pasa nada si duermes con ellos. Sí, probablemente sea mejor que quedarte dormida con un maquillaje normal, pero ¡no te duermas con ningún maquillaje!
- La gama de colores es limitada, y pueden ser un poco sucios y difíciles de controlar.

Éstos son los pros:
- Son estupendos para mujeres con piel sensible. ¡Yo utilizo un colorete mineral! No es posible que se produzca alguna reacción alérgica porque no hay nada a lo que reaccionar: los minerales son inertes químicamente. Y se quedan en la superficie de la piel.
- Van bien para el acné porque por naturaleza no son comedogénicos.
- Cuando te acostumbras a usarlos, son ligeros y bonitos.

Utilizar un maquillaje de base mineral es cosa tuya. Pero si el maquillaje normal te ha ido bien durante años, ¿por qué cambiarlo? Recuerda que no hay reglas para el maquillaje. Es una cuestión de elección personal, digan lo que digan los anuncios.

El pepino fresco: el mejor amigo de la piel

Es más fácil hacer desaparecer las bolsas de los ojos que las ojeras. De hecho, el corrector de ojeras es la mejor solución para enmascarar las ojeras debajo de los ojos. Y para las bolsas, el pepino puede hacer mucho por esas protuberancias del párpado inferior.

La mejor temporada del pepino (en el hemisferio norte) es en julio y agosto, así que aprovecha y compra al menos media docena: tres para las ensaladas y tres para tu piel. (También puedes comprar esta hortaliza en cualquier época del año, ¡así que no hay excusas!) Esta crujiente hortaliza verde no sólo es baja en calorías, sino que está cargada de vitaminas, minerales y antioxidantes que pueden alimentar tu piel por dentro y por fuera. Ahora verás cómo.

Refresca y protege: los pepinos tienen vitamina C y ácido cafeico, dos antioxidantes que cuando se aplican a la piel ayudan a eliminar las arrugas, las lesiones solares y otros problemas cutáneos. La vitamina C potencia la producción de colágeno y elastina, esas fibras proteínicas que dan a la piel su aspecto juvenil y rellenito. El ácido cafeico inhibe las células cancerígenas y protege la piel expuesta a la radiación de los rayos ultravioleta. No es de extrañar que en algunos balnearios ofrezcan tratamientos faciales hidratantes con pepino picado. Versión casera para las divas de la cocina: bate un poco medio pepino con dos cucharadas de yogur; tiene que ser una masa gruesa, no ha de gotear. Póntelo por toda la cara y el cuello, déjatelo 15 minutos aproximadamente, lávate la cara y disfruta del tacto de tu piel.

No te dejes engañar!

Los ojos no necesitan un tratamiento especial. No te gastes el dinero en cremas caras para los ojos. La piel alrededor de los ojos puede ser delicada, ¡pero no necesita una fórmula especial! Tu hidratante habitual es suficiente.

Deshincha las bolsas de los párpados: las rodajas de pepino refrigeradas se adaptan casi a la perfección a tus cavidades oculares, donde actúan como pequeños paquetes de hielo y reducen los párpados hinchados. Una razón: el pepino es 90 por ciento agua, lo cual le ayuda a mantenerse fresco incluso en lugares muy calientes. Su frescor reduce la hinchazón al producir un efecto de constricción sobre los vasos sanguíneos y linfáticos que llevan el líquido a dicha zona.

Elimina el enrojecimiento: los elementos antiinflamatorios naturales del pepino calman y suavizan la piel enrojecida por la rosácea o por el sol. Coloca rodajas finas y frías en la «zona mariposa» de tu rostro [la cara, excepto la frente y la barbilla], empieza por la nariz y extiéndelas por las mejillas o en cualquier zona enrojecida. Te las dejas quince minutos, luego las retiras y te aplicas una crema hidratante suave. También puedes usar la mascarilla de pepino de Peter Thomas Roth, Cucumber Gel Masque, uno de esos productos de belleza de culto que, incluso costando 45 dólares, arrasa entre consumidoras de todas las clases sociales.

LA RECETA PARA LA NOCHE

La limpieza de la noche te llevará un minuto más porque tienes que quitarte el maquillaje y toda la suciedad y residuos que han ido quedando a lo largo del día. Pero no tiene por qué ser laborioso. Si te has lavado la cara por la mañana, puedes usar el mismo limpiador suave, como Cetaphil líquido o una pastilla de jabón Dove, siempre y cuando te quite bien el maquillaje. Es más eficiente si utilizas una loción limpiadora especial para maquillaje tanto en los ojos como en los labios (especialmente si has usado un pintalabios resistente y fijo). Algo que vale la pena probar (y que puedes comprar en casi cualquier tienda) son las toallitas desmaquilladoras de ojos de Almay. Si tienes la piel grasa, lo mejor es usar una espuma limpiadora. Los limpiadores con hidroxiácidos (como ácido glicólico o salicílico) pueden servirte para exfoliar la piel y reducir el aspecto de las líneas finas, pero como ya he dicho, quizá no sea recomendable hacerlo todos los días, sino más bien que sea un tratamiento semanal, quincenal o cada pocos días, según las necesidades personales de tu piel. Si has de usar algún producto para conseguir esa sensación refrescante, busca uno que no tenga alcohol para que no te reseque demasiado (vale la pena probar el tónico de pepino sin alcohol de Kiehl).

Consejo para la piel

Evita los jabones agresivos. La limpieza exhaustiva a menudo es sinónimo de sequedad. Busca un jabón o limpiador suave e hidratante que te deje una capa de lípidos incluso después de aclararte. Lávate lo suficiente para sacarte el maquillaje y la suciedad. No salgas del cuarto de baño sintiendo la piel tirante.

Utiliza agua tibia y límpiate bien toda la cara: por encima de las cejas, en la línea del cabello y por debajo del mentón. Usa las manos en lugar de una toallita: las toallitas después de unos cuantos usos transmiten bacterias que cierran los poros. Sécate suavemente la cara presionando una toalla limpia y suave. ¡No te la frotes!

Ha llegado el momento de ponerte tus cremas nocturnas y fórmulas antiedad, como los retinoles, o los retinoides con receta. Cuando el cuerpo se dispone a descansar y se relaja durante el sueño, ciertas partes se quedan en modo de ahorro de energía, mientras que otras se activan y se ponen a trabajar reparando y rejuveneciendo las células. El equipo de renovación celular

(¡y de la piel!) hace el turno de noche, por lo tanto es el momento para proporcionar a tu piel todos los nutrientes e ingredientes hidratantes que necesita para hacer un buen trabajo.

Aplica primero las cremas antiedad y por último tu hidratante, salvo que tu crema antiedad también sea una buena hidratante. Puedes optar por ponerte una crema más densa por la noche si lo prefieres, y no necesitas una crema de contorno de ojos, salvo que tu crema hidratante habitual te irrite esa zona. Sácate el pelo de la cara antes de recostarte en la almohada.

¡Y, por último, buenas noches!

Consejo para la piel

Da a los productos un plazo hasta de 6 meses para demostrar su eficacia.

Más preguntas habituales

P: *¿Cuáles son los productos de belleza que valen la pena?*

R: Como habrás podido observar, soy partidaria de productos más bien simples y básicos. Pero ¿a quién no le gusta un poco de lujo para tratarse la piel de vez en cuando? Nadie necesita una crema hidratante de 250 dólares, pero si el dinero no te preocupa y te gusta esa crema, está bien. Ésa no es mi debilidad, pero éstas sí lo son:

- **Pintalabios.** Es el producto de maquillaje en el que realmente me gasto el dinero porque me encanta su textura. Shiseido y Clé de Peau (que en realidad pertenece a Shiseido) son sorprendentes —los colores y las texturas—, pero a mí me cuesta resistirme a cualquier buen pintalabios.

- **Tratamientos antioxidantes.** Sobre todo los que utilizan té verde o cafeína. Una gama que me gusta es Topix Replenix. Su crema o serum CF antioxidantes tienen cafeína, *y además*, un 90 por ciento de polifenoles del té verde. Cuestan unos 60 dólares [42 euros] cada uno en www.skinstore.com. Para mi gusto, la crema es un poco más hidratante, así que es buena para todo tipo de pieles secas como la mía; para las grasas, el serum es más apropiado.

- **Productos para la piel de aceite de oliva de L'Occitane.** El aceite de oliva, al igual que el de cártamo, es un gran hidratante para la piel, pero hueles a ensalada. Éstos no.

- **La Roche-Posay Anthelios XL 50 crema solar.** Me encanta, pero en Estados Unidos es muy cara, si es que la encuentras. Yo la encargo en farmacias canadienses, o engatuso a amigos que van a Europa para que me traigan varios tubos. En Estados Unidos un tubo puede llegar a costar 60 dólares [42 euros], pero sólo 20 dólares [14 euros] fuera del país.

P: *¿Qué ingredientes suelen irritar una piel sensible?*

R: A continuación cito los cinco principales, basándome en mis conocimientos médicos y en mi experiencia personal: soy la reina de la piel sensible. He heredado toneladas de buenos genes de mi padre, pero también su piel hipersensible. Soy alérgica a todo, desde el adhesivo de las vendas a casi todas los perfumes. De modo que, aunque pruebo casi todos los productos para la piel —lo que puede sonar un tanto extraño para las personas que se sienten más fascinadas por Sephora que por Godiva—, suelo reaccionar a cualquier cosa que tenga perfume. Puesto que el estrés continuado puede hacer que la piel sea más sensible, si de pronto tienes una reacción a algo, busca estos ingredientes en la etiqueta del producto.

- **Perfume de cualquier tipo.** Aunque sea el último ingrediente de la lista, que implique que sólo contiene una pequeña dosis, puede ser un problema para una persona como yo.

- **Cinamatos.** Se usan en algunas cremas solares (donde suelen aparecer como *methylcinnamate*) y en pintalabios. Sí, provienen de la canela, pero los problemas no te vendrán de la especia, sino con este derivado.

- **Lanolina y aceite mineral.** Muchas personas son alérgicas a estos productos, aunque hace muchos siglos que circulan y son ingredientes bastante comunes en los tratamientos para la piel. La lanolina es la causa por la que muchas personas tienen problemas con Aquaphor, que de lo contrario sería un hidratante extraordinario.

- **Helioplex.** Es un agente de protección solar relativamente reciente, muy eficaz para filtrar los rayos ultravioleta A y B (UVA y UVB), pero yo creo que el 99 por ciento de todas las erupciones que vi en el verano de 2007, debidas al uso de fotoprotectores, que fue cuando se introdujo en el mercado, estaban relacionadas con este producto. Me recuerda los problemas con PABA [ácido paraaminobenzoico], que funcionaba bien, pero que también irritaba a tantas personas que ya no se usa en los fotoprotectores. Ojalá puedan encontrar la forma de contrarrestar las reacciones al Helioplex.

- **Ácido sórbico.** Se utiliza como conservante en las cremas con retinoides que se venden con receta, pero es la causa principal de que al principio a muchas personas les resulten irritantes.

Si tu piel reacciona alérgicamente a uno de estos ingredientes, no significa que el resto vaya a hacerte daño también, ni tampoco que no haya ninguna otra cosa que te afecte. Yo debería tener precaución con casi todos los productos de la lista; sin embargo, a veces puedo usar un producto con perfume. Por otra parte, el glicol de propileno también puede afectarme. Pronto empezarás a darte cuenta por ti misma. A veces toda una gama de productos se resistirá a tu piel, aunque no haya una razón obvia. Muchas veces tengo pacientes que me dicen: «No puedo usar esta marca, ¿son manías mías?». La respuesta es «No». Eso es bastante frecuente.

3

Los siete hábitos (gratuitos) saludables para una piel sana

Cómo quitarte seis años de la cara de forma natural

Si tuviera que decir una palabra para describir la raíz de todos nuestros males, al menos en lo que respecta a la salud y belleza, sería *estrés*. Ni la dieta, ni los medicamentos, ni el tabaco, ni el alcohol, ni la contaminación, ni el calentamiento global, y por supuesto, tampoco las grasas *trans* o la comida rápida que inundan nuestra vida cotidiana. El mayor ladrón de nuestra belleza y edad es el estrés al que nuestra mente intenta hacer frente a diario. ¡Espero que los tests que hiciste en el primer capítulo no te estresaran demasiado! En los últimos capítulos te conduciré a través de la anatomía del estrés y de la piel. También explicaré con profundidad cómo funciona el envejecimiento por estrés y la conexión mente-belleza. Pero sé que la mayoría queréis empezar enseguida con lo que hemos de *hacer*.

Ahora que ya te sabes la lección de cuidar tu piel, tienes que aprender qué más puedes hacer para nutrirla de dentro hacia fuera y disfrutar de un aspecto lo más saludable y radiante posible. A estas siete estrategias las denomino los hábitos saludables para una piel sana porque son justamente eso: hábitos que adquieres para mantener una belleza física radiante. Todos ellos te ayudarán a combatir el estrés que puede hacer que parezcas al menos seis años más mayor. Te centrarás en incorporarlos a tu vida durante el programa de 9 días que expongo en el siguiente capítulo.

Es cierto que las mejores cosas de la vida son gratuitas. No necesitas un millón de euros para sentirte como si ya los tuvieras (y si tienes buenos fajos de billetes... por favor, ¡gástatelos en otras cosas!). Puedes hacer mucho sin gastarte grandes sumas de dinero o de tiempo. De hecho, mucho de lo que puedes hacer ahora mismo no cuesta nada, ésta es la razón por la que dedico la mayor parte de este capítulo a detallar los pasos que has de seguir, con pruebas sobre cómo se relacionan con tu aspecto y sensación de bienestar.

Muchas veces podemos caer en la trampa del pensamiento negativo diciéndonos que estar bella y sana cuesta mucho dinero. No me estoy refiriendo sólo al dinero, sino al componente psicológico de hacer un esfuerzo para instigar el cambio en tu vida. Puede dar miedo y parecer inviable, como si tuvieras que dejar de hacer todo lo que has estado haciendo y empezaras una nueva vida. ¡No es para tanto! Elige qué pasos vas a empezar hoy, y te haces un programa a medida que vayas progresando. No obstante, te anticipo que a medida que empieces a ver y a sentir los resultados, seguirás en mayor medida mis recomendaciones. No son radicales, sino prácticas y razonables. Tu cuerpo y tu mente te lo agradecerán.

Aquí tienes un resumen de tu programa de 9 días:

Día 1: *Simplifica.* Adopta una rutina diaria para el cuidado de la piel y duerme (profundamente) suficientes horas todos los días.

Día 2: *Relájate.* Haz un tratamiento, relaciónate con amigos, ve a clases de yoga, haz el amor, aprende ejercicios de respiración sencillos que puedas hacer todos los días.

Día 3: *Día verde.* Sal al campo y entra en contacto con la naturaleza.

Día 4: *Come sano.* Evita la comida basura, los fritos y cualquier alimento procesado.

Día 5: *Muévete.* Haz ejercicio.

Día 6: *Cultiva tus amistades.* Conecta con tus amistades y familiares en persona.

Día 7: *Mímate.* Aprende a meditar y hazlo antes de acostarte.

Día 8: *Duerme para ser más bella.* Levántate tarde o intenta hacer la siesta.

Día 9: *Reflexiona.* Revisa tu semana.

Aunque he creado este programa para que dure 9 días, puede que a tu cuerpo le cueste un poco responder al cambio de estilo de vida, ya sea grande o pequeño. Estos 9 días serán en realidad un periodo de ruptura con tu pasado para establecer unos nuevos hábitos para siempre. Cierto: el cerebro no tiene una programación tan fija como pensábamos, ni tampoco nuestra piel. En cuanto decidas adoptar estas ideas en tu vida, será el momento para empezar a hacer cambios físicos, neuroquímicos y hormonales en tu cuerpo para que te vaya mejor, y que te servirán en tu meta de conseguir tu mejor aspecto.

La buena noticia es que la mayoría de estos hábitos implican hacer *menos* de lo que haces habitualmente, en lugar de más. Si no estás segura de cómo empezar a incorporar estas prácticas, no te asustes. Te ayudaré a hacerlo durante el programa de 9 días. Pero lo que pretendo es que adoptes estos hábitos de por vida, no sólo durante estos días.

Recuerda: Incluso los pequeños cambios pueden tener una gran repercusión. Si acarreas una tonelada de ladrillos, deshacerte de unos pocos puede hacer que la carga sea más llevadera y te anime a deshacerte de otros tantos.

Ahora vamos a ver esos siete hábitos saludables.

Los siete hábitos (gratuitos) para una piel sana

- Practica la respiración profunda.
- Actívate.
- No comas cosas que te perjudican.
- Céntrate en lo bueno.
- Duerme más.
- Medita.
- Abraza o haz el amor.

Practica la respiración profunda

Una señal clásica de la respuesta de estrés es respirar superficialmente y muy deprisa. Por eso, lo contrario —respiración profunda y lenta— es una forma tan eficaz de tranquilizarte. Te ayudará a frenar la reacción al estrés, o al menos a controlarla. Además, equilibra la cantidad de dióxido de carbono y de oxígeno, a favor de este último. Recuerda que el dióxido de carbono es un producto de desecho, mientras que las células y sistemas corporales necesitan un aporte constante de oxígeno fresco para seguir con vida y trabajar bien. El oxígeno es el nutriente más vital para el cuerpo; moriríamos en cuestión de minutos si no lo tuviéramos. El buen estado del cerebro, sistema nervioso, glándulas y órganos internos depende del oxígeno, y cualquier deficiencia en su suministro tiene un profundo impacto en todo el organismo: interna y externamente.

Hay varios ejercicios de respiración; el Día 2 empezarás a experimentar con alguno de ellos.

RESPIRAR BIEN RELAJA Y MEJORA LA CALIDAD DE TU PIEL

La respiración va mucho más allá de aportar el tan necesario oxígeno para el cuerpo. La respiración lenta y controlada es el puntal de muchas prácticas orientales para que el cuerpo vuelva a un estado de equilibrio, donde hayan desaparecido todos los signos de estrés. El yoga, el chi kung y el tai chi son sólo algunos ejemplos, y si los has practicado alguna vez, sabrás cómo se siente una después. Estás relajada, renovada e incapaz de albergar deseo de discutir o de enfrentarte a una situación estresante. El mundo te parece bien.

Cuando te centras en la respiración, no piensas en nada más (como en tu miserable jefe o en que tu niñera llega tarde). Ese cambio mental te ayuda a eliminar los factores de estrés, te conduce a un estado de conciencia más profundo, a un lugar donde puedes ver las cosas desde fuera. No olvidemos que el oxígeno es necesario para la producción de la fundamental molécula de energía denominada ATP (*trifosfato de adenosina*). El ATP es el medio de transporte de energía en el interior de las células. Sobre todo las células de la piel necesitan mucha energía porque son muy dinámicas, ya que realizan todo tipo de actividades durante el día para mantener tu salud.

Aquí también debería mencionar el sistema linfático, que se ve profundamente revitalizado gracias a la respiración. La linfa es un fluido claro que transporta células del sistema inmunitario y que se distribuye por todo el cuerpo mediante una serie de vasos. Transporta nutrientes y recoge desechos celulares a la vez que ayuda a destruir factores patógenos, incluidos los que degradan la salud de nuestra piel. Cuanto más profundamente respiras, más consigues este efecto. Aunque el corazón sea la bomba de nuestro sistema vascular, el sistema linfático no posee una bomba propia, y por eso depende de la respiración y del movimiento físico para desplazarse por todo el organismo. Desde siempre se ha sabido que hacer ejercicio estimula el movimiento del flujo linfático, pero el papel de la respiración no había sido reconocido del todo hasta que los científicos hallaron la forma de fotografiarlo. Así es como observaron que la respiración profunda hace que la linfa se mueva por los vasos linfáticos.

Es fabuloso saber que algo tan sencillo (y gratis) como respirar pueda ser una herramienta tan eficaz para la belleza y la salud.

Inspira belleza, espira estrés. El sistema nervioso simpático probablemente haga muchas horas extra. Es la parte de tu red nerviosa que es sensible al estrés y a la ansiedad, que controla la respuesta del instinto de supervivencia (enfrentarse a algo o eludirlo), y esos dañinos componentes de las hormonas del estrés, el cortisol y la adrenalina. Tal como explicaré en los capítulos 5 y 6 con más detenimiento, el estrés crónico quema los nutrientes de nuestro cuerpo y desestabiliza el cerebro y la química hormonal. La depresión, tensión muscular y dolor, sensibilidad a la insulina, problemas gastrointestinales e insomnio, son algunas de las patologías relacionadas con el agotamiento del sistema nervioso simpático. Ha llegado el momento de descansar y de cambiar de turno. ¿Qué es lo que contrarresta este mecanismo? El sistema nervioso *parasimpático*, que puede proporcionar una auténtica respuesta de relajación. Respirar profundamente es el medio más rápido de conseguir la comunicación entre estos dos sistemas, conmuta en cuestión de segundos la posición del interruptor, de alerta máxima a baja, mientras se lentifica nuestro ritmo cardíaco, los músculos se relajan y baja la presión sanguínea.

Actívate

Piensa en esto: la respuesta al estrés prepara tu cuerpo para pasar a la acción. Pero el 90 por ciento de las veces no has de trepar por edificios o ni tan siquiera salir a la calle: lo que necesitas es *calma*. Por eso hacer ejercicio es tan catártico: libera toda la energía acelerada que encierras dentro para que *puedas* tranquilizarte. Si puedes sentarte en una bicicleta estática y pedalear durante 20 o 30 minutos, estupendo. Pero pasar el aspirador con energía, subir y bajar las escaleras de la oficina o jugar con tu perro te aportará los mismos resultados, te equilibrará en lugar de sentir que estás reprimiendo algo dentro. Al mismo tiempo, potenciarás la actividad de los leucocitos, aumentarás el nivel de las betaendorfinas, mejorarás tu estado de ánimo y tu circulación: todo ello, bueno para la piel. Las betaendorfinas tienen un gran potencial antiinflamatorio que combate el cortisol, la hormona del estrés.

Brevísimo apunte sobre el cortisol

Es la principal hormona del estrés junto con la adrenalina, y tiene mucho protagonismo en nuestro mundo moderno. Además de secretarse durante las situaciones de estrés para propiciar la respuesta de enfrentarse o esa situación o eludirla, también controla cómo procesa el cuerpo los hidratos de carbono, las grasas y las proteínas, y ayuda a reducir la inflamación. Esta hormona tiene aspectos buenos y malos, según la cantidad y la frecuencia con que la secrete tu cuerpo.

Ya me imagino que no soy la primera persona que te dice que hacer ejercicio es bueno. Habrás oído esta cantinela muchas veces. Pero permíteme que te diga que si hay una especie de varita mágica que pueda resaltar tu aspecto y tu vida en general, es el ejercicio. Hay muchas pruebas científicas: hacer ejercicio retrasa el inicio de las enfermedades típicas de la edad, te anima y te proporciona sensación de bienestar, aumenta tu capacidad pulmonar de forma que podemos inspirar más oxígeno, mejora la circulación para llevar los nutrientes a las células y a la piel, reduce la inflamación, y para muchas personas, es el mejor medio de eliminar el estrés. Ese brillo saludable que tienes después de hacer ejercicio (mejillas sonrosadas que indican un aumento de la circulación que está nutriendo las células y tejidos faciales) no es un efecto efímero.

Tu cerebro y el ejercicio

Existen un sinfín de estudios que demuestran la conexión belleza-mente con hacer ejercicio. Mientras escribo este libro se ha publicado otro estudio donde se demuestra claramente que el ejercicio favorece el aumento de la producción de ciertas sustancias químicas cerebrales que se sabe que tienen efectos antidepresivos. Algunos investigadores también han descubierto que moverse activa el gen de un factor de crecimiento nervioso denominado VGF. Los VGF son pequeñas proteínas esenciales para el desarrollo y el mantenimiento de las células nerviosas. Lo más fascinante que este estudio sacó a la luz fue que con el ejercicio se activaban 33 VGF, la mayoría de los cuales no se habían identificado con anterioridad. Esto es una prueba de que todavía tenemos que aprender más de nuestros genes y del poder que tienen nuestros hábitos sobre ellos.

EL FACTOR MUSCULAR

Los músculos son tejidos que necesitan mucho mantenimiento, es decir, que queman muchas calorías. Cuanta más masa muscular magra tengas a medida que te haces mayor, mejor llevarás el paso de los años y más calorías quemarás. Una característica que solemos olvidar respecto al envejecimiento es el declive natural de la masa y fuerza muscular. Comienza en la década de los treinta, y perdemos una media de 110 g de músculo al año. En lo que a *fuerza* muscular se refiere, perdemos un 1 por ciento anual. Esto se acelera entre los 65 y los 75, incrementándose hasta un 1,5 por ciento anual. Si alguna vez te has sentido frustrada por no poder perder peso con tanta rapidez como, por ejemplo, tu marido, puedes agradecérselo a tu pérdida de masa muscular. Cuando sacas cuentas, observas lo fácil que es engordar con el paso de los años sin cambiar tu dieta. Si quemas 200 calorías al día menos a los 50 que cuando tenías 30, esas calorías han de ir a alguna parte si todavía sigues consumiéndolas.

Con frecuencia, no de vez en cuando

Para cosechar los frutos de hacer ejercicio, hazlo con regularidad. El ejercicio sólo controla el estrés durante unas 24 horas.

Mantener la masa muscular con el paso de los años también tiene un atractivo estético. Automáticamente tendrás mejor aspecto porque tendrás tono muscular y buen contorno corporal, tendrá menos grasa, y no se te verán los brazos fofos y flácidos.

En teoría, un buen programa de ejercicio bien diseñado y completo incluye el trabajo cardiomuscular, entrenamiento de fuerza y estiramientos Cada una de estas actividades aporta beneficios únicos, que el cuerpo ha de conseguir para mantener un rendimiento máximo. El trabajo cardiomuscular hace que suba tu ritmo cardíaco durante un extenso período de tiempo, quemas calorías, reduces grasa y fortaleces el corazón y los pulmones; el entrenamiento de fuerza (utilización de mancuernas o bandas elásticas, o incluso en algunos casos, el peso de tu propio cuerpo como resistencia) te ayudará a fortalecer los huesos y a evitar la pérdida de masa muscular que tiene lugar con la edad, y, por último, los estiramientos te servirán para estar flexible y que te duelan menos las articulaciones. Estas tres formas de ejercicio mantendrán tu cuerpo en movimiento, y también te ayudarán a tener una buena postura, que como ya te he dicho hace que parezcas más joven. El tipo de actividad que realices no es tan importante como la asiduidad y el tiempo que empleas. Puesto que la gimnasia reduce el estrés durante 24 horas, es importante que no te propongas hazañas para el fin de semana y que procures hacer un poco todos los días.

No te olvides de que los beneficios de hacer ejercicio son *acumulativos*. Otro hecho científico probado es que no has de sudar en la cinta de andar durante 60 minutos. De 10 a 20 minutos bastan. (¡Al igual que las calorías, todo suma!) Reparte las sesiones de ejercicio a lo largo del

Atención

Siempre recomiendo mucho que hables con tu médico antes de empezar un programa de ejercicios, especialmente su tienes algún problema de salud o limitación física o si hace tiempo que no te mueves. Tu médico también te puede ayudar a calcular tu grado de forma física y ayudarte a diseñar un programa de ejercicios apto para ti. Esto reducirá el riesgo de lesiones o enfermedades, pues muchas personas quieren alcanzar sus metas demasiado pronto y acaban lesionándose y dejándolo. Para seguir avanzando has de conseguir un delicado equilibrio entre el esfuerzo físico, por un lado, y ser consciente de tus limitaciones actuales.

día: a la hora de comer, después de cenar, o a los quince minutos de levantarte, cuando todavía está todo en calma.

No importa qué tipo de ejercicio elijas, su efecto positivo sobre tu piel y aspecto en general no se puede infravalorar. No conozco a nadie que esté en forma y que parezca mayor de lo que es, ¿tú sí? Recuerda a todos los maestros del *fitness* de 40, 50 o más años que tienen un aspecto increíble.

P: *Hace tiempo que no hago nada, ¿con qué tipo de programa de ejercicios debería empezar?*

R: Suelo recomendar a mis pacientes que al menos intenten caminar. Caminar no sólo es el punto de partida perfecto para las personas que no están acostumbradas a realizar actividades físicas, sino que es una de las formas más accesibles de hacer ejercicio. Sencillamente te pones unos zapatos cómodos (mejor unos especiales para caminar o correr) y sales a caminar. Puedes caminar con mayor o menor intensidad, depende de ti. Puedes acelerar, subir o bajar pendientes, y aumentar o acortar la duración de tu caminata. Intenta caminar entre 30 y 40 minutos cada día, ¡pero si no te gusta caminar, no lo hagas! Forzarte a hacer algo que no te gusta estresa. Por lo tanto, si no te gusta caminar pero te gusta bailar, nadar, ir en bicicleta, correr, lo que sea, adelante.

P: *Soy una fanática de hacer ejercicio, por lo que no me extraña que todos estos años en los gimnasios me hayan dejado como legado el pie de atleta. Pero el mío es especialmente molesto porque me crece por debajo de las uñas de los pies. Mis uñas se han engrosado y están amarillentas, con trozos de piel y restos de uña por debajo. ¿Qué puedo hacer?*

R: Estas infecciones, denominadas *onicomicosis*, suelen estar provocadas por hongos, pero también pueden causarla las levaduras. Las de tipo fúngico, que suponen el 90 por ciento de las infecciones de las uñas de los pies, se pueden transmitir por contacto directo o por contacto con objetos como ropa, zapatos, cortaúñas, limas, duchas, el suelo de los gimnasios y alfombras. Aunque no las produce el estrés, pueden llegar a estresarte por su tediosa presencia antiestética. Las personas que padecen este problema en los pies suelen tener algún problema más grave que el de sus uñas. Entiendo lo molesto que puede resultar, y sin duda no es algo con lo que nadie desee vivir toda la vida, mucho menos contagiarlo a otras uñas tuyas o de tu familia. Por desgracia, los tratamientos tópicos no suelen funcionar demasiado bien, pero un medicamento antifúngico recetado por un especialista y bajo su supervisión como Sporanox, Lamisil o Diflucan que mata a las bestias desde dentro puede ser útil. (Y lleva siempre chancletas en esas duchas públicas llenas de gérmenes.)

Hace mucho que los beneficios de hacer ejercicio se conocen y han sido demostrados. Los beneficios que cito a continuación tienen una influencia positiva sobre tu piel y el potencial de mantener tu aspecto juvenil:

Mayor resistencia y energía.

Mayor fuerza, tono y resistencia musculares.

Mayor flexibilidad.

Liberación de sustancias químicas del cerebro denominadas endorfinas, que actúan como calmantes naturales.

Menor deseo de comer a deshora.

Aumento de la circulación sanguínea y tonificación del sistema cardiovascular.

Mayor aporte de oxígeno a las células y tejidos.

Disminución de los niveles de azúcar y del riesgo de padecer diabetes.

Sueño más profundo y reparador.

Peso estable y mejor distribuido.

Reducción del estrés.

Mayor autoestima y sentido de bienestar.

Un poco de trivialidad: el clásico *subidón del corredor* —el estado de euforia que se asocia al ejercicio prolongado— ya no se explica únicamente por la hipótesis de la adrenalina y las endorfinas. Ahora los científicos creen que el bienestar físico y psicológico (a lo que se añade menor ansiedad, distorsión del tiempo y una percepción sensorial más agudizada) que experimentan muchos atletas de elite se debe a la activación de los *canabinoides* (lípidos presentes en el cuerpo, cuya acción se asemeja a los ingredientes activos del cannabis [marihuana]) provocada por el ejercicio. Estos canabinoides pueden suprimir el dolor en las zonas periféricas, así como en las centrales (cruzando la barrera sangre-cerebro); inhiben la hinchazón y la inflamación, y dilatan los vasos sanguíneos facilitando la respiración. El fenómeno de la adicción al ejercicio se debe en gran parte a estas poderosas sustancias químicas que produce nuestro organismo de forma natural.

No comas cosas que te perjudican

Comerte una caja de bombones o una tarrina de helado cuando estás estresada (triste, frustrada, furiosa o melancólica; todo ello se puede interpretar como estar estresada) tiene su lógica. El estrés nos abre el apetito. Veremos esto con más calma cuando hable de la conexión comida-estado de ánimo, además de la conexión entre la comida, la piel y tu aspecto en general, en el capítulo 7, pero quiero darte unas cuantas ideas para que vayas reflexionando.

Resumiendo: cuando aprieta el estrés, el cortisol le dice a nuestro cerebro que tenemos hambre y nos ponemos a buscar comida. Por desgracia, el mensaje que envía el cortisol a nuestro cerebro también nos indica que comamos alimentos dulces y grasos: todo lo que no nos conviene para detener el ciclo. Lo único que hacen los dulces por nuestra salud es darle alas a la insulina, desequilibrar el azúcar en la sangre, engordarnos unos cuantos kilos, ponernos barrigonas y empeorar nuestro estado de ánimo. Es más, los culpables habituales: helados, galletas y barritas de caramelo, quedan archivados en el centro de recompensa de nuestro cerebro de forma que nos hace desear todavía más. En el programa de 9 días vas a utilizar las dos estrategias que vienen a continuación para reducir tu atracción magnética por estos alimentos.

- **Primero, come mucha más proteína magra.** Esto te dará más energía y controlará tus ataques de hambre, que pueden provocarte cambios de humor. La proteína es la clave para la estabilidad del estado de ánimo, gracias a su efecto de mantener el equilibrio del azúcar en la sangre, lo que a su vez equilibra ciertas hormonas como la insulina. Los hidratos de carbono, especialmente los de baja calidad, no son tan nutritivos como las proteínas de buena calidad como el pescado, los huevos, los lácteos desnatados, las aves e incluso las nueces. Las proteínas son necesarias para el crecimiento del cabello y de las uñas y son los elementos fundamentales de las enzimas y hormonas, incluidas las que participan en mantener tu belleza radiante.

- **Segundo, escribe las cinco adicciones alimentarias principales a las que recurres cuando tienes estrés.** Aperitivos de bolsa, patatas chips, galletas, barritas de chocolate, chucherías, etcétera. No los elimines por completo. Sin embargo, cuando sucumbas, come sólo la mitad de lo acostumbrado. O menos: a veces un bocado o dos te bastarán para satisfacerte. Éste es un paso fácil para calmar tu estrés, estabilizar tu peso y bajar la barriga.

1 _____

2 _____

3 _____

4 _____

5 _____

¿Por qué has de hacerlo? Esto te ayudará a empezar a controlar tus raciones de dulce. No se trata de pasar hambre, sino de encontrar un equilibrio saludable que te ayude a conservar tu belleza.

Céntrate en lo bueno

Cuando estás alegre y optimista, es menos probable que empieces a apretar las mandíbulas. Aquí tienes una forma sencilla de aumentar tu grado de felicidad en casa. Martin Seligman, el científico que inspiró a los psicólogos a que investigaran sobre la felicidad y las emociones positivas, fue el primero en recomendarla.

Coge una libreta o un diario de vida que te guste, o bien compra uno que tenga una tapa o un papel especial que te llame la atención. Escribe cada noche tres cosas que te han ido bien durante el día y las razones. Por ejemplo, una cena que has hecho que te ha quedado deliciosa, una reunión en tu trabajo que ha sido productiva y que ha servido para resolver problemas, una conversación a corazón abierto con tu hermana que se ha mostrado comprensiva, sincera y preocupada por ti. Hacer una lista de cosas por las que puedes estar agradecida también es muy útil; en ella escribes todo aquello por lo que puedes estar agradecida. Pueden ser cosas específicas como el rato que has pasado ese día con tu madre, o cosas generales como dar las gracias por tus hijos. Puede que estas dos listas se solapen un poco, pero no pasa nada. El objetivo es centrarse en lo positivo: acontecimientos, personas y experiencias que aprecias y que te hacen feliz.

Este ejercicio puede incluso ayudarte a que transformes lo negativo en positivo cambiando tu actitud. Por ejemplo, has tenido un mal día y has discutido con un compañero de trabajo, lo que ha terminado en una bronca del jefe. Tienes motivos de sobra para estar estresada y sentirte frustrada. ¿Y si pudieras transformar ese momento viendo sus aspectos positivos? ¿Y si pudieras ver que eso te ha proporcionado la experiencia que necesitabas para mejorar, reflexionar y seguir avanzando? Puede que haya sido una lección dura, pero una lección a fin de cuentas. Puedes dar las gracias por ese día y esperar con entusiasmo la mañana siguiente.

Cuando tienes estrés, es fácil que empieces a pensar en lo que va mal. También es muy fácil exagerar y distorsionar la magnitud y el significado de las cosas malas que suceden, y la velocidad con la que necesitas remediarlas. Si no sabes a qué me refiero, recuerda la última vez que una preocupación te mantuvo en vela toda la noche como si fueras un hámster en su rueda. Si esa misma preocupación volvieras a reconsiderarla a la mañana o a la tarde siguiente, seguro que no sería tan trágica como si empiezas a darle vueltas por la noche hasta las dos de la madrugada. La ansiedad puede transformar situaciones relativamente negativas en verdaderas catástrofes.

Ésta es la razón por la que la terapia conductista cognitiva es tan útil en psicología. Varios estudios han demostrado que esta terapia conductista puede ser más eficaz que las pastillas para el insomnio, lo que demuestra el poder del pensamiento. Tal como indica su nombre, la terapia conductista cognitiva es en parte cognitiva y en parte conductista. La parte conductista trata de identificar, retar y cambiar los patrones de pensamiento que te estresan y que aumentan la gravedad del factor estresante. Cuando tu mente se consume por pensamientos irritantes, es muy probable que estés echando más leña al fuego con una conducta distorsionada que induce al estrés (y a la liberación de cortisol, que tampoco ayuda mucho). En otras palabras: tus preocupaciones no son para tanto, pero les das demasiada importancia. Si pudieras contrarrestar los pensamientos negativos con otros positivos respecto a un problema, la preocupación desaparecería.

Transformar los pensamientos negativos requiere práctica. Es lo que enseñan en esta terapia. No obstante, al menos puedes empezar con un diario personal donde anotar las cosas buenas que te suceden. Cambiará el enfoque de lo que estás haciendo y podrás frenar la charla negativa y agotadora que sueles entablar en tu cabeza. También puedes hacer una versión con niños. Cada noche, a la hora de cenar, les pregunto a mi hijo y a mi hija qué es lo mejor que les ha pasado durante el día. Eso les hace olvidar cualquier cosa negativa que haya podido sucederles y refuerza el hecho de que lo bueno se merece al menos tanta atención como lo malo.

Procura seguir con tu diario cuando hayas finalizado el programa, te servirá para siempre.

Duerme más

Dormir es una medicina cosmética gratuita, lisa y llanamente. Cuando alguien me pregunta qué es lo más importante para mejorar el aspecto de una persona que padece estrés, respondo: dormir. Nada aumenta más el estrés y te da un aspecto demacrado como la falta de sueño. Como habrás podido comprobar por experiencia propia, dormir poco puede hacer que estés malhumorada, deprimida y negativa. Que comas demasiado, tomes mucho café o dejes de hacer ejercicio por estar cansada. ¿Cuánto has de dormir? Aunque dormir entre 7 y 8 horas sea lo normal, nunca des por hecho que eso es lo que tú necesitas. Si no te levantas descansada o estás adormilada durante el día, probablemente necesites dormir más, aunque ya duermas al menos 7 horas. Entiendo que puede que te cueste dormir más, pero propónte dormir todo lo que necesitas para sentirte bien a la mañana siguiente. Durante el programa de 9 días tu primer paso será hacer del sueño una prioridad, y voy a ayudarte a que lo consigas desde el primer día.

LA IMPORTANCIA DEL SUEÑO

Actualmente, la medicina del sueño es un campo de estudio muy reconocido porque proporciona información sobre el poder del sueño para la salud y la belleza, así como para la longevidad. Casi todos los sistemas corporales, incluidos tus recursos de embellecimiento internos, dependen de la calidad y la cantidad de horas que duermes cada día.

Un aspecto infravalorado del sueño que influye especialmente en nuestra sensación de bienestar es el control de nuestros ciclos hormonales. Gran parte de nuestro *ritmo circadiano* depende de nuestros hábitos de sueño. Un ciclo saludable de día y noche se corresponde con patrones de secreción hormonal normales, desde los que tienen relación con nuestros hábitos alimentarios hasta los que se relacionan con el estrés y la renovación celular. El cortisol, por ejemplo, debe estar más alto por la mañana e ir descendiendo de forma progresiva a lo largo del día, de modo que sus niveles más bajos son durante la noche. Con los niveles (supuestamente) bajos de cortisol durante la noche, sube la melatonina. Es la hormona que nos dice que hemos de irnos a dormir, que ayuda a regular nuestro ritmo circadiano de 24 horas. Una vez liberada, ralentiza las funciones corporales, baja la presión sanguínea y la temperatura interna para prepararnos para dormir. Los niveles altos de melatonina favorecerán el sueño profundo, lo que ayuda a mantener niveles altos de la hormona del crecimiento, de la tiroides y las hormonas sexuales masculinas y femeninas. Todo ello son cosas buenas para tener un buen aspecto. No olvidemos que una buena circulación sanguínea da buen color al rostro. Las mejillas sonrosadas tras haber estado expuestas al frío, después de hacer ejercicio, o incluso tras pasar una situación bochornosa, son el resultado directo de la circulación sanguínea facial. Y eso no lo puedes conseguir si no duermes bien.

La falta de sueño impide que te adelgaces y seas estilizada. La hormona del crecimiento (HC) hace más que estimular el crecimiento y la reproducción celular, también renueva las células durante la noche mientras duermes, y desempeña una función primordial en ayudarte a mantener tu peso ideal. La HC le dice a tus células que no usen tantos hidratos de carbono para conseguir energía y que en su lugar usen *grasa*. Pero no podemos conseguir suficiente HC a menos que echemos unas cabezaditas. La HC prefiere actuar de noche. En cuanto entras en sueño profundo, aproximadamente a los 20 o 30 minutos de haber cerrado los ojos, y luego un par de veces más durante la noche, la pituitaria libera altos niveles de HC, la mayor cantidad que va a secretar en 24 horas. De modo que, sin dormir, la HC sigue confinada en la pituitaria, lo cual afecta negativamente a tu proporción de grasa y músculo. Con el tiempo, el descenso de la HC se asocia a un alto índice de grasa corporal y poca masa muscular, por no hablar de los ojos y de ese aspecto y estado de ánimo malhumorado y de fatiga crónica. Libera la HC mediante un buen sueño reparador.

Los ciclos de la vida

Todos tenemos un reloj biológico interno denominado *ritmo circadiano* (sí, hasta los hombres pueden decir que lo tienen). Son los patrones de la actividad repetida asociada a los ciclos ambientales del día y de la noche: ritmos que se repiten aproximadamente cada 24 horas. Algunos ejemplos son el ciclo del sueño y la vigilia, las alteraciones de las hormonas, la subida y bajada de la temperatura corporal, y otros ritmos sutiles que se fusionan con nuestro día solar de 24 horas. Cuando nuestro ritmo no está sincronizado con ese ritmo solar, lo notamos (y probablemente también se nos nota). Cualquiera que haya viajado atravesando distintas franjas horarias y se haya notado raro durante unos días puede comprenderlo.

¿Eres una alondra o un búho? Pregúntaselo a las células de tu piel. ¿Te gusta levantarte con el gorjeo de los pájaros a primera hora de la mañana, o te quedas en la cama hasta que ya

cantan en serio? A principios de 2008, unos investigadores se dieron cuenta de que observando los genes de las células epiteliales se puede descubrir de qué tipo eres (por si todavía no lo sabías). Tu preferencia por levantarte pronto o tarde está codificada en tus genes, incluidos los de las células de la piel. Y los científicos han diseñado una manera para observar y medir los distintos relojes individuales en las células de la piel. ¿Cómo? Después de tomar muestras de piel a algunos voluntarios, científicos alemanes insertaron un gen en cada célula que se iluminaba con luz ultravioleta cuando la célula tenía un metabolismo más activo. El gen les permitió seguir el ritmo circadiano de las células en sus cambios durante un período de 24 horas. Básicamente, pudieron identificar y seguir el rastro al mecanismo innato que marcaba los horarios de las células de la piel establecido por el reloj biológico del cuerpo. Esto fue posible porque la mayor parte de las células tienen una huella genética de la fisiología circadiana única de cada persona. La ciencia todavía está intentando comprender cómo funciona nuestro reloj corporal, e incluso cuántos relojes corporales tenemos, pero resulta sorprendente pensar que nuestras células puedan contener tanta información. Posteriormente explicaré cómo la piel actúa, en diversas formas, de forma similar al cerebro.

P: *Tengo mis dudas sobre esas personas que duermen más de siete horas al día. Creo que dormir es un lujo, ¿qué tiene de particular? A mí me basta con cinco horas, ¿es suficiente para mí?*

R: Todos tenemos necesidades de sueño diferentes. La regla de las 8 horas es general, y no necesariamente para aquellas personas que se sienten renovadas por completo con menos horas; las personas que no necesitan físicamente 7 u 8 horas se denominan dormidores breves, pero no son la mayoría de la población. Podrías estar engañándote si crees que puedes pasar con 4 horas de sueño al día, sobre todo durante mucho tiempo. Dormir no es un lujo.

Si además de intentar tener una piel más bonita y mejor, intentas adelgazar, conviene que revises tus hábitos de dormir. Las dos hormonas digestivas que controlan el hambre y la saciedad son la *ghrelina* y la *leptina*. Al igual que muchas hormonas, están emparejadas, pero tienen funciones opuestas. Una dice «Adelante» y la otra «Para», la ghrelina (la que dice adelante) la secreta el estómago cuando está vacío y aumenta tu apetito. Envía una señal al cerebro para indicarle que necesitas comer. Cuando el estómago está lleno, las células adiposas secretan la otra hormona, la leptina, para que el cerebro reciba el mensaje de que estás llena y que has de dejar de comer. ¿Qué relación tienen estas hormonas con el sueño y tu aspecto?

Una mala noche o no haber dormido suficiente crea un desequilibrio entre la ghrelina y la leptina. Ahora los estudios han demostrado que cuando las personas duermen sólo 4 horas durante dos noches seguidas, experimentan un 20 por ciento de descenso en la leptina y un aumento de la ghrelina. También sufren un marcado aumento (casi un 24 por ciento) de su apetito. ¿Y qué es lo que les apetece? Alimentos ricos en calorías e hidratos de carbono como dulces, aperitivos y almidones. Dormir poco desconecta el cerebro del estómago y conduce a los malos hábitos alimentarios. Engaña a tu cuerpo haciéndole creer que tienes hambre cuando no es así, y también te incita a tomar alimentos que pueden sabotear una dieta sana.

Además de tus hábitos de dormir, el entorno, la dieta, el ejercicio, el nivel de estrés y la genética también pueden influir en tu producción de leptina y ghrelina. Una cosa es cierta: esto te demuestra cuántos factores biológicos contribuyen a tu conducta, lo que a su vez influye en cómo te sientes con lo que haces (o no haces). Dormir poco afecta a la mayoría de las personas. También hace que entren en un círculo vicioso donde cada vez duermen menos (y no se recuperan de sus numerosos efectos negativos), y que descuiden conductas saludables que contrarrestarían su malhumor, como hacer ejercicio y comer bien. Pero aunque digas que con 5 horas te basta, si no te gusta tu aspecto en el espejo, ni tu peso, deberías revisar tus hábitos de sueño. Observa qué sucede cuando te obligas a dormir más. Puede que te fuerces a perder esos kilos no deseados y a conseguir un aspecto más deseable.

Medita

La mayoría tenemos la vida tan ocupada, acelerada y «activada» que nunca estamos sin hacer nada de nada. Es poco habitual dedicar un tiempo a simplemente *ser* —sin agenda, exigencias, ni planes—. (Como unas vacaciones de verdad.) Busca un lugar cómodo y tranquilo para sentarte durante 10 a 15 minutos cada día, deja todas tus ocupaciones... y sencillamente dedícate a estar contigo misma, en silencio. Bajar el ritmo de este modo, si lo haces a diario, te ayuda a crear una sensación de espacio en tu vida, a romper la vieja rutina para así abrirte una puerta a nuevas percepciones, nuevas soluciones a antiguos problemas, nuevas posibilidades. Le da un descanso a tu cerebro, a tu psique y a todo tu ser. Como un largo y tranquilo suspiro.

También puedes meditar. Piensa en ello como si entraras en un relajante sueño profundo pero siendo plenamente consciente, un estado de gran relajación. En realidad, eso es la meditación. Por desgracia muchas personas tienen una concepción equivocada al respecto («No busco iluminarme, tengo muchas cosas de qué preocuparme»). Cuando dedicas un poco de tiempo para ti en tu agenda, la meditación se convierte en una gran herramienta contra el estrés. No es difícil y basta con que dediques 15 a 30 minutos al día. El séptimo día te guiaré para que consigas un estado meditativo.

Hay muchas investigaciones que explican por qué meditar funciona; una de las razones es que devuelve el cerebro a su estado primitivo, donde no es tan probable que escuchemos la voz de nuestro yo crítico y analítico. Antes de que los seres humanos evolucionaran y se convirtieran en seres complejos con pensamiento crítico, nuestros cerebros eran menos complicados. Sabíamos cómo encontrar comida y agua y cómo vivir en sociedad, pero habríamos tenido problemas con el cálculo y la planificación (como tus próximas vacaciones con tus hijos). Luego se nos desarrolló un neocórtex externo, que aportó una capa más a nuestro cerebro, así pudimos resolver problemas con mayor facilidad y empezar a pensar como Einstein. Con el yin de este cerebro humano más avanzado y su mayor capacidad para pensar llegó el yang de su desventaja: podíamos ser demasiado críticos, hasta el extremo de volvernos locos, que es donde interviene la práctica de la meditación.

Esta práctica conduce al cerebro a su estado de preneocórtex, liberándonos de nuestro yo analítico. En ese estado de dicha eres consciente de tus sentidos, sentimientos y estado mental, sin su negatividad.

Desde un punto de vista científico, los investigadores han empezado a entender cómo afecta la meditación al proceso de envejecer. En 2005, los investigadores del Hospital General de Massachusetts publicaron un estudio con imágenes donde se mostraba que las personas que meditaban con frecuencia tenían unas zonas más gruesas en el córtex cerebral. Esas áreas están relacionadas con la atención y el proceso sensorial, incluido el córtex prefrontal, que se utiliza para planificar conductas cognitivas complejas. Este estudio mostraba por qué la meditación puede promover un estado de relajación. Los meditadores cambian su actividad cerebral hacia diferentes zonas del córtex. Es decir, las ondas cerebrales del córtex frontal derecho, que es un centro de estrés, se trasladan al córtex frontal izquierdo, que es más tranquilo. Este cambio de actividad cerebral hacia zonas relacionadas con la relajación explica por qué esas personas están más tranquilas y felices después de haber meditado.

Los científicos todavía no han averiguado cuál es la relación existente entre el engrosamiento del córtex y unas mejores habilidades cognitivas (que tengas un córtex más grueso no significa que seas más inteligente), pero lo que es evidente es que el envejecimiento rebaja el grosor del córtex. Es admirable descubrir que los meditadores mayores siguen manteniendo el grosor en zonas que habitualmente ya se han degenerado. Según parece, la meditación es un verdadero ejercicio para el cerebro, como si crea-

Ejercicio cerebral
Meditar es similar a una
gimnasia cerebral.

ra musculatura en las zonas que se utiliza. Se ha dicho muchas veces que cuando envejecemos es aconsejable aprender cosas nuevas y desafiar al cerebro con actividades como crucigramas, para mantener intactas sus facultades. Con este nuevo conocimiento sobre el cerebro y la meditación, vemos que podemos practicar estar conscientes —abandonar el estrés y centrarnos en el aquí y el ahora, excluyendo esas lacras mentales que inundan nuestra vida—, y nuestro cerebro tendrá una respuesta física que fomentará nuestro bienestar. Al igual que con la respiración profunda, es fantástico saber que puedes dominar una actividad que puede hacer más por tu bienestar que ninguna otra asignatura que hayas aprendido en la escuela.

Abraza o haz el amor

¿Qué tiene que ver el amor? Ya sabes que la relación sexual es buena para el cuerpo. Si no lo fuera, no nos sentiríamos tan bien ni tendríamos tantas ganas de repetir. Es verdad: por fin algo que nos gusta *es* bueno para nosotras. El sexo nos hace sentirnos felices, y el buen sexo en una relación donde hay amor y complicidad es aún mejor. La piel sana y suave es sexy en sí misma. Pero eso tiene mucho más alcance. Para empezar, la relación sexual es una de las mejores formas de liberar el estrés, lo que significa que es fabulosa como tratamiento para la piel. La ciencia que respalda la conexión piel y sexualidad es fascinante, al menos para los fanáticos de la ciencia, que apreciarán la reducción hormonal del estrés que aporta el sexo al cuerpo. Sí, como sucede con casi todo aquello de lo que hemos estado hablando, todo se reduce a las hormonas: esos mensajeros químicos que dictan nuestro estado de ánimo.

Cuando hacemos el amor, suceden todo tipo de acontecimientos que desafían la edad y que promueven la belleza, al liberarse tres seductoras hormonas en el cerebro.

- La betaendorfina, un opiáceo natural que se genera en el hipotálamo y en el tronco encefálico, se distribuye por todo el cuerpo produciendo esa deliciosa sensación de éxtasis. Es la misma hormona que reduce el dolor.

- La prolactina aumenta y te proporciona esa relajante, vigorosa tensión postcoital «Ahhhh». La prolactina es el mensajero químico responsable de más de 300 funciones, la mayoría de las cuales están relacionadas de una manera u otra con la fertilidad y la lactancia.

- También suben los niveles de oxitocina, que favorece el sentimiento de afecto y despierta el instinto maternal.

Hoy en día hay muchas líneas de investigación respecto a cómo esas hormonas afectan exactamente en el deseo sexual, la excitación y el placer, pero lo que se sabe hasta el momento es que esas tres hormonas se liberan durante el orgasmo y que su efecto es la satisfacción. Tampoco debería extrañarnos que un estado mental y corporal relajado induzca al sueño rápidamente. Sudar también tiene sus beneficios directos para la piel, pues baña todo el cuerpo en los aceites suavizantes de la propia piel, lo que proporciona ese brillo postcoital.

Resumiendo: la relación sexual hace que tengas mejor aspecto y que te sientas bien. Lo mismo sucede con la masturbación, los abrazos y los besos. Pero eso ya lo sabes por experiencia propia. Las caricias íntimas liberan la relajante oxitocina. Quemas entre 8 y 12 calorías cada vez que besas; además, como estimulas unos 30 músculos, también irrigas la cara. Eso explica el brillo del amor, y ciertamente no hace daño.

P: *A mí me resulta embarazoso hacer el amor por mis estrías. Se me hicieron cuando era muy joven, en la pubertad, y me han dejado unas señales serpenteantes y horribles en el pecho. Ahora que he tenido hijos, tengo más estrías en el abdomen y en las caderas. ¿Puedo hacer algo para deshacerme de ellas?*

R: Las estrías son muy comunes entre las adolescentes y las mujeres embarazadas. De hecho, casi al 70 por ciento de las mujeres se les hacen las primeras estrías debido a los estirones del crecimiento, el cambio en el volumen de los pechos y las fluctuaciones en el peso. Las mujeres treintañeras pueden tener estrías producto de su adolescencia, y se les forman más cuando se quedan embarazadas. Si tienes hijos cuando eres mayor, tu piel es menos resistente y le cuesta más fabricar colágeno, por lo que no se recupera con facilidad. El secreto está en procurar no engordar más de los 11 a 16 kilos recomendados durante el embarazo.

No te avergüences de tus estrías; no eres la única que las tiene, y seguro que eres más consciente de ellas que nadie, incluida tu pareja. Las marcas nuevas suelen ser rojas y picar; hay muy buenos tratamientos para eliminar el enrojecimiento, entre los que se encuentra el láser y los retinoides tópicos con receta (p. ej., Retin-A). Las mujeres embarazadas, sin embargo, no pueden usar retinoides, pero pueden probar alguna crema con avena. Cuando las estrías ya han adoptado el color de la piel o se han vuelto más pálidas, con el tiempo desaparecerán, pero actualmente no existe un tratamiento definitivo para eliminarlas (ni tampoco una solución tópica que funcione). Una tanda de tratamientos con láser puede ir bien, pues ayudará a hidratar esa zona y a conservar su elasticidad. Los autobronceadores también ayudan a enmascararlas, y el maquillaje a prueba de agua también te servirá para un día de playa.

4

Nueve días para tener un aspecto (y sentirte) más joven

Los cinco perfiles del estrés y tu programa día a día

Bienvenida a tu programa de 9 días. Veamos cómo 9 días pueden cambiar tu aspecto y tu estado de ánimo. Cada día incluyo un nuevo centro de atención, que deberás ir manteniendo durante los días restantes, y espero que toda tu vida. Por eso, aunque el primer día te centres en tus hábitos de dormir, por ejemplo, tendrás que seguir teniéndolo en cuenta más adelante cuando te concentres en lo que comes (Día 4).

En el transcurso de 9 días realizarás pequeños cambios en lo que respecta a tus cuidados, planificarás tu día y te prepararás para el siguiente. Empezaré ayudándote a identificar tu perfil de estrés, a fin de que puedas modelar el programa según tus necesidades personales. La mayoría tenemos alguna debilidad que destaca sobre el resto, ya sea ser sedentarias, no hacer salidas al aire libre o no irnos a dormir a horas razonables.

Si ya has asimilado algunos hábitos sanos y has puesto en práctica las ideas de los capítulos anteriores, te felicito. Llevas ventaja y podrás utilizar estos 9 días para dominar esas habilidades y forjar tu régimen de belleza. Para las que apenas habéis empezado a pensar en cambiar, pero no habéis decidido hacerlo realmente, aquí encontraréis la estructura que tal vez necesitéis para poner en práctica el plan. Voy a daros instrucciones paso a paso y una guía para cada día.

Aunque puedes iniciar el programa cualquier día de la semana, es más fácil hacerlo el sábado, así puedes completarlo aprovechando dos fines de semana. Comienza un diario personal, si va con tu personalidad, y anota cómo te sientes a medida que vas progresando, qué técnicas te gustan y cuáles te disgustan. También va bien ser previsora; lee este capítulo y toma notas de las cosas que necesites programar o comprar con antelación. Por ejemplo, si eliges darte un masaje el miércoles, planifícalo con tiempo. Quizás el sexto día sea el momento para quedar con amigos o familiares, así que quizás esta noche debas llamarlos y ver quién está disponible para cenar esa noche o para hacerle una visita. Además, todos los días te daré un Plus de belleza, que será una sugerencia adicional directamente relacionada con la salud de tu piel, que podrás incorporar en tu rutina cotidiana si lo deseas.

Ten presente que algunas de estas modificaciones en tu estilo de vida tendrán consecuencias biológicas. Ninguno de estos cambios se convierte en una rutina o en algo automático de la noche a la mañana. De ahí la necesidad de que hagas todo lo posible por seguir estos hábitos recién adquiridos durante varias semanas (incluso después de estos 9 días) a medida que tu cuerpo se va adaptando y respondiendo. Insisto en esto, especialmente en hábitos como el de hacer ejercicio y tener más cuidado con lo que comes. Ojalá que estos 9 días sean el comienzo de un viaje más largo que te compensará con creces con un aspecto más juvenil y más energía, si sigues practicándolas en el futuro. Éste es tu punto de partida: pon rumbo hacia el éxito.

Si sigues este programa con diligencia, te garantizo que empezarás a ver una persona nueva en la meta de llegada cuando recuerdes tu antigua imagen en el espejo. No obstante, quiero aclarar algo: esto puede ser más duro que otras cosas que hayas hecho con anterioridad. ¿Por qué? Porque vas a ir a contracorriente de unos hábitos que has ido forjando con el paso de muchos años, y puede que te cueste un poco romperlos. Estás condicionada a actuar de cierta forma, y cambiar esas costumbres requiere tiempo, esfuerzo y paciencia. Pero no te desanimes si no completas el programa a la perfección; si no puedes estar a la altura y prefieres ir algo más despacio, es perfectamente correcto que lo alargues para adaptarlo a tus necesidades. Puedes crearte un programa de 9 semanas y concentrarte en una cosa nueva cada semana. ¡Lo único que te pido es que no utilices esta opción como excusa para no empezar a hacer algo hoy!

P: *¿Quién se beneficiará más de estos nueve días?*

R: Curiosamente, las personas que están en peor condición de estrés y que han descuidado su piel (con frecuencia junto con todo lo demás) son las que se sacarán más años de encima. Es sorprendente lo que puede hacer un poco de descanso y diversión, una rutina de higiene e hidratación facial regular, varios días de comida sana, de dormir bien y de caminar todos los días. Es muy sencillo, pero transformador, física y psicológicamente.

Cómo personalizar este programa según tu perfil de estrés

He observado que hay cinco tipos de perfiles de estrés típicos, y no cabe duda de que puedes tener características de más de uno. A continuación tienes cinco apartados, cada uno con preguntas que te ayudarán a definir tu perfil de estrés. No te preocupes si rellenas más de una casilla, pero si puedes procura ceñirte más a una en concreto. Este minicuestionario te ayudará a identificar tus características más importantes y a personalizar un programa para tu vida. A continuación están las recomendaciones específicas para cada tipo. Puedes leerlas todas si lo prefieres, y marcar con un rotulador aquellas con las que te sientas identificada. Luego, cuando empieces tu programa de 9 días, presta especial atención a lo que has subrayado y a las sugerencias concretas para tu perfil. Algunas de estas ideas las recomendaré específicamente durante el programa, sea cual sea tu tipo de estrés.

CUESTIONARIO DEL PERFIL DE ESTRÉS: ¿CUÁL ES EL PRINCIPAL LADRÓN DE TU BELLEZA?

- ¿Das muchas vueltas en la cama y te despiertas como si fueras un tren que hubiera descarrilado? ¿Te cuesta quedarte dormida y seguir durmiendo?

Si la respuesta es afirmativa, te corresponde el perfil 1.

• ¿Tratas de abarcar demasiado? ¿Estás sobrecargada de obligaciones, trabajo y actos sociales?

Si la respuesta es afirmativa, te corresponde el perfil 2.

• ¿Estás atravesando un mal momento emocional y notas que tu autoestima y confianza están bajas?

Si la respuesta es afirmativa, te corresponde el perfil 3.

• ¿Te estás recuperando de algún acontecimiento trágico o no deseado (y probablemente inesperado) en tu vida? ¿Te preocupa no volver a la normalidad, o que incluso puedas llegar a caer en una depresión profunda?

Si la respuesta es afirmativa, te corresponde el perfil 4.

• ¿Te sientes estancada en una situación negativa? ¿Elegiste este libro porque necesitabas romper con un círculo vicioso de hábitos poco saludables que te han robado tu aspecto y energía... pero no sabías por dónde empezar?

Si la respuesta es afirmativa, te corresponde el perfil 5.

PERFIL 1: FALTA GRAVE DE SUEÑO

Quizás estás en la menopausia o a punto de entrar en ella, y padeces sudores nocturnos que te dejan empapada y hacen que te despiertes varias veces. Quizás eres una madre primeriza que se está adaptando a su bebé. Quizás estés pagando facturas a las dos de la madrugada porque las veinticuatro horas del día se te quedan cortas para tu trabajo, tus adolescentes, la colada y las reuniones de padres... O quizá no puedas desconectar tu mente de la interminable lista de cosas pendientes que te mantienen despierta. Sea cual sea la causa, tienes un déficit de sueño que ha superado la deuda nacional. ¡Y preocuparte por tu cansancio te dificulta más dormir!

Bueno, quédate tranquila (la expresión es intencionada) porque no eres la única. Los estadounidenses duermen aproximadamente 1 hora menos al día que hace 40 años. Lo trabajos agotadores y la vida familiar parecen ser las principales causas. Las personas con horarios normales de 9:00 a 17:00 h, pero que hacen 90 minutos extras al día, son las mejores candidatas a dormir esas cuatro horas y media cada noche, según un estudio reciente (lo que ni siquiera se aproxima a la media de sueño que necesita una persona). No es de extrañar que haya tantas personas por ahí que parecen zombis durante el día, alternando tazas de café con latas de Coca-Cola *light*.

A mí me encanta la cafeína, pero en cantidades razonables. Es rica en antioxidantes, y buena para la piel, el cerebro y la mayor parte de nuestro cuerpo. No obstante, empezar a vivir a costa del café es algo muy distinto que puede desembocar en trastornos del sueño, haciendo que cada vez te acuestes más tarde, y por lo tanto, necesites beber más durante el día para estar despierta, y así sucesivamente. De todos modos, para Starbucks y Coca-Cola es un gran negocio. Compra acciones de estas empresas y probablemente dormirás mejor.

El problema de perder horas de sueño cada día es que quizá no puedas recuperarlas nunca. Es más, cuando falta el sueño, los niveles de cortisol no bajan por la noche todo lo que debieran, la hormona del crecimiento no sube como debiera y te resta fuerza muscular. Recuerda que necesitas tu dosis diaria de hormona del crecimiento, que secretas durante el sueño profundo, para renovar tus células y prepararlas para la mañana siguiente. No sólo estimula el crecimiento celular y la reproducción, sino que tiene un poderoso efecto antiinflamatorio, antigrasa y anticortisol: todo ello cosas buenas para la belleza (¡por no hablar de la pérdida de peso!). En los capítulos 5 y 6 explicaré este proceso, pero por el momento anota «sueño reparador» en tu agenda y emplea estos 9 días para pasar más tiempo en la cama. Ahora te indico cómo.

No te lleves tu lista de cosas pendientes a la cama. Escribe la lista de recados para el día siguiente temprano por la tarde y póntela en el bolso o en la puerta de la nevera. Así no empezarás a anotar cosas mentalmente en cuanto pongas la cabeza sobre la almohada.

Toma algo. A veces, para combatir el insomnio y conseguir dormir bien de nuevo, lo único que hace falta es romper el patrón. Mi método supersencillo y barato: toma un antihistamínico 30 minutos antes de acostarte (el Benadryl normal, ¡no una fórmula especial para no dormirse!, funciona bastante bien) una noche o como máximo tres. Los antihistamínicos provocan somnolencia a la mayor parte de las personas. No se necesita receta.

También puedes probar tomar una infusión de valeriana, o la mezcla de manzanilla y valeriana de Celestial Seasonings. A algunas personas les va muy bien. Otras dicen que la melatonina, la hormona que regula el sueño, que ahora en Estados Unidos se vende como suplemento alimentario sin receta, también les va muy bien, pero no es mi remedio favorito. Las dosis pueden variar mucho según los productos, a pesar de lo que digan las etiquetas. Puede que a ti no te funcione, y todavía no se ha demostrado si es segura a largo plazo. (También es muy poco probable que padezcas una deficiencia de melatonina, simplemente necesitas adoptar buenos hábitos de dormir.) Prefiero que duermas según tu reloj biológico y que confíes en tu producción natural de melatonina. Si tu reloj corporal está desconectado, prueba a ponerte un poco al sol, hacer algo de ejercicio, no trasnochar limpiando la casa, y dedicar un tiempo a relajarte antes de acostarte.

Prueba a comer algo antes de acostarte. El mejor tentempié antes de acostarse es el que contiene hidratos de carbono complejos y un poco de proteína, y además algo de calcio. El calcio ayuda al cerebro a utilizar el aminoácido triptófano para fabricar la melatonina. Esto explica por qué los productos lácteos, que contienen triptófano y calcio, son de los alimentos que más somnolencia provocan. Al combinar hidratos de carbono con una pequeña dosis de proteína, el cerebro produce *serotonina*, la hormona del placer que está muy relacionada con los estados de ánimo.

Tentempiés para contrarrestar el insomnio

Hazle la zancadilla a tu estado de vigilia y quédate dormida con estos prácticos tentempiés para antes de acostarse (están dentro de las 200 calorías, y se toman aproximadamente 1 hora antes de irte a la cama):

- El clásico sándwich de mantequilla de cacahuete y mermelada (pruébalo con una tortita de arroz) acompañado de un vaso de leche semidesnatada o desnatada.
- Un plátano con 1 cucharadita de la mantequilla de frutos secos que prefieras.
- Un bol pequeño de cereal integral con leche semidesnatada o desnatada.
- Fruta y requesón.
- Tostadas crujientes de trigo integral y queso de cabra.
- Galletas caseras de avena y pasas con leche semidesnatada o desnatada.

Sal del dormitorio. Siempre pensamos que si nos quedamos en la cama el tiempo suficiente, nos *quedaremos* dormidas. Por el contrario, parece que nuestra mente se acelera más y que se tensan nuestros músculos con el estrés de seguir despiertas. Date un descanso. Si no te duermes en unos 20 minutos, sal de la cama y ve a puerto seguro: un lugar cómodo, con poca luz y sin distracciones. Siéntate cómodamente. Haz tus ejercicios de respiración. Lee. Pero no revises tu correo electrónico, ni mires la televisión u otros aparatos electrónicos. Se trata de que tu mente descanse del esfuerzo de intentar quedarse dormida. Transcurridos unos 20 minutos puedes volver a la cama y ver qué pasa estando más relajada. Repite esto una o dos veces si es necesario.

Quédate como un cadáver. Adopta la postura yóguica del cadáver (*savasana*), es como fingir que estás muerta. Básicamente, es estar estirada boca arriba sobre una superficie cómoda, con las piernas un poco giradas hacia afuera, los brazos a ambos lados del cuerpo sin tocarlo y con las palmas de las manos hacia arriba. Ve s-u-m-e-r-g-i-é-n-d-o-t-e lentamente en la postura, respira de forma natural y deja que todo tu cuerpo se vaya quedando inerte. Permanece varios minutos en esta postura, o el rato que te plazca.

R-e-l-á-j-a-t-e. La relajación progresiva es una técnica eficaz que se ha utilizado desde 1930 y que no puede ser más sencilla. A mí también me ha funcionado desde que era una niña en un campamento de verano, donde echaba de menos la casa y me era del todo imposible pegar ojo. Una monitora me la enseñó, y todavía la uso cuando la necesito. Qué hay que hacer: estírate en la cama y aprieta y relaja uno a uno todos tus músculos, empezando por la cabeza hasta llegar a los pies. Resulta que tensar los músculos antes de relajarlos ayuda a relajarlos más que intentar relajarlos directamente.

Que la fragancia te induzca al sueño. Las fragancias consideradas relajantes son: rosa, lavanda, vainilla y azahar, pero otros aromas también pueden ir bien (algunas personas encuentran que la lavanda es estimulante). Si hay un aroma que te relaja, tenlo cerca de la almohada para olerlo antes de dormirte, o ponte alguna crema de manos con perfume.

PERFIL DOS: LA SUPEROCUPADA

Muchas personas que encajan en este perfil intentan hacer demasiadas cosas, durante el día y durante la noche. Dedicas muchas horas al trabajo, luego, cansada y tarde, por la noche intentas reunirte con tus amistades en locales nocturnos cargados de humo. Te pones a prueba en el trabajo, te esfuerzas por mantener una relación amorosa, y ambas cosas te quitan el sueño, estás al borde de un ataque de nervios. Y quizá también de una erupción: un estilo de vida agotador puede ser la causa de que te salgan granos. Algunos consejos que puedes seguir.

Desenchángate del trabajo

¿Cómo? Poniendo unos límites y ciñéndote a ellos, del mismo modo que te cepillas los dientes y te peinas a diario. Elige un momento al día para dejar de trabajar. Dedica al menos un día a la semana a descansar (¡nada de trabajo!), tanto si es estás sola o con la familia.

Apaga la llama. Si te estás quemando, has de hacer una pausa y analizar las razones. ¿Trabajas dieciséis horas al día? ¿O te acuestas tarde porque estás con tus amigos para relajarte y disfrutar de los frutos de tu trabajo?

Si se debe a un trabajo abusivo, has de tomar las riendas. Eso puede implicar tener una larga charla con tu jefe, y si las cosas no se arreglan, incluso cambiar de trabajo. También puede suponer que has de abandonar tu adicción al trabajo y hacer menos.

Por otra parte, te apetece descansar haciendo algo agotador. Como les sucede a muchas personas que se exceden en sus quehaceres, dedican su tiempo libre a ir de fiesta, beber, fumar y acostarse tarde. Mi consejo es que no dediques ese tiempo a divertirte. ¡Todo lo contrario! Cuando necesites un descanso, *descansa*. Seis horas en el club *All Night Long* probablemente no sea lo más indicado, por mucho que te guste el ambiente.

Toma tu dosis de luz matinal. Nuestro reloj corporal no tiene por qué coincidir exactamente con el horario solar, lo que nos hace desear dormir doce minutos más cada día y que nos acostemos más tarde cada noche. Es probable que no duermas más, pero sí te acuestas más tarde... con lo que no es de extrañar que estés hecha polvo. ¿Qué te puede ayudar? Levantarte todos los días a la misma hora y sentarte al sol para desayunar, hacer ejercicio al aire libre, o simplemente encender muchas luces. Una ración de luz por la mañana ayuda a sincronizar tu reloj interno con el reloj solar. Eso también te ayudará a tener unos horarios más regulares y normales.

Apaga el móvil y tu agenda electrónica. Estamos alimentando una cultura cada vez más adicta a nuestros ordenadores portátiles. La parpadeante e hipnótica luz de las pantallitas excita nuestro cerebro e interrumpe nuestro sueño. Aparta todos los aparatos electrónicos una hora antes de irte a dormir, si no antes. De lo contrario, nunca dormirás realmente bien. (Una confesión: sé de lo que hablo, ¡a mí me ha pasado!)

Recuérdate lo bien que lo estás haciendo. Aunque te parezca un poco absurdo, habla un poco contigo misma por la mañana delante del espejo. Repite unas cuantas afirmaciones positivas, como «Voy a tener un día fabuloso; soy guapa y estoy sana; de mí depende que me pasen cosas buenas; doy las gracias por mi vida y me va de maravilla». Observa cómo influye eso en las presiones a las que estás sometida. Aunque no te lo acabes de creer, sigue funcionando. Las investigaciones han demostrado que, con el tiempo, fomentar el entusiasmo cada día aumenta nuestra resistencia, lo cual nos fortalece contra el estrés.

Prepárate. Haz acopio para el día. Anota todas las hazañas: la reunión de padres y profesores que se supone que dura dos horas pero que casi siempre se alarga a tres; la reunión de empresa de los jueves; los 85 correos electrónicos por responder que pueden consumir toda tu mañana. Cada día tiene sus retos, pero si estás preparada y les limitas tu tiempo, no se convertirán en montañas.

Pide hora para un masaje. Los pases de masaje relajan los músculos *y* la mente porque, cuando nos tocan, liberamos oxitocina, que es la hormona de carácter emocional que nos hace sentirnos a gusto y como si flotáramos. Esa es la razón por la que los masajes son tan relajantes. La razón externa es que liberan esa tensión que tenemos acumulada en el cuello. El segundo día te indicaré que pidas hora para un masaje; aunque quizá deberías reservar dos horas esta semana.

PERFIL TRES: LA DEPRESIÓN TEMPORAL

Quizás estés en trámites de divorcio, o te hayas vuelto a casar y estés intentando formar una familia mixta con unos hijastros cabezotas, o tengas un jefe caprichoso y explosivo... Sea cual sea tu problema, tu confianza en ti misma y tu autoestima se han desplomado y las cosas normales de todos los días a las que no les concederías mayor importancia (pelo de gato en tus mejores pantalones negros, se han acabado las pilas en el mando a distancia) te afectan de manera alarmante. A continuación tienes ideas para reflexionar sobre ellas.

Deja de machacarte. A veces los problemas se tergiversan de tal manera que te hacen perder el control o te parecen peores de lo que son. A veces también puede suceder que no te concedes suficiente crédito: parece que llevas bien tu carga diaria, pero mentalmente piensas que todo es terrible. Distánciate un poco. Intenta verte con los ojos de otra persona (los de cualquier otra: los de tu amante, tu jardinero, etc.). Puede que te des cuenta de que lo estás haciendo mejor de lo que te pensabas. Si es así, deja de machacarte.

Programa un tiempo para preocuparte. Muy bien, ¿te gusta preocuparte? Vale, no hay problema. Pero sí hay un truco: dedica dos momentos al día a preocuparte. Presta toda tu atención a las preocupaciones durante 20 minutos. Sumérgete en ellas y húndete en la miseria. Luego para. Cuando los conflictos vuelvan a solicitar tu atención, les dices que te ocuparás de ellos cuando les toque de nuevo. Ahora controlas *cuándo* pueden preocuparte los problemas.

Ríete. No es broma, la risa tiene algo magnético, incluso cuando es forzada. Ríete de algunos de los momentos más tensos del día. Esto se llama *risa autogenerada* (en vez de reírte con un humorista) y hacerlo con regularidad puede convertirte en una persona más positiva y optimista. Las razones son obvias: cuanto más te ríes, mejor te sientes.

Libérate del pasado. Los recuerdos felices pueden ser una maravilla, pero los malos y los

Ríete para no desmoronarte

Los beneficios de la risa para la salud son múltiples y están demostrados, desde fortalecer el sistema inmunitario, reducir el estrés y las ganas de comer a deshora, hasta aumentar el umbral del dolor. Por supuesto, las hormonas son las culpables. Durante la risa se liberan las saludables endorfinas y neurotransmisores, y aumenta la producción de anticuerpos y de ciertas células inmunitarias. La terapia de la risa se está haciendo cada vez más popular, y su objetivo es ayudar a las personas a que se curen más rápidamente mediante la risa. ¡Sácate un peso de encima y ríete!

obsesivos no nos hacen ningún bien. Aunque aprender de los errores puede ser productivo, revivirlos no lo es. Concentrarte en el presente es lo mejor que puedes hacer por ti ahora y es lo que vas a hacer en estas vacaciones: eliminar tu estrés.

PERFIL CUATRO: LA ESTRESADA-DEPRIMIDA O MUJER AL BORDE DEL ATAQUE DE NERVIOS

Te ha afectado la crisis de las hipotecas y has perdido tu casa. Tu madre se ha vuelto demente y ya no te reconoce. Una mala noticia te ha hecho caer en picado y todavía no te has recuperado. Te sientes fatal y tienes buenas razones, y además tu química corporal no te está ayudando. Tal como explicaré al comienzo del siguiente capítulo, estas hormonas del estrés que aparecen cuando estás deprimida causan estragos en tu piel, debilitan tus huesos, te preparan para la diabetes y obturan tu memoria. Si la depresión llega a ser muy grave, puede llegar a encoger y lesionar una zona del cerebro —el hipocampo— que, a su vez, puede impedir la desconexión de la respuesta al estrés. Más problemas, tanto en tu interior como en tu piel. A continuación te hago unas sugerencias para que las pongas en práctica esta semana.

Toma una acción decisiva. Te encontrarás mejor actuando ante una situación de estrés que deseando que desaparezca. Pero empieza de forma sencilla. Si resuelves las cosas de una en una, irás adquiriendo impulso y verás cómo mejoran las cosas.

Toma más vitamina G. La G es de *green* (verde), de naturaleza. Estar al aire libre entre plantas y otros seres vivos mejora tu sensación de bienestar y de salud. No es necesario que vivas cerca de un bosque frondoso. Busca un parque para dar un paseo cada día. Pon tu silla o sillón favorito delante de la ventana para tener mejor vista. Compra un filodendro grande (es casi imposible que se mueran) y colócalo en la habitación donde pases más tiempo.

Haz que tus grandes metas sean más realistas. Perseguir un gran sueño con perseverancia es estupendo cuando te lleva a alguna parte. Pero si no es así, te estresas. Tropezar siempre en la misma piedra puede hacer que aumenten tus niveles de la denominada proteína C-reactiva (CRP), un marcador de la inflamación. Puesto que la inflamación se ha asociado a los síntomas depresivos, esforzarte para no llegar a ninguna parte puede empeorar tu estado de ánimo. En su lugar, despréndete de lo que no te funciona y sustitúyelo por algo más pequeño y más alcanzable.

Haz un viaje mental de diez minutos. ¿Recuerdas la última vez que flotaste sobre una cálida agua salada al sol? ¿O te deslizaste como una esquiadora olímpica sobre la nieve fresca? Puedes repetirlo siempre que lo desees y gozar de sus relajadoras recompensas, utilizando tu imaginación. Lo único que se necesita es un lugar tranquilo, un sillón o un lugar para estirarte, y de 10 a 15 minutos de tranquilidad. Cierra los ojos y conduce tu mente hacia un lugar donde te hayas sentido relajada y feliz. Ahora revisa la escena de arriba abajo, de izquierda a derecha y ve los pequeños detalles: el reflejo del sol sobre el agua o cómo caía la nieve. ¿Cómo sentías la brisa en las mejillas? ¿Qué sonidos escuchaste? ¿Qué olores notaste? Revive cuántos más detalles mejor. Siente el puro placer de estar en ese espacio y tiempo. Pronto te sentirás tan relajada como si estuvieras allí.

PERFIL CINCO: EL ROBOT SE HA ENCALLADO

Algo ha desencadenado tu estrés y has respondido bebiendo demasiado, volviendo a fumar, dejando de hacer ejercicio, comiendo alimentos ricos en grasas, dulces y comida rápida. Resumiendo: has caído en unos hábitos poco saludables que te cuesta romper, aunque sepas que sólo empeoran las cosas. En esto te has de centrar durante tu programa.

Aborda cada hábito por separado. Esta semana elige algo que quieras cambiar y ten claro por qué. Si fumas, quizás el miedo a desarrollar un cáncer de pulmón no sea suficiente, de lo contrario ya lo habrías dejado. Piensa en las cosas que sucederán: las arrugas y la sequedad que ya revela tu rostro. El dinero que gastarás. El mal aliento que hace que las personas se giren cuando van a darte un abrazo. Ahora escribe todas las razones y lee la lista varias veces al día.

Deja de decirte que eres mala porque tienes una mala costumbre. Cuando estás estresada, es difícil resistirse a una mala costumbre que te alivia aparentemente (parece que los famosos no saben hacer otra cosa). Así que quizá vuelvas a fumar, a morderte las uñas o a comer patatas fritas para cenar... cosas que te hacen sentirte mal... una forma asegurada de reforzar ese hábito. Por el contrario, intenta distanciarte de ese hábito —no es más que una conducta, no una característica innata tuya— y te será más fácil romperlo.

Tararea con la boca cerrada. Sí, lo que oyes. Potencia el óxido nítrico (NO), un curioso gas corporal que en pequeñas dosis tiene un efecto tranquilizante. Todos producimos este gas en nuestro tracto respiratorio, especialmente en los senos nasales; de hecho, casi todas las células de la piel pueden producir NO, ayuda a cicatrizar heridas, a producir colágeno nuevo y dilata los vasos sanguíneos en la dermis. Puesto que el óxido nítrico puede reducir el estrés, fomentar su producción no es mala idea. ¿Hay algún método probado? Tararear con la boca cerrada, porque hace oscilar el flujo del aire en las fosas nasales y acelera el intercambio de aire entre los senos nasales y la cavidad nasal.

Ve poco a poco. Las metas pequeñas te ayudan a triunfar un día tras otro, poco a poco. Y un éxito conduce a otro, y a otro.

La mayoría encajamos dentro de alguno de estos perfiles de estrés. Como mujeres, todas nos quedamos estancadas en algún tipo de estrés en algún momento de nuestra vida, y saber reconocerlo hace más fácil combatirlo. Recuerda tu perfil y todas aquellas cosas extras que subrayaste, porque serán puntos adicionales en los que deberás concentrarte en tu programa. Si no están especificados en el protocolo que describo a continuación, será mejor que los añadas para obtener los mejores resultados.

Día 1: simplifica

- Elimina lo viejo, acoge lo nuevo.
- Márcate un horario de sueño.
- Plus de belleza: cambia las sábanas

El primer paso consiste en establecer una rutina de horas de sueño y tus hábitos diarios de limpieza de cutis. Tal como hizo Clarissa Riggins, encuentra un momento ideal para decir: «Es hora de irse a dormir, lo que implica relajarme y lavarme la cara». Y para muchas, la palabra clave aquí es *simplificar*. Simplificarás tus cuidados de belleza y tu rutina para acostarte.

Cuando las pacientes me piden que las aconseje para mejorar la salud de su piel, suelo decirles que me traigan todos los cosméticos que usan, para ver qué es lo que puede estar perjudicándolas. En la mayoría de los casos, tiran todo lo que tienen y empiezan de nuevo. Es muy probable que te hayas estado haciendo demasiadas cosas utilizando un montón de productos, muchos de los cuales pueden ser agresivos e irritantes —en lugar de producir el efecto contrario-; la irritación y la inflamación pueden provocar erupciones u otras patologías de la piel. También miro si sus productos son no comedogénicos. Si la etiqueta pone *oil free* [sin aceite], estás a salvo.

Aquí recomiendo hacer lo mismo y empezar de cero. El mero hecho de salir a comprar productos nuevos para sustituir los viejos ya tiene su recompensa psicológica. Y no tendrás que ir muy lejos para encontrar lo siguiente: un limpiador facial suave que puedas usar todos los días, y dos buenas cremas hidratantes, una con protección solar para el día y otra para la noche. La crema hidratante de día puede ser especial y contener antioxidantes, y la de noche puede ser alguna crema con retinoles. Si tienes acné, busca una fórmula antiacné, como el peróxido de benzoilo, y de paso elige algún exfoliante suave. Puede ser un tónico con ácido salicílico, o una fórmula con enzimas de frutas y perlas de jojoba (véase el capítulo 2 para más detalles sobre esto, y las instrucciones que doy a continuación). La idea principal es la siguiente: ¡no te excedas! Busca la sencillez. Veo que muchas mujeres se hacen demasiadas cosas y casi se arrancan la piel para limpiarse la cara, lo cual frustra su propósito. En lugar de potenciar su brillo natural y su regeneración celular, acaban provocándose irritación e inflamación.

Desencadenan una cascada de respuestas al estrés localizadas, que pueden provocar sequedad y erupciones.

Instrucciones. Para obtener resultados óptimos, haz lo siguiente:

1. Tira todos tus cosméticos viejos para la piel y el cutis.

2. Cómprate un tónico limpiador facial suave, una buena crema hidratante con protección solar para el día, y otra crema hidratante para la noche.
   a. Aplica con tus manos el limpiador facial por la mañana durante la ducha.
   b. Luego ponte la crema hidratante con la cara todavía húmeda, deja que se absorba y maquíllate.
   c. Ponte la crema hidratante nocturna después de limpiarte la cara con las manos (puedes usar el mismo jabón que has usado por la mañana).

3. Compra un exfoliante que merezca tu confianza para usarlo unas tres veces a la semana, o cuando lo necesites.

Los productos que merecen mi aprobación son los que indico a continuación. En modo alguno se trata de una lista exhaustiva, sólo son algunos ejemplos para empezar. Busca más ideas en las tablas del capítulo 10. También quiero prevenirte de que los nombres de estos productos pueden cambiar (o haber cambiado desde que escribí este libro).

Lociones limpiadoras
    Cetaphil Loción Limpiadora para pieles sensibles
    Purpose Gentle Cleansing Wash
    Dove espuma facial limpiadora para pieles sensibles
    Aveeno Ultra-Calming espuma facial limpiadora
    PARA LA PIEL PROPENSA AL ACNÉ
        Clinique Acne Solutions espuma limpiadora
        Clean & Clear Advantage Acne Cleanser
        Peróxido de benzoilo al 5% Topix

Hidratante de día

Eucerin Everyday Protection Face Lotion SPF 30

Kinerase Cream SPF 30

Topix Replenix CF Anti-Photoaging Complex SPF 45

Neutrogena Healthy Defense SPF 30

Aveeno Continuous Protection Sunblock Lotion for the Face SPF 30

Hidratante de noche

Aveeno Ultra-Calming Night Cream

Topix Replenix Cream

Cetaphil Moisturizing Lotion

Revale Skin Night Cream (contiene bayas de café)

CON RETINOL

Philosophy Help Me Retinol Night Treatment

Topix Replenix Retinol Smoothing Serum 2X, 3X y 10X (también contiene polifenoles del té verde)

Tónicos exfoliantes

Lociones clarificantes Clinique (o prueba su fórmula 7 Day Scrub Cream Rinse Off)

Kiehl's Ultra Facial Toner

Philosophy Microdelivery Peel Pads

Daily Microfoliant, de Dermalogica

La Roche-Posay Effaclar Toner. (Si tienes tendencia al acné, prueba La Roche-Posay Effaciar Toner Astringent Lotion.)

Lávate la cara dos veces al día como ya he dicho en el capítulo 2, una vez por la mañana y otra antes de acostarte. No te pongas tanto maquillaje durante el día (no tienes que comprar toda una nueva gama de maquillaje, usa lo que tienes pero no te pases). Con eso habrás cumplido con tus cuidados esenciales, ahora has de buscar la manera de conseguir esa medicina gratis: el sueño.

Trato a mujeres que duermen poco, y muchas de ellas se sorprenden al ver los efectos que puede tener un sueño reparador. Los científicos están empezando a averiguar por qué la falta de sueño nos hace tan vulnerables emocionalmente. En los estudios mantuvieron despiertos a un grupo de hombres y mujeres sanos durante 35 horas seguidas, luego monitorizaron sus cerebros mientras les enseñaban una serie de imágenes de todo tipo, desde neutras a sangrientas. Al ver las fotos desagradables, sus cerebros faltos de sueño se encendieron como una antorcha en una zona del cerebro —llamada la *amígdala cerebelosa*— que es un centro emocional que alerta al cuerpo durante el peligro y activa la respuesta del instinto de supervivencia (luchar o huir) (oleadas de cortisol y adrenalina).

Normalmente, entran en acción otras partes del cerebro y liberan sustancias químicas que calman la amígdala. Pero cuando funcionas sin haber dormido, todo se distorsiona: la amígdala está superactiva y la respuesta al estrés se repite en un bucle interminable. Resumiendo: el sueño ayuda a mantener el equilibrio de nuestras emociones. Para favorecer el sueño, sigue este rápido ritual todos los días de tu programa, y espero que todos los días de tu vida.

- **4 a 6 horas antes de acostarte:** no tomes nada de cafeína (incluso antes si eres sensible a la cafeína).
- **2 a 3 horas antes:** no tomes una comida completa. Digerir (especialmente una comida pesada) puede mantenerte despierta.
- **1 hora antes:** desconecta todos los aparatos electrónicos —sí, la televisión también— y baja la luz. Incluso aunque seas de las afortunadas y no te afecte, la luz indica a tu cerebro que has de permanecer alerta, y el estímulo mental (sobre todo de los videojuegos, las noticias de la noche, las series famosas) dificulta el sueño.
- **30 minutos antes:** bebe algo relajante. Puede ser una infusión de manzanilla, leche tibia o un dedito de brandy (*no* un vaso), vino tinto o alguna otra bebida alcohólica que te relaje. Controla el alcohol que bebes porque puede despertarte más tarde. Si eso te resulta difícil, corta por lo sano y pásate a las infusiones de hierbas. Date un baño de agua caliente o lee algo ligero (¡no trabajes!).
- **5 minutos antes:** asegúrate de que tu dormitorio está a oscuras (o ponte un antifaz), en silencio (o ponte una máquina de «ruido blanco» o tapones para los oídos), un poco fresco (o abre la ventana) y sin nada que te distraiga (desorden, animales domésticos o montañas de trabajo). Buenas noches...

Recuerda que has de regresar a las ideas de las páginas 104-106 si eres de las que tiene problemas graves. A lo mejor no necesitas 8 o 9 horas cada noche, pero por experiencia propia tendrás una idea de cuál es tu mínimo. Por ejemplo, sabes que cuando duermes ocho horas y media, te sientes de maravilla, y que dormir menos de 7 horas te altera durante días.

La mayor parte de las personas tienen una hora para levantarse todas las mañanas debido a sus obligaciones (la hora a la que te has de levantar para arreglar a los niños o para ir a tu trabajo), por lo cual es difícil cambiar esa hora determinada. Es más práctico marcarse una hora para irse a dormir y prometerte que vas a respetarla. Empieza hoy, calcula desde la hora que te levantas el tiempo de sueño que necesitas para sentirte renovada y enérgica a la mañana siguiente. Si son 8 horas, que es lo que yo te sugiero si no lo sabes, y si normalmente te levantas a las seis, significa que a eso de las 21:00 horas has de empezar a bajar el ritmo, lo cual te da una hora antes de irte a la cama para relajarte. Normalmente, tardamos entre 20 y 30 minutos en dormirnos, así que si quieres ser más exacta, planifícate para estar en la cama al menos 20 minutos *antes* de tu hora habitual de acostarte. Siguiendo nuestro ejemplo eso sería a las 21:40 h. Cuarenta minutos es tiempo suficiente para prepararte para ir a dormir, e incluso hacer alguna otra cosa.

¡Quítate tres años durmiendo!

Dormir 8 horas al día puede hacerte parecer al menos tres años más joven de tu edad biológica. La falta de sueño no favorece la circulación sanguínea, por eso pierdes color en la cara, estás pálida y se te ve cansada. No puedes levantarte radiante con tan sólo unas pocas horas de sueño.

Consejo para el primer día. A veces empezamos a hacer cosas sin pensarlas demasiado, seguimos las formalidades unos días y luego abandonamos. No quiero que éste sea tu caso. Ahora, en el primer día, mentalízate, dedica al menos 15 minutos a concentrarte en por qué quieres hacerlo, en todos los beneficios que vas a obtener de ello y en lo que quieres conseguir en los ocho días siguientes. Luego, ¡a por ello! ¡Va a hacer mucho por ti!

Plus de belleza. Cambia las sábanas; no tiene sentido que te hagas nada en la cara si estás incubando bacterias. Cambia las sábanas al menos una vez a la semana. Lávalas en agua caliente.

Día 2: relájate

- Cuidados faciales habituales.
- Mantén tu horario de sueño.
- Pide hora para que te den un masaje, llama a algunas amistades o haz el amor.
- Empieza a hacer ejercicios respiratorios.
- Plus de belleza: aceite de cártamo.

Si empezaste este programa en sábado, hoy es domingo y es el momento de programar al menos dos tareas importantes para la belleza: pasar tiempo con tus amistades, darte un masaje o hacer el amor. Quiero que aprendas unos fantásticos ejercicios respiratorios que puedes realizar a *diario*. Si nunca has dedicado un tiempo a practicar la respiración abdominal, ha llegado el momento. Es increíble cómo unos sencillos ejercicios de respiración pueden calmarte, aumentar tu energía y, literalmente, cambiar tu química corporal para ser feliz desde dentro. Cinco minutos de ejercicios respiratorios pueden regularizar los niveles de cortisol y preparar el ánimo para las batallas cotidianas. Te darás cuenta de que te tomas las cosas con más calma en lugar de que todo te afecte.

Enseguida te explicaré cómo hacerlos, empecemos con lo que hoy puede ser tu mayor reto: las relaciones sexuales. Sé que para muchas mujeres la actividad sexual no es algo que se pueda hacer en cualquier momento. Para muchas parejas, especialmente las que están muy ocupadas y en las que trabajan los dos, hará falta anotarlo en la agenda (¡o al menos conseguir que tu pareja llegue al mismo campo de juego!). Dile a tu pareja con antelación que hoy quieres relaciones sexuales, ya sea por la tarde o cuando los niños se hayan acostado. Si no tienes pareja, ¡date placer a ti misma! Sí, *mastúrbate*. Puedes obtener los mismos beneficios aunque no tengas una pareja (véase «La relación con la actividad sexual» en la página 119).

La relación con la actividad sexual. Es real. Las relaciones sexuales, especialmente en una relación amorosa (segura, sin miedo ni ansiedad, ¡no de las de «¿me va a llamar?»!), son un premio para nuestra salud y nuestra belleza. Además de todas las hormonas antiestrés que se liberan, nos proporcionan sentimientos de placer, euforia, y calma el dolor, tener relaciones sexuales con regularidad equivale a hacer ejercicio, y tiene efectos similares, entre otros, mejora el nivel de colesterol y favorece la circulación. También se ha demostrado que refuerza el sistema inmunitario y reduce el riesgo de padecer cardiopatías.

Un investigador británico, el doctor David Weeks, neuropsicólogo clínico del Royal Edinburgh Hospital de Escocia, dirigió un estudio a gran escala y a largo plazo, y descubrió que tener relaciones sexuales te hace parecer entre 4 y 7 años más joven. El doctor Weeks lo atribuye a sus efectos para reducir el estrés, a la satisfacción que genera y a que se duerme mejor. Es más, cree (y yo también lo creo) que una vida sexual activa retrasa el envejecimiento. Los beneficios para la salud no son de extrañar cuando piensas en lo que sucede durante el acto: en media hora aumenta el ritmo cardíaco, respiras más profundamente y fluye más sangre al cerebro y a otros órganos, incluida la piel.

La guinda del pastel es que puedes quemar tantas calorías haciendo el amor como haciendo entrenamiento de fuerza o caminando 5 km a la hora. La actividad sexual puede ser tan buena como una pastilla para dormir: algunas de las sustancias químicas que se liberan durante el orgasmo perduran entre cinco minutos y una hora una vez finalizada, lo que explica por qué las personas con demasiado estrés como para conciliar el sueño se quedan dormidas después de hacer el amor.

Varias investigaciones han demostrado datos desconcertantes. Se ha descubierto que las hormonas del semen, que pueden alterar el estado de ánimo, pasan a través de las paredes de la vagina y en pocas horas están circulando por el torrente sanguíneo de la mujer. Aunque en estos momentos no mantengas una relación monógama a largo plazo como para tener una relación sin preservativos, también puedes beneficiarte del acto íntimo con tu pareja, o incluso contigo misma, debido a todos los efectos que tiene la actividad sexual sobre el estado de ánimo. Siempre y cuando tengas una relación sexual segura (el autoplacer también cuenta), hacer el amor es estupendo para la salud.

También te animo a que des el paso de llamar a tus amistades. Puedes descolgar el teléfono y llamar a alguien con quien hace mucho tiempo que no hablas. (Más adelante cenarás con amigos, quizás invites a los que llamaste el jueves por la noche para charlar un poco.) No llames a nadie que colocarías en tu lista de amistades peligrosas, ni con quien sabes que no harás más que hablar de lo mal que le van las cosas y de lo mal que está el mundo. Llama a alguien que te haga reír, que alivie tu estrés y te ayude a ver las cosas desde otra perspectiva.

A continuación tienes mis tres grandes ejercicios favoritos. Pruébalos todos, elige el que más te guste y hazlo con frecuencia (al menos un par de veces al día durante tu programa). Es más eficaz cuando eliges un momento concreto al día para hacerlos. Si los practicas a la misma hora, digamos a primera hora de la mañana y a media tarde, cuando estás más ocupada, reforzarás un patrón y esta práctica se convertirá en una rutina.

Para experimentar con estos ejercicios, siéntate en una silla cómodamente con la espalda recta, los pies apoyados en el suelo, los hombros relajados y las manos sobre la falda. Deja que tu abdomen se expanda cada vez que inspiras y que se contraiga al espirar. Cierra los ojos si te sientes más cómoda y concéntrate en tu respiración.

Muchas personas respiran de manera superficial sin darse cuenta. Cuando vamos con el piloto automático y estamos cargadas de tensión, tendemos a acortar la respiración, e incluso a encoger el estómago y a restringir el flujo de oxígeno. Podrás observar la diferencia cuando prestes atención al movimiento de tu diafragma y a la expansión de tu pecho. Deja que todo se relaje, incluido tu estómago. Al inspirar, siente la expansión del abdomen y de las costillas, y al espirar, nota cómo se contraen.

1. **Sácalo todo.** Inspira profundamente por la nariz y saca el aire por la boca. Al final de la espiración, repite en silencio «la-la-la—laaa», lo que hace que alarguemos la espiración sin esfuerzo, así sacarás más aire de los pulmones. Siente cómo se hincha tu abdomen al volver a inspirar. Hazlo 5 veces.

2. **Haz una pausa.** Inspira y espira por la nariz, cuenta mentalmente hasta tres al inspirar, tres al espirar y tres durante la pausa. Durante la

pausa no respires, simplemente relájate. Hazlo 5 veces. Con el tiempo ampliarás hasta cuatro (cuatro al inspirar, cuatro al espirar, cuatro en la pausa), luego hasta cinco, hasta que llegues al número máximo en el que te sientas cómoda practicándolo.

3. **Retén la respiración.** Esta técnica te puede ayudar a calmar una reacción estresante cuando tienes malas noticias, y también te ayudará a dormir. Requiere un poco de práctica, pero a las personas que lo practican les encanta. Es la favorita del gran maestro de la salud Andrew Weil, que la denomina «la respiración del cuatro, siete, ocho»
   - Coloca la lengua justo detrás de tus incisivos y déjala ahí durante todo el ejercicio.
   - Espira por la boca, deja que el aire emita un ligero sonido al espirar.
   - Cierra la boca e inspira por la nariz contando mentalmente hasta cuatro. Deja que el aire que entra llene y expanda tu abdomen, luego retén la respiración y cuenta hasta siete.
   - Espira por la boca contando hasta ocho y emitiendo un ligero sonido sibilante. Hazlo cuatro veces.

Procura hacer estos ejercicios dos veces al día. El séptimo día te enseñaré a meditar, y verás qué tipo de relajación prefieres.

Consejo para el segundo día. Si empezaste el programa el sábado, ha llegado el momento de que te protejas del estrés de la siguiente semana laboral, planificándola con antelación. Piensa en la lista de la compra ahora que no vas con prisas. Recuerda comprar suficientes proteínas magras (huevos, pollo, garbanzos, gambas) y tentempiés saludables (frutos del bosque en abundancia, otras frutas, chocolate sin leche, nueces), así no comerás lo que no debes cuando empiecen los antojos. Ve al capítulo 7 si quieres consejos sobre lo que has de comprar. Si tienes hijos, también puede ser útil conversar con tu esposo o pareja para repartir las tareas. Por ejemplo, si eres la que cocina, limpia y arregla la casa para la noche, quizá tu pareja pueda colaborar un poco más esta semana en el frente del hogar. Consigue su apoyo para seguir este programa, especialmente durante la semana laboral que es cuando la vida va a la velocidad de la luz. Si tienes un bebé que suele despertaros durante la noche, deja que sea tu marido el que se levante. Al principio puede que refunfuñe, pero más adelante tendrá su recompensa cuando te vea terminar el programa más radiante, bella y sin duda, más sexy.

Plus de belleza. Recuerda los beneficios que el aceite de cártamo, que tiene un alto grado del humidificante ácido linoleico, puede tener en las zonas más secas de tu piel. Cuando salgas de la ducha, ten un poco a punto para ponértelo en esas zonas conflictivas. Si quieres puedes usarlo en cualquier otra zona reseca de tu cuerpo, pero no lo uses por encima del cuello. Es mi favorito para las piernas secas, donde las escamas pueden ser muy persistentes. Este aceite se extrae de las semillas del cártamo o alazor, de un color amarillo intenso; en teoría también puedes usar aceite de oliva, que es rico en ácido linoleico, pero olerás a ensalada. El aceite de cártamo, además de no oler, tiene la ventaja de que es incoloro y barato. Si no te seduce la idea de hidratarte con aceite para cocinar (y la industria de la belleza sinceramente espera que así sea), puedes encontrar aceite de cártamo en las cremas hidratantes, bálsamos labiales y exfoliantes. Busca un producto que lo enumere entre unos de sus tres ingredientes principales, lo que significa que tendrá una alta concentración de él. De lo contrario, pon un poco de aceite de cártamo en una botellita y guárdala entre tus productos de cosmética. ¡Nadie sabrá que también cocinas con él! Y tus piernas estarán estupendas.

Día 3: día verde

- Cuidados faciales habituales.
- Mantén tu horario de sueño.
- Pide hora para que te den un masaje, llama a algunas amistades o haz el amor (elige lo que todavía no hayas hecho).
- Empieza a hacer ejercicios respiratorios.
- Sal a disfrutar de la naturaleza e incorpórala a tu entorno.
- Plus de belleza: baño de leche de Cleopatra.

Me encanta el té, especialmente el verde. Tomo té negro antes del mediodía, luego me paso al verde (caliente o con hielo). Beber té verde es una de las costumbres más sanas que puedes adoptar. En 2006 se publicó un estudio europeo en el *European Journal of Clinical Nutrition* que desvelaba que el té es la bebida más saludable, incluso más que el agua pura, porque el té no sólo hidrata tanto como el agua, sino que proporciona muchos flavonoides (también conocidos como *polifenoles*), incluidas catequinas y derivados. Una de esas catequinas importantes es el *galato de epigalocatequina* 3 (EGCG), que se cree que es la responsable de la mayoría de las propiedades antioxidantes y anticancerígenas que se le atribuyen al té verde. Las catequinas se pueden considerar entre los mejores antioxidantes conocidos, como las vitaminas E y C, potentes devoradoras de radicales libres.

La mayoría de las investigaciones sobre los beneficios para la salud que tiene el té verde se basan en la cantidad que suele consumirse en Asia, unas tres tazas al día (que proporcionan unos 240-320 mg de polifenoles). Como parte de tu día verde, quiero que te prepares un gran termo de té verde y que vayas bebiendo durante el día: primero caliente, luego con hielo si te gusta. Prueba hacer esto todos los días de la semana. Además, propónte salir a la naturaleza durante al menos 20 minutos, hoy y todos los días que dure el programa, para absorber algo de vitamina G. La naturaleza puede ser muy terapéutica. Estás al aire libre, donde literalmente puedes respirar aire fresco. El aire es más tóxico en los espacios cerrados que en el exterior, aunque vivas en ciudades como Los Ángeles o Nueva York. Los contaminantes interiores son silenciosos e invisibles. Proceden de la electrónica, muebles, alfombras, pinturas, calefacción y aire acondicionado. Salir al aire libre es una de las mejores cosas que puedes hacer para reducir tu exposición a los contaminantes y a los elementos que liberan radicales libres. Dar un largo paseo por tu barrio o por tu zona de trabajo bastará. Te garantizo que te compensará en más de una forma.

Éste es un paseo que puede que te apetezca probar. Sal a la calle y deja en casa tu estrés (y tu iPod). Observa todos los detalles de lo que te rodea: el tráfico o los pájaros, las curvas de las plantas y de los árboles, el color exacto del cielo y la forma de las nubes que se mueven. Son los detalles que rara vez apreciamos en nuestra vida cotidiana. Te darás cuenta de que

Té con limón

Pon una rodajita de limón al té, y aumentarás en un 80 por ciento el número de catequinas que puede absorber tu cuerpo. El limón potencia la absorción de antioxidantes.

estás superconsciente, y en ese momento quiero que sientas un profundo agradecimiento por tu vida. Puede ser general o específico: por tu salud, tu familia, tus experiencias en el trabajo, tu pareja, tus hijos, tu última fiesta de cumpleaños, etcétera. Deja volar tu mente y tus recuerdos. Cuando estás tan en el presente, empiezas a pensar de una forma nueva y conectas con las cosas como nunca hubieras imaginado. También empiezas a inspirarte y a pensar con una mentalidad más amplia en lugar de centrarte en tu mundo interior y en esas frustraciones triviales. Es una gran forma de vencer el estrés, a la vez que aprecias el sitio donde estás ahora. Esta técnica es especialmente útil para las mujeres que encajan en el perfil de la estresada-deprimida. Recuerda también que uno de mis siete hábitos para una piel sana (el cuarto, para ser exacta) conlleva fijarse en las cosas buenas. Cuando hayas finalizado tu paseo, siéntate a escribir algunas de tus revelaciones en tu diario.

Consejo para el tercer día. Si algo (o alguien) se vuelve loco en casa o en el trabajo, empieza de inmediato a hacer tus ejercicios de respiración. Luego, o bien intenta salir a la calle a absorber vitamina G (y aire libre) lo antes posible, o bien sigue alguno de los pasos extra para tu perfil de estrés.

Plus de belleza. Si Cleopatra hubiera seguido todos los tratamientos de belleza que se le atribuyen, no habría tenido tiempo de gobernar un imperio, seducir a Marco Antonio o aprender egipcio. Pero una mujer joven se tiene que bañar, y el suavizante para la piel en el que probablemente confiara —los baños de leche— sin duda la ayudaron a poner a César y a Marco Antonio a sus pies. ¿Sabía Cleo algo que nosotras hemos olvidado? Pues, sí.

La leche es un gran suavizante para las grietas, el enrojecimiento por el viento, las quemaduras solares, el eccema y otras irritaciones de la piel. Contiene proteínas (suero de leche y caseína) grasas, aminoácidos, ácido láctico y vitaminas A y D, todas ellas calman la piel seca e irritada. El ácido láctico de la leche, en concreto, debilita la sustancia pegajosa que mantiene adheridas a la superficie de la piel las células muertas y listas para ser eliminadas, lo que hace que tenga un aspecto apagado y seco.

Puedes aplicarte compresas mojadas en leche fresca para irritaciones como las quemaduras solares y eccemas. Tienes que usar leche entera, la desnatada no sirve porque no tiene grasas, uno de los componentes más suavizantes de la piel. Si las compresas no te resultan prácticas o si prefieres un efecto general para todo el cuerpo, un baño de leche te aliviará. Pruébalo esta noche como parte de tu ritual antes de acostarte: añade 2 a 4 tazas de leche al agua tibia (no caliente) de la bañera y sumérgete durante 20 minutos. También puedes usar leche en polvo. Rocía la cantidad de polvo que necesites a medida que se va llenando la bañera para que te salga un litro de leche. Transcurridos 20 minutos, frótate el cuerpo con un cepillo, esponja de luffa o guante de crin. Esto hará que salgan las células muertas y te dejará la piel más suave y blanda. Ponte la crema hidratante antes de que el cuerpo esté seco.

Si no quieres poner leche de tu cocina en la bañera, puedes comprar productos que contengan ingredientes similares. Por ejemplo, la espuma de baño Fresh Milk Formula Bath Foam (www.sephora.com) contiene leche, mantequilla y glicerina. Pero si tienes la piel muy irritada o totalmente estropeada por el invierno, prueba lo que te he dicho. Te dejará el cuerpo con una sensación cremosa.

Día 4: come sano

- Cuidados faciales habituales.
- Mantén tu horario de sueño.
- Pide hora para que te den un masaje, llama a algunas amistades o haz el amor (elige lo que todavía no hayas hecho, aplícate la mascarilla de miel que explico más adelante).
- Continúa con los ejercicios respiratorios.
- Sal a disfrutar de la naturaleza y piensa en todo aquello por lo que puedes estar agradecida.
- Evita la comida rápida, los fritos y cualquier alimento procesado.
- Plus de belleza: mascarilla hidratante de miel.

Aunque me extenderé más en el capítulo 7 y no quiero insistir demasiado sobre la dieta, es importante que sepas que la conexión comida-estado de ánimo (y las hormonas digestivas que se asocian al apetito y al metabolismo) puede influir en tus niveles de cortisol. Mantener niveles estables de azúcar en la sangre te ayudará a regular tus estados anímicos, lo que a su vez te ayudará a controlar el grado de estrés que percibes. El estrés es el principal culpable de que abusemos de la comida; varias investigaciones han demostrado que los niveles de cortisol altos se deben a la grasa corporal y a los alimentos que ingerimos. Los niveles altos de cortisol también se han relacionado con el aumento de la insulina, que desequilibra la química corporal junto con tu estado de ánimo y motivación. Incluso cuando el momento de estrés ya ha pasado, los niveles de cortisol altos también se pueden deber a lo que has comido. Todas sabemos a lo que me estoy refiriendo: a la posibilidad de engordar. Cuando las pacientes se quejan de sus cinturas y de que no pueden lograr su peso ideal, además de otros problemas dérmicos, entiendo lo que les está pasando. Es normal que nuestras preocupaciones sobre nuestra imagen, autoestima y belleza estén directamente relacionadas con los problemas de peso. Nuestro aspecto depende mucho de nuestro peso.

Dicho esto, hoy vamos a intentar comer de la manera más saludable posible, es decir, no tomar nada artificial o procesado. Esto incluye el azúcar refinado, las bebidas con gas (las *light* y las normales), y las carnes y los quesos procesados. Si estás acostumbrada a comer alimentos procesados y refinados, esto puede ser un reto, pero prueba a hacerlo al menos durante un día, y luego, en la medida de lo posible, durante el resto del programa. Puede que te cueste dejar de tomar hidratos de carbono refinados, pero procura sintonizar con tu cuerpo mientras haces todo lo posible por ceñirte al régimen alimentario que he preparado para ti. Este régimen te ayudará a equilibrar tu nivel de azúcar en la sangre para que no te notes mareada, con sensación de hartura o desesperadamente hambrienta. Si prefieres no seguir hoy este régimen en su totalidad, no pasa nada. Lo único que te pido es que te concentres en tomar proteínas magras y saludables y alimentos que combatan el estrés. Utiliza las directrices del capítulo 7 para obtener más ideas.

Desayuno

1 o 2 huevos, hechos como te plazca (añádeles especias, hierbas aromáticas, salsa de tomate o aguacate).
1 taza de yogur de vainilla desnatado con muchos arándanos o frambuesas (frescos o congelados).
1 tostada de pan integral.

O bien

1 o 2 huevos, como quieras.
1 loncha de queso bajo en grasa.
1 loncha de bacón (beicon) canadiense (curiosamente casi no tiene grasa).
1 pieza de fruta que contenga vitamina C (p. ej., naranja, pomelo, papaya, fresas).

TENTEMPIÉ DE MEDIA MAÑANA

1 puñado de nueces frescas o rodajas de pimiento rojo acompañadas de hummus (paté de garbanzos).

COMIDA

1 rodaja de pan integral con atún y una loncha de queso bajo en grasa fundido por encima.
1 buena dosis de verduras.
1 manzana o una pera.

O bien

1 bocadillo de pan integral con jamón de pavo.
Doble ración de verduras aliñadas con aceite de oliva.
La fruta que prefieras.

POR LA TARDE

Un tentempié de judías edamame* o un batido (a continuación viene la receta); estos tentempiés contienen una serie de deliciosos nutrientes, incluidos antioxidantes saludables para la piel y ácidos grasos omega-3.

---

* Las judías japonesas edamame son una variedad de la soja, y los japoneses las toman como aperitivo o tentempié; son muy nutritivas. *(N. de la T.)*

Batido:

1 taza de agua, leche de soja entera, o leche semidesnatada o desnatada.

1 taza de frutos del bosque frescos o congelados, los que te gusten (prueba una mezcla de moras, arándanos y frambuesas).

2 cucharadas de semillas de lino o aceite de semillas de lino.

Hielo y sirope de agave al gusto.

Opcional: 1 ración (de los dosificadores que vienen en los botes) de proteína de suero de leche con sabor a vainilla o chocolate.

Pon el agua o la leche, los frutos del bosque y las semillas de lino en la batidora. Tápala y bate todo hasta que la masa esté homogénea. También puedes añadir hielo para espesarlo y el sirope de agave para endulzar (empieza añadiendo 1 cucharada). Para que sea más nutritivo (y una buena fuente de aminoácidos esenciales), añade una dosis de proteína de suero de leche en polvo con sabor a vainilla o a chocolate. Las tiendas de productos naturales tienen una amplia gama de proteínas en polvo; pero fíjate que no estés comprando una proteína sustitutiva de una comida. Otra opción es visitar un restaurante vegetariano y tomar un batido. ¡Procura evitar los batidos con azúcar añadido o con helado!

CENA

Pescado a la parrilla (p. ej.: salmón, lenguado, lubina o tilapia) o pollo.

3 raciones de verduras (espárragos, calabacines, coles de Bruselas, judías verdes, brécol).

1 taza de arroz integral o cuscús integral.

1 porción de melón y frutos del bosque.

O bien

Una ensalada grande con lechuga romana, pollo a la parrilla, pepinos, cebolla, aceitunas, pipas de girasol, tomates, queso feta sin grasa y unos cuantos frutos secos (los que prefieras), aliñada con vinagre balsámico y aceite de oliva.

POSTRE

Una pequeña ración de tu postre favorito: un cuarto de taza de helado con frutas, un cuadradito de chocolate negro, dos galletas pequeñas o un trocito de bizcocho. Para un postre delicioso que tenga mucha proteína y no sea graso, bate un poco de requesón bajo en grasa en una batidora hasta que quede esponjoso y como una *mousse*, luego añade frutos del bosque congelados. Echa un poco de sirope de agave (lo encontrarás en la zona de azúcares del supermercado; es más dulce que la miel, pero tiene una consistencia más líquida y no te subirá el azúcar en la sangre tanto como la miel). Puedes poner un sobrecito de azúcar turbinado si lo prefieres, pero pruébalo primero: el zumo de frutos del bosque puede ser bastante dulce.

Consejo para el cuarto día. Bebe agua o té durante el día, procura ir bebiendo de tu termo de té verde. También puedes beber agua, toma agua mineral con gas y unas gotas de zumo de arándano rojo (sin azúcar añadido), que es rico en antioxidantes. Ponle un trocito de limón, lima, pepino o melón para dar sabor.

Plus de belleza. Mientras tengas en mente la comida, utilízala también sobre tu piel y prueba esta mascarilla (trata tu piel después del postre). La miel es un humectante natural, lo que significa que saca el agua de los tejidos internos hacia las capas externas de la piel. El cambio sutil de fluido crea un efecto de relleno que consigue mejorar temporalmente el aspecto de las arrugas, lo cual es una buena forma de hacerte a la idea de lo que te espera. También suaviza las zonas secas, sensibles o irritadas. Además, la miel es un antiséptico natural y, gracias a todos sus antioxidantes, una poderosa herramienta antiedad. Su alta concentración en azúcares le confiere el poder de acabar con los gérmenes, por eso se ha utilizado durante miles de años como remedio tópico para la cicatrización de las heridas. Su consistencia fuerte y pegajosa la convierte en un bálsamo protector natural, repeliendo las infecciones y creando un saludable entorno interior húmedo. Puedes usarla para las ampollas de los pies si no tienes a mano ningún otro bálsamo como Neosporin.

La mascarilla de miel puede ser tu técnica de relajación del día:

- Mezcla 2 cucharaditas de miel con 2 cucharaditas de leche entera.
- Caliéntala un poco en el microondas.
- Ponte la mezcla en la cara y tiéndete durante 10 minutos (es una forma de relajarse, además evita que te caigan las gotas pegajosas por la cara).
- Aclárate con agua tibia.

Para algo más profesional, las estanterías de las perfumerías y supermercados rebosan de productos que llevan miel como BeeCeutical Organics' Honey Thyme Hand and Body Lotion, hecha con miel no filtrada, orgánica y no irradiada (www.healthfromthehive.com). Es muy suave, por lo que las personas que padecen psoriasis o eccema pueden utilizarla. Y Benefit's Honey... Snap Out of It Scrub (www.benefitcosmetics.com) tiene miel, vitamina E y almendras molidas. Déjatela 3 minutos y tendrás una mascarilla de miel y almendras suavizante. Para combatir el paso del tiempo, todos los tipos de miel contienen antioxidantes que, según parece, bloquean el efecto perjudicial de los radicales libres; las mieles oscuras, especialmente la de bosque y trigo sarraceno (busca en las tiendas de productos ecológicos), tienen más que las otras más pálidas. Aunque todavía está por demostrar la eficacia de la aplicación tópica de los antioxidantes, yo creo que sí son útiles. La miel es muy versátil para uso tópico y como condimento. Yo soy una fanática del yogur con miel oscura por las mañanas. Es una forma sencilla de nutrir la piel desde dentro.

Día 5: muévete

- Cuidados faciales habituales.
- Mantén tu horario de sueño.
- Pide hora para que te den un masaje, llama a algunas amistades o haz el amor (elige lo que todavía no hayas hecho, o repite).
- Continúa con los ejercicios respiratorios.
- Sal a disfrutar de la naturaleza y piensa en todo aquello por lo que puedes estar agradecida.
- Evita la comida rápida, los fritos y cualquier alimento procesado.
- Actívate: programa al menos 30 minutos de ejercicio.
- Plus de belleza: manicura, pedicura o mascarilla.

Por muy ocupada que estés, creo que has de encontrar tiempo para hacer algo de ejercicio. Deberías realizar alguna actividad física 30 minutos o más, al menos 3 días a la semana para aumentar tu ritmo cardíaco y activar la respiración. No tiene que ser un ejercicio extenuante, ni has de empezar a entrenar para un maratón o para los Juegos Olímpicos. Puedes ir a una clase en un gimnasio, caminar con brío por la mañana con tus amigas, bailar o alquilar un DVD con los últimos ejercicios de *fitness*, hay muchas opciones. Sé creativa y diviértete con tu actividad. No lo conviertas en una obligación, ni te hagas desgraciada practicando algo que no te gusta. Hacer ejercicio te debería gustar: te ha de ayudar a eliminar el estrés, no a provocarlo. Ten en cuenta que hay muchas formas de hacer ejercicio en las que también pueden participar tu familia y tus amistades; pueden suponer una gran motivación, y os aportarán beneficios añadidos, sobre todo psicológicos.

Hoy procura hacer al menos una cosa (quizá dos) que sea más activa que ayer, y a ver si consigues sumar de 30 minutos a 1 hora haciendo algo para subir tu ritmo cardíaco. Elige lo que te plazca, puede ser tan sencillo como ponerte tus canciones favoritas en tu iPod y salir a dar un paseo por el barrio.

Refréscate para dormir

Los efectos de la temperatura corporal sobre nuestro estado de vigilia o de somnolencia también explican por qué un baño de agua caliente, una sauna, un baño de agua tibia o incluso el ejercicio que hacemos durante el día nos pueden ayudar a quedarnos dormidas con facilidad y conseguir un sueño profundo de onda lenta durante la noche. Tras haber subido tu temperatura corporal con alguna de estas actividades, el cuerpo se refrescará en las horas siguientes y te será fácil quedarte profundamente dormida por la noche. Darse un baño de agua caliente o tomar una sauna es una forma excelente de relajarse y sacarse de encima el estrés del día.

MÁS PRUEBAS: HACER EJERCICIO *INVIERTE* EL ENVEJECIMIENTO

Suena demasiado bonito para ser cierto, pero uno de los campos de estudio más apasionantes de la actualidad es el efecto antiedad que tiene el ejercicio. El año 2007, unos investigadores demostraron que hacer ejercicio puede ayudar parcialmente a invertir el proceso de envejecimiento a nivel celular. Un equipo de investigadores canadienses y estadounidenses observó los efectos de 6 meses de entrenamiento de fuerza de voluntarios que tenían como mínimo 65 años. Hicieron pequeñas biopsias de las células de los muslos de los voluntarios antes de iniciar el período de 6 meses y después de éste, luego las compararon con las células musculares de 26 voluntarios de 22 años como media. Los científicos esperaban encontrar pruebas de que el programa había mejorado la fuerza de los mayores, y así fue, nada menos que en un 50 por ciento. Pero lo que nunca hubieran podido imaginar era lo que presenciaron: cambios a nivel genético. La huella genética de los voluntarios mayores que se habían sometido al programa de entrenamiento de fuerza se había invertido equiparándose casi a la de los más jóvenes. Es decir, su perfil genético se asemejaba al de los jóvenes.

¿Cómo midieron este cambio? Al inicio de ese período de 6 meses, los investigadores observaron diferencias significativas en la conducta de 600 genes de los participantes jóvenes y los mayores. Esos genes se vuelven más o menos activos según la edad. Al final de la fase de ejercicio, un tercio de esos genes había cambiado, y tras una observación más detenida se dieron cuenta de que los que habían cambiado eran los que estaban implicados en el funcionamiento de las mitocondrias. Las mitocondrias son los generadores celulares, donde se forma el ATP [trifosfato de adenosina] para procesar los nutrientes y transformarlos en energía. También se podría decir que nuestra edad la marca el funcionamiento de nuestros genes.

Consejo para el quinto día. Estás llegando a la mitad del programa. Concédete algo especial. Dedica hoy una hora a hacer algo que te gusta; una hora entera. Quédate delante de la tele, ve a comprar algún maquillaje nuevo a algún gran almacén donde te hagan demostraciones de los productos, hazte una manicura o pedicura, ve a que te den un masaje si todavía no lo has hecho; lo que quieras. Basta con que te resulte divertido y relajante y no dejes que nada te interrumpa. Esto es tiempo de calidad para ti.

Plus de belleza. Si has escogido relajarte delante del televisor o ir de compras (véase consejo de hoy), añade una misión más relacionada con la belleza, como hacerte la manicura o pedicura, ponerte una mascarilla y dejarla secar mientras miras tu programa favorito. Puedes probar la que te indico a continuación: Burt's Bees Pore Refining Mask.

Día 6: cultiva tus amistades

- Cuidados faciales habituales.
- Mantén tu horario de sueño.
- Pide hora para que te den un masaje, llama a algunas amistades o haz el amor (elige lo que todavía no hayas hecho, o prueba una clase de yoga).
- Continúa con los ejercicios respiratorios.
- Sal a disfrutar de la naturaleza y piensa en todo aquello por lo que puedes estar agradecida.
- Evita la comida rápida, los fritos y cualquier alimento procesado.
- Sigue haciendo ejercicio.
- Planifica una cena con tus amistades o familiares.
- Plus de belleza: la receta para la mantención preventiva

Es sorprendente lo terapéutico que puede ser estar con los amigos o con la familia. Muchas veces relegamos hacer vida social a los fines de semana (o cada varios fines de semana) y nos olvidamos de conectar con nuestros seres queridos. Este sexto día vamos a centrarnos en ello. Espero que los días anteriores hayas podido encontrar un momento para contactar con tus amigos al menos por teléfono o por correo electrónico. ¡Ahora ha llegado el momento de pasar al siguiente nivel que es verlos en persona!

Dejo en tus manos lo que consideres más oportuno para esa noche. Si te gusta cocinar, invita a tus familiares o amigos a una deliciosa cena. También puedes pedirles que cada uno traiga algo y hacéis una especie de bufé libre. Pero si cocinar (y limpiar) no es tu fuerte, busca un buen restaurante que sea conveniente para todos y haz una reserva. Lo que importa aquí es reunir a personas que sean importantes para ti, que te hagan reír y que te enriquezcan, que os juntéis y que compartáis historias y experiencias de la vida. Por favor, no planifiques ir a un restaurante de comida rápida. No seas tacaña y ve a tu restaurante favorito, o a ese al que siempre has querido ir. Date permiso para disfrutar de una fantástica comida con personas todavía más fantásticas.

Consejo para el sexto día: si vives cerca de las personas con las que vas a cenar, invítalas a tu casa a tomar el postre o una bebida. Si es invierno, enciende la chimenea y reuníos frente a ella. Si es verano o hace buen tiempo donde vives, sentaos fuera y cread un ambiente íntimo encendiendo velas (y así crearéis también más vitamina G). Programa una cena temprano, para no irte tarde a dormir.

Plus de belleza. Si eres fumadora, que hoy sea el día en que decides dejarlo y empezar a dar los pasos pertinentes involucrando a un amigo para que te ayude a responsabilizarte. Ya lo sé, decirlo es más fácil que hacerlo. Lo mejor es que se lo digas a un médico y que averigües qué terapias existen para ayudarte a hacer este cambio. Este libro no trata sobre dejar de fumar, pero que hoy sea el día en que decides dar este valiente paso. Éste es un buen comienzo: visita la web www.realage.com, donde encontrarás el Stop Smoking Center [Centro para dejar de fumar] y el «You Can Quit Plan» [Tú puedes dejarlo]. Hay montones de información y consejos para dejar este vicio, incluido encontrar un amigo para dejarlo juntos. Pertenecer a una comunidad de personas que comparten la misma meta puede ayudarte mucho. Los beneficios en cuanto a invertir los signos de la edad y revitalizar tu aspecto (sin olvidar la salud desde dentro) que tiene dejar de fumar son casi infinitos.

> *El tabaco ahoga la piel*
>
> El tabaco rompe el colágeno y corta el flujo de oxígeno a la piel casi en un 30 por ciento, lo que te da un aspecto apagado y sin vida. Todas mis pacientes que fuman parecen mayores que las de su misma edad que no fuman.

Día 7: mímate

- Cuidados faciales habituales.
- Mantén tu horario de sueño.
- Pide hora para que te den un masaje, llama a algunas amistades o haz el amor (elige lo que todavía no hayas hecho, o repite).
- Continúa con los ejercicios respiratorios.
- Sal a disfrutar de la naturaleza y piensa en todo aquello por lo que puedes estar agradecida.
- Evita la comida rápida, los fritos y cualquier alimento procesado.
- Sigue haciendo ejercicio.

- Planifica una cena con tus amistades o familiares.
- Aprende a meditar.
- Plus de belleza: rescata las manos y labios secos.

A estas alturas puede que tengas la sensación de que no te has mimado en toda la semana. Pero, ¿has seguido realmente mis consejos? Sé que la tercera recomendación en particular («Pedir hora para que te den un masaje, llamar a los amigos, probar una clase de yoga o hacer el amor») es la que tiene más probabilidades de ser relegada. Hoy tu objetivo será satisfacerla. Y quiero que des un paso más añadiendo alguna de estas cosas: la manicura o pedicura (si todavía no lo has hecho), un corte de pelo o cambio de estilo, algún tratamiento en algún centro de belleza. Hoy será viernes para las que empezasteis el programa el sábado anterior, así que es más fácil incluir estos lujos en el programa. Date un baño de barro o que te envuelvan en vendas de algas. Cualquier cosa que te resulte divertida, exótica y, lo más importante, ¡relajante!

Hoy, una hora antes de acostarte, intenta meditar. Recuerda que se ha demostrado que la meditación produce cambios estructurales en el cerebro que pueden retrasar la atrofia propia del envejecimiento. Es decir, la meditación no sólo te sirve para enfrentarte mejor al estrés, sino para que tu cerebro se mantenga joven y rinda mejor. Aquí te indico una práctica sencilla para que pruebes: siéntate en un lugar cómodo (una silla está bien; no es necesario que te sientes en el suelo con las piernas cruzadas). Elige una palabra para repetir, como el familiar sonido OMMMM. Aunque no tenga ningún significado, su vibración resulta relajante. O simplemente murmura para ti «inspira», «espira», o cuenta en tus respiraciones del 1 al 10, luego repite. Cierra los ojos y concéntrate en la palabra que hayas escogido o en contar. No te preocupes de si lo haces bien o mal; si tienes el tiempo justo, ponte un avisador y olvídate. Si no, practícala todo lo que puedas sin quedarte dormida. Cuando hayas terminado, abre despacio los ojos.

Si has anotado algunas de las técnicas adicionales que he comentado al principio de este capítulo para las que padecéis algún problema emocional en estos momentos, puede que ya hayas probado lo del tiempo-para-preocuparte. Ese tiempo que dedicas, entre 15 y 20 minutos, a pensar en tus principales preocupaciones. Para algunas personas, especialmente las que padecen insomnio debido a que sus problemas les roban el tiempo para relajarse y dormir, es muy útil escribir lo que les preocupa en un diario. Confinarlo al papel hace que la carga parezca menos pesada. También te puede suceder que te surja alguna solución para algunos de estos problemas, para las cuales puedes crear una lista de soluciones. Por ejemplo, si te ha estado preocupando durante semanas hacer la declaración de la renta porque se acerca la fecha de entregarla, deja de pensar en ello y simplemente escribe: «cita con mi gestor para hacer la declaración de la renta» o «dedicar quince minutos esta semana para preparar mi declaración». Te sorprenderá lo terapéutico que resulta este ejercicio para que desaparezcan esas preocupaciones o no ocupen tanto espacio en tu mente. No importa cuál sea tu perfil de estrés, te animo a que lo pruebes hoy. Empieza un diario de preocupaciones; también puedes usar una sección del que has iniciado al comienzo de este programa.

Consejo para el séptimo día. Tanto si has escrito un diario y anotado tus preocupaciones antes de acostarte como si no, prueba este ejercicio esta noche: escribe tres cosas buenas que te hayan sucedido hoy. No tienen que ser nada del otro mundo. Pueden ser tan sencillas como haber dormido 8 horas y sentirte llena de energía, que has podido cumplir con una fecha límite en tu trabajo, o que has aprendido a usar una nueva máquina en el gimnasio. Tres cosas buenas, tan sencillas como éstas.

Plus de belleza. Recuperar las manos y labios secos y agrietados a su textura normal y suave es relativamente fácil. Éste es un buen ejercicio para recordar cuando llegue lo más crudo del invierno. Para las manos, cómprate unos guantes de algodón que retengan la humedad (todas las perfumerías y tiendas donde se venden productos de cosmética los tienen) y ponte una leche corporal o crema para las manos antes de ponértelos para dormir. Si tienes las manos muy secas, puedes probar una fórmula más densa como Burt's Bees Hand Salve, cuya densa y rica crema contiene aceites botánicos, hierbas y cera de abeja. Otras marcas que también me gustan son Cutemol o Triple Cream de Summers Labs.

Para domar esos labios irritados no dejes de ponerte tu bálsamo o protector labial favorito durante el día, uno que tenga protección solar. Procura evitar los que contengan fenol, como Blistex. Cada vez que pienses en pasarte la lengua por los labios (quizá ya lo has hecho) saca el bálsamo. No olvides aplicártelo también durante la noche. No es necesario que tenga protección solar. Unas buenas opciones son: el bálsamo labial 1 de Kiehl o vaselina normal y corriente. Kiehl también tiene una gama de bálsamos y brillos labiales humectantes con protección solar.

Todos los cuidados para las uñas

Las uñas pueden ser el espejo de tu salud. La variación en la textura y el color puede indicar algún problema médico, pero no es necesario que existan problemas de salud para que tener las uñas duras resulte difícil. Algunos consejos:

- Mantén las uñas limpias y secas. Ponte guantes para fregar los platos. Mojarlas y secarlas demasiado puede hacer que se seque el lecho ungueal.
- Aplica una crema hidratante a las uñas y la cutícula todos los días (está especialmente indicado después de lavarse las manos para retener la humedad). Aunque cualquier loción corporal puede servir, las que contienen urea o fosfolípidos pueden ayudar a evitar que se rompan.
- Toma mucha biotina, una vitamina B que se sabe que es buena para las uñas. Come coliflor, nueces y yemas de huevo para aumentar tu dosis de biotina en tu dieta.
- Mantén las uñas pulidas, aunque sólo te las pulas con un pulidor de uñas. Esto puede evitar que las uñas quebradizas se partan.
- Procura no usar laca de uñas que contenga tolueno y formaldehído (pueden provocar sequedad y sensibilidad al contacto); evita quitaesmaltes con acetona (seca demasiado).
- Lleva las uñas cortas, así es más difícil que se estropeen. No cortes la cutícula porque es la barrera contra los hongos, levaduras y bacterias.
- No te las limes dejándolas aguzadas o en punta. Límatelas en una dirección y redondea ligeramente la punta.
- Lleva tus propios instrumentos a la manicura si vas con frecuencia. Cerciórate de que la persona que te hace la manicura no te saca demasiada cutícula; empujar la cutícula hacia abajo puede provocar lesiones en el lecho ungueal, lo que conduce a que se formen grietas.
- El consejo obvio: no te muerdas las uñas.

Día 8: duerme para ser más bella

- Cuidados faciales habituales.
- Mantén tu horario de sueño.
- Pide hora para que te den un masaje, llama a algunas amistades o haz el amor (elige lo que todavía no hayas hecho, o repite).
- Continúa con los ejercicios respiratorios.
- Sal a disfrutar de la naturaleza y piensa en todo aquello por lo que puedes estar agradecida.
- Evita la comida rápida, los fritos y cualquier alimento procesado.
- Sigue haciendo ejercicio.
- Medita antes de acostarte.
- Duerme un poco más o procura hacer la siesta.
- Plus de belleza: exfoliación.

En el supuesto de que hoy no tengas obligaciones, te voy a dar vía libre para que duermas lo que te plazca. Si no eres de las personas a las que les gusta quedarse en la cama (porque no puedes o porque no te gusta), procura hacer la siesta. El momento perfecto para echar una cabezadita es ocho horas después de haberte levantado. Ése es el momento en que el cuerpo baja la temperatura de forma natural como parte de su ritmo biológico (de ahí ese sopor que nos coge a muchos al mediodía, y que se debe más al ritmo circadiano que a la comida). El patrón de sueño natural del ser humano es *bifásico*, así que dos veces durante las 24 horas de un día todos experimentamos un descenso de la temperatura corporal que invita al sueño. Desde una perspectiva cultural, quizás ésta sea la razón de la existencia de la siesta. La siesta puede ofrecer muchas recompensas que abarcan mucho más que el mero hecho de hacer que nos sintamos mejor y más capaces de seguir el ritmo de lo que nos queda de día. Se ha demostrado que hacer la siesta influye en casi todos los aspectos del bienestar humano, desde el efecto físico de reducir el riesgo de padecer una cardiopatía y reparar las células, hasta los efectos más evidentes como levantar nuestro estado de ánimo y darnos energía, reducir el estrés y hacer que seamos más productivas. Puesto que hacer la siesta puede mejorar el funcionamiento del corazón, favorecer el trabajo hormonal y fomentar la regeneración celular, puede aumentar tu longevidad, hacer que estés más activa y que parezcas más joven. Consejos para hacer la siesta:

- Programa 30 minutos de siesta: 10 para dormirte y 20 para dormir. Utiliza un despertador.

- Sácate los zapatos y ponte cómoda, procura hacer la siesta echada en un sofá o en el coche (pero en un lugar seguro); evita la luz directa del sol.

- Procura no dormir después de la tres de la tarde. Si haces la siesta muy tarde, puede alterar tu horario de sueño nocturno.

La siesta no va bien a todos, prueba cómo te va. También te recomiendo que esta noche planifiques algún encuentro con alguna persona importante para ti. Busca una canguro si es necesario, ve a ver esa película que te mueres por ver, o disfruta de una comida deliciosa y tranquila en algún sitio donde puedas compartir lo que te ha sucedido durante la semana.

Consejo para el octavo día. Aprovecha la racha e involucra a alguna otra persona allegada para que te ayude. Pregunta cómo te ven. Habla de los cambios que has hecho y de las cosas que quieres seguir haciendo para reducir el estrés en tu vida. Intenta explicar cómo te sientes. Compartir tus éxitos no sólo es divertido, sino que involucrar a otra persona te ayudará a seguir adelante. Cuando llegue el momento, que llegará, en que tus hijos te estén volviendo loca, en que estés a punto de cargarte a tu jefe o en que tu madre te recuerde que nunca has apreciado lo que supuso para ella traerte al mundo, tu animador o animadora te ayudará a que te rías de ello. Si quieres ampliar el reto, pídele a tu amiga de confianza que te diga cuál es tu peor defecto. ¿Por qué? Es difícil verse una misma objetivamente. Nuestros mecanismos de defensa se interponen. Sin embargo, este tipo de evaluación te dará una perspectiva totalmente nueva que te ayudará a evolucionar y a atraer más gente hacia ti.

Plus de belleza. La exfoliación se puede hacer de varias formas. Si utilizas un tónico exfoliante cada día (la mayoría de las mujeres no necesitan usarlo a diario), este plus de belleza no es para ti. Pero si todavía no lo has hecho esta semana, ha llegado el momento de que lo hagas. El tipo de fórmula exfoliante que quieras usar es cosa tuya (véase el capítulo 2 o la página 114 para los detalles). Si hoy has reservado un tratamiento en algún centro de belleza, allí te harán la exfoliación.

Día 9: reflexiona

- Cuidados faciales habituales.
- Mantén tu horario de sueño.
- Pide hora para que te den un masaje, hazte la manicura, pedicura, trata-miento de belleza, peluquería, llama a algunas amistades, haz una clase de yoga o haz el amor (elige lo que todavía no hayas hecho, o repite).
- Continúa con los ejercicios respiratorios.
- Sal a disfrutar de la naturaleza y piensa en todo aquello por lo que puedes estar agradecida.
- Evita la comida rápida, los fritos y cualquier alimento procesado.
- Sigue haciendo ejercicio.
- Medita antes de acostarte.
- Duerme un poco más o procura hacer la siesta (¡vaya, pero si es domingo!)
- Reflexiona sobre lo que has hecho durante la semana.
- Plus de belleza: vuelve a las cosas básicas.

Empieza a pensar en el futuro. ¿Cómo va a ser el día de mañana? ¿Cómo voy a mantener los buenos hábitos que estoy desarrollando?

Siéntete libre para añadir aquellas cosas que te han funcionado muy bien, o para suprimir las que no. Recuerda que se trata de encontrar lo que te va bien, y eso será algo tan personal como tú misma y tu vida.

Has de encontrarte bien contigo misma. Estás desarrollando nuevos hábitos que cambiarán tu vida para siempre. Y has entrado en la dinámica de ponerte en primer lugar, lo cual es especialmente importante porque no es tan fácil (sobre todo para las madres).

En este noveno día vas a cerrar el círculo. Empieza pensando en todo lo que te ha ido bien. ¿Te sientes física y emocionalmente mejor que la semana pasada? ¿Qué es lo que más te ha ayudado? ¿Tomar más vitamina G? ¿Apagar todos los aparatos electrónicos? ¿Estar 15 minutos sin hacer *nada*? ¿Hacer más el amor? Toma nota.

Ahora, haz otro tipo de reflexión: mírate en el espejo. Mírate de verdad. Por supuesto, me imagino que habrás estado observando los cambios durante el proceso y que habrás visto alguno. Pero el domingo por la tarde del segundo fin de semana, si has seguido el programa, *sé* que no sólo parecerás más joven sino que estarás más feliz y sana, y, sí, ya sé que esto es un poco raro, pero también te sentirás más *integra*. No es sólo que el espejo refleje menos estrés, sino que te refleja más a *ti*. Has vuelto. ¡Quédate donde estás!

Consejo para el noveno día. Elige la técnica para reducir el estrés que más te haya gustado —meditar, la respiración 4-7-8, hacer el amor, tener un tiempo-para-preocuparte, lo que sea—, y hazlo dos veces hoy. (Sí, ¡puedes hacer el amor más de una vez al día! Y a tu pareja también le encantará.)

Plus de belleza. Vuelve a la esencia no haciendo nada más que tu rutina diaria para el cuidado de la piel, sin florituras ni tratamientos corporales. Que tus rutinas diarias de la mañana y de la noche no te lleven más de 3 minutos (limpiar suavemente, hidratarte y ponerte la protección solar por la mañana; limpieza suave, quizás una ligera exfoliación y crema hidratante de noche o serum para el tratamiento de mantenimiento preventivo). Bueno, puedes emplear 1 o 2 minutos más para cuidados especiales, como el acné con algún tratamiento para los granos, o suavizar con algún retinoide de receta. Hagas lo que hagas, procura que hoy todo sea sencillo.

Un día hermoso

¿Quieres ver un horario ideal para alguien que se concentra en su calidad de vida y en su aspecto? Éste es el boceto de un día hermoso. Plantéate ceñirte a él en la medida de lo posible.

7:00   Levántate y haz algunos ejercicios respiratorios (piensa en positivo respecto al día que comienza).

7:10   Dúchate y lávate la cara y el cuerpo sin complicaciones.

7:30   Desayuna con proteínas magras, prepárate tu termo de té verde.

10:30   Haz una pausa de 10 minutos para bajar tu estrés. Procura hacer algo relajante como conversar con una amiga o comprar en la red. Pide hora para un masaje y la manicura para el día siguiente cuando acabes de trabajar.

12:30   Toma una comida sana sin grasas y luego da un corto paseo (vitamina G).

14:00   Utiliza los otros 20 minutos de tu tiempo para comer, y haz una siesta de 20 minutos.

16:00   Haz 5 minutos de respiraciones profundas y cómete una manzana.

17:30   Ve al gimnasio para hacer una clase de yoga o de aeróbic.

19:00   Toma una cena relajante y rica en proteínas.

21:30   Deja de trabajar, limpiar o de hacer cualquier cosa que sea muy estimulante; empieza a relajarte; practica la meditación.

22:00   Prepárate para irte a dormir lavándote y relajándote, toma alguna cosa ligera si te apetece; escribe en tu diario algunas ideas que ronden por tu mente y las tres cosas buenas de hoy.

22:30   Acurrúcate con tu pareja o abrázala. Si eso os lleva a tener relación sexual, estupendo. Si estás sola, puedes darte placer a ti misma.

23:00   ¡Apaga las luces!

Esto no es más que un ejemplo. Alguien preferirá hacer ejercicio por la mañana o a la hora de comer. Otra persona preferirá levantarse más temprano, a las 5:00 h, y meterse en el sobre a las 21.00 h. No hay normas estrictas sobre cómo planificarte el día. Esto es sólo para enseñarte cómo puedes ir introduciendo técnicas para reducir el estrés y adaptarlas a tus necesidades personales a lo largo del día. ¡Y para ello no es necesario que te vayas a Hawai! El objetivo del programa es enseñarte a conseguir y mantener un nivel más bajo de estrés y ensalzar tu belleza sin tener que recurrir a medidas drásticas.

TRIUNFAR Y SEGUIR HACIÉNDOLO

Ha llegado el momento. Adelante. Mírate en el espejo. ¿Tienes menos bolsas debajo de los ojos? ¿Se te ve descansada y enérgica? ¿Qué edad aparentas? Vuelve a hacerte el test SkinAge (véase la página 25).

Escribe las mejoras que hayas observado, cuáles han sido tus mayores logros y lo que crees que puede mejorar si te ciñes al programa. ¡Puedes y debes! Ya sé que esto no ha sido más que un arreglo provisional, pero también es el primer paso hacia una forma de vida mucho más feliz y saludable.

Para probarte por qué todas mis ideas de este programa se han de traducir en que seas más hermosa, lee el siguiente capítulo y empieza a aprender los detalles del envejecimiento por estrés. El conocimiento que adquirirás te reafirmará en la razón por la que estás practicando estos hábitos que son el pilar del programa.

Anota tus resultados aquí:

La cinco mejores formas de mejorar mi aspecto

_____

_____

_____

_____

_____

Las cinco cosas que quiero seguir haciendo

_____

_____

_____

_____

_____

P: *Se me ven los ojos muy cansados. Aunque estoy siguiendo el programa, sigo levantándome con los ojos hinchados. ¿Algún truco rápido que pueda emplear por la mañana?*

R: Los ojos se pueden hinchar por alguna alergia, demasiadas fiestas, muchas horas en el ordenador, dormir poco, o por pérdida de la piel de la zona bajo el ojo debido al envejecimiento o a que sea hereditario. Si has estado siguiendo el programa, puede que tardes más en ver los resultados, ten paciencia. Pero puede que tengas algún factor hereditario que dificulte la mejoría en este aspecto. Sea cual sea la causa, aquí tienes algunas formas de deshinchar las bolsas de los ojos.

- **Recuerda el poder del pepino.** Las hortalizas contienen una combinación de ácidos naturales suaves que reducen la retención de agua. Algunos expertos en belleza dicen que actúa mejor en frío, lo cual es razonable: puesto que el pepino es agua en un 90 por ciento, las rodajas frías son como paquetitos de hielo.

- **Echa mano de los guisantes.** Cualquier bolsa de congelados servirá, pero los guisantes congelados se adaptan mejor a los recovecos que hay alrededor de los ojos. Envuelve la bolsa en un trapo suave para proteger tu piel de la gélida superficie, póntela entre 5 y 15 minutos para que el frío haga su efecto. ¿No tienes guisantes? Pon una cuchara en un vaso con hielo durante unos 30 segundos, hasta que esté muy fría. Acopla la parte curvada de la cuchara a tu cavidad ocular y deslízala suavemente durante otros 30 segundos; luego vuelve a enfriarla y haz lo mismo en el otro ojo. Si te has levantado muy mal, repite la operación.

  El frío hará bajar la hinchazón en un momento. Todo tu cuerpo se sentirá algo más despierto y te sentirás dispuesta a empezar un nuevo día.

- **Date un baño de leche.** La leche (entera, no la desnatada) es un suavizante natural si tienes los ojos irritados e hinchados. Entre los ingredientes de la leche que desinflaman se encuentran las proteínas, los aminoácidos, el ácido láctico y las vitaminas A y D. Pon leche en un bol con hielo para que se enfríe mucho, empapa un trozo de tela limpio y aplícalo en los ojos durante 15 minutos. Empapa la tela cada vez que se caliente.

P.D.: Si los ojos hinchados son un problema crónico, vale la pena que te compres un antifaz con gel que se congela... y no gotea.

5

Cómo se filtra el estrés a través de tu piel

Comprender la conexión mente-belleza

A los 9 años tuve mi primera intuición sobre la conexión mente-belleza. Mi madre estaba hospitalizada por depresión, y cuando fui a visitarla, su aspecto me impresionó. De pronto había *envejecido*. Tenía ojeras y la piel grisácea y colgante. No era la madre que yo conocía. Hasta su pelo era opaco. Sólo tenía 33 años: ¡una mujer en lo mejor de la vida! Era evidente que la depresión la había envejecido de forma prematura. Pero igualmente sorprendente fue lo que le sucedió después. Cuando desapareció la depresión, también desaparecieron los años de más. Había respondido bien al tratamiento y a la terapia, y cuando regresó a casa volvía a ser mi madre. Había recuperado su aspecto juvenil y su vitalidad.

No es necesario tener una depresión grave para ponerte unos cuantos años encima. ¿Cuántas mujeres conoces que van por ahí en un estado de agotamiento crónico y estrés? ¿O que van de un problema emocional a otro —con su matrimonio, peso, trabajo, economía, hijos o cualquier otra cosa—, y que casi se han olvidado de sonreír? Aunque sin duda los hombres pueden caer en la misma trampa, me he dado cuenta de que las mujeres tienden a excederse en sus dudas, agendas y compromisos, especialmente debido a los roles que aceptamos en la sociedad (madre, esposa, hija, cuidadora de un hijo con minusvalía, ama de casa, paseante de perros, administradora, amiga, mentora, empleada o directora, etcétera, etcétera).

No es de extrañar que las mujeres se quejen de que notan más los efectos del estrés en su salud física que los hombres. Nos dedicamos a pagar facturas, a contentar a todos en casa y en el trabajo, y a revisar nuestra lista de cosas pendientes a costa de nuestro precioso tiempo de sueño. Esto también hace que adoptemos muchas costumbres poco saludables como no hacer ejercicio, beber demasiado alcohol, olvidarnos de lo que es una comida sana y recurrir a la comida procesada que conseguirá justo lo que no deseamos: que engordemos y envejezcamos prematuramente.

No obstante, en general, en nuestros malabarismos conseguimos mantener todas las bolas en el aire. Pero probablemente habrás observado que cuando el malabarismo se alarga demasiado o cuando la vida nos pone una traba —tu madre se pone enferma, tu pareja se queda sin trabajo, el coche y el agua caliente se estropean el mismo día—, nos pasa factura en nuestro aspecto. Círculos negros, zonas blanquecinas, un grano gigante o lo que parece ser un nuevo ramillete de patas de gallo, ponen la guinda al pastel.

Eso es un signo típico de estrés. Es lo que sucede cuando una vida sobrecargada añade años a tus facciones. Puede envejecer tu rostro con mucha más rapidez que el paso del tiempo. Esto es otro dato sorprendente: *el estrés puede envejecerte entre tres y seis años o más.* Y es un círculo vicioso familiar: el estrés afecta a tu belleza, y cuando no estás contenta con tu aspecto, tampoco eres feliz y te cuesta más hacer frente al estrés. Lo cual pasa de nuevo factura a tu belleza. Ah, y no pienses ni por un momento que es cosa de mujeres, aunque aquí me estoy centrando en nosotras. Recordad el aspecto de Bill Clinton o de George W. Bush antes de entrar en el Despacho Oval y qué aspecto tenían cuando dejaron su cargo. La presidencia les dio poder, prestigio y... pelo blanco, profundos surcos, piel manchada y unos cuantos kilos de más.

Octogenarios en auge

Las niñas nacidas en 2004 tienen una esperanza de vida de 80 años, un nuevo récord. Por lo tanto, es más importante que nunca sentirte bien dentro de tu piel. Considéralo un derecho de nacimiento, no sólo vivir más, sino mantenerte sana y con un aspecto radiante.

Ahora tienes una lista de cosas pendientes y has iniciado un programa, ha llegado el momento de rebobinar y ver por qué funciona. Creo que prácticamente todo el mundo está de acuerdo en que el estrés es insano, y que padecer estrés a largo plazo puede hacerte enfermar; lo que no se entiende tan bien es cómo sucede esto desde un punto de vista biológico y fisiológico. Las pruebas pueden sorprenderte.

Anatomía del estrés

El estrés es un mal adversario. Tiene muchas formas sutiles de filtrarse bajo tu piel y perjudicarte. Hace un milenio, cuando las amenazas eran más claras, los seres humanos dependíamos de la respuesta de enfrentamiento o huida para preparar nuestro cuerpo para la batalla o para escapar en un segundo cuando un tigre nos elegía como menú.

Pero Darwin está muerto, y desde hace varios siglos los humanos ya no viven en la jungla darwiniana donde el más fuerte sobrevive. Ahora, el estrés nos llega de los trasbordos que tenemos que hacer todos los días, de jefes demasiado exigentes, de no encontrar niñera, de una lechuga contaminada, de la preocupación por el calentamiento global... La lista de los agravantes y peligros modernos es tan larga, que podría envolver todo el planeta. Y a diferencia de un enfrentamiento con uno de esos felinos gigantes —se abalanza sobre ti, pierdes y se acabó la historia—, el estrés moderno puede ser constante, crónico y acumulativo

La fisiología del estrés ha evolucionado mucho en el pasado siglo, especialmente en los últimos cincuenta años, gracias a los avances de la medicina y de la salud pública. Pensemos en ello: es probable que nuestras tatarabuelas se preocuparan por enfermedades como la escarlatina, la polio, la malaria, la gripe, y quizá por el próximo parto. Actualmente, lo más probable es que muramos viejas y desgastadas; sucumbiendo a enfermedades relacionadas con la edad que se van instaurando despacio hasta que se manifiestan. Entre ellas se encuentran las enfermedades cardiovasculares, cerebrovasculares y el cáncer. Me encanta cómo explica esto Robert M. Sapolsky en su libro *¿Por qué las cebras no tienen úlcera?*: «Aunque ninguna de estas enfermedades

La fractura del estrés

Cuando lo que se nos exige excede nuestra percepción de hasta dónde podemos llegar, tenemos *estrés*. El estrés también se puede definir como los pensamientos, sentimientos, conductas y cambios fisiológicos que tienen lugar a raíz de nuestra respuesta a esas exigencias y percepciones. Nada más ni nada menos que el 82 por ciento de las mujeres dijo tener al menos un síntoma de estrés físico durante el mes pasado, como dolor de cabeza constante, malestar estomacal, opresión en el pecho.

es agradable, sin duda suponen una extraordinaria mejora respecto a sucumbir a los 20 años debido a una septicemia o al dengue». Luego continúa diciendo que tras este cambio relativamente reciente en los patrones de la enfermedad, también han tenido lugar cambios en cómo percibimos la progresión y el proceso de la enfermedad.

Dato sobre la reducción del estrés

Ironías de la vida: según parece, el estrés lo llevamos mejor con la edad. Todos reaccionamos de forma diferente al estrés y a las situaciones estresantes, pero, en general, parece que estamos más preparados para hacer frente al estrés a medida que nos hacemos mayores. Según el National Study of Health & Well Being realizado por la Universidad de Wisconsin-Madison Institute on Aging, los hombres y las mujeres de mayor edad (entre 60 y 75) tenían menos factores de estrés al día que sus homólogos más jóvenes. Y en comparación con personas de edades comprendidas entre 25 y 59 años, los adultos de mayor edad afirmaron que su estrés no era tan molesto y desagradable.

Ahora sabemos y hemos estado recopilando pruebas científicas sobre la delicada y compleja interconexión entre nuestra biología y nuestra fisiología: las formas ocultas en las que nuestra personalidad, emociones, sentimientos y pensamientos reflejan y modifican lo que sucede dentro de nuestro cuerpo. En este terreno existen muchas vías de doble dirección: la vida tiene un impacto en nuestro cuerpo físico, y éste influye mucho en cómo vivimos, cómo nos sentimos y en si podemos considerarnos personas felices. Aspectos intangibles como un conflicto emocional, rasgos de personalidad, características psicológicas e incluso factores socioeconómicos pueden influir en nuestros procesos orgánicos, incluidos aspectos físicos y reales como el corazón, la mente, el sistema nervioso y las células adiposas. La medicina está viviendo un gran momento, ya que estamos empezando a comprender de qué forma estos factores intangibles pueden determinar, como tan elocuentemente explica Sapolsky, si el colesterol se va a enganchar a nuestras arterias, si nuestro páncreas va a dejar de fabricar insulina convirtiéndonos en diabéticas del tipo 1; o si nuestras células van a dejar de responder a la insulina, convirtiéndonos en diabéticas del tipo 2. Si nuestras neuronas cerebrales sobrevivirán unos cuantos minutos sin recibir oxígeno o si nuestro corazón dejará de latir.

Por supuesto, la paradoja está en que el estrés no siempre es un chico malo. La presión de una competición o la necesidad de cumplir con una fecha límite pueden aumentar nuestro ritmo cardíaco, despertar nuestros sentidos y concentrar cada célula de nuestro cuerpo en ganar un partido de tenis o bordar una presentación. Este enigma del estrés enemigo-amigo tiene mucha relación con nuestras neuronas.

LA FISIOLOGÍA DEL ESTRÉS EN POCAS PALABRAS

Cuando pensamos en hormonas, las primeras que se nos ocurren son la testosterona o el estrógeno, pero nuestro sistema endocrino es mucho más que las hormonas sexuales que rigen el ciclo reproductor. Cada segundo del día hay docenas de hormonas actuando en nuestro cuerpo para que se realicen ciertas funciones fisiológicas. Entre ellas también se incluyen las reacciones que tienen lugar en nuestra piel.

Fisiológicamente hablando, las hormonas pueden controlar gran parte de lo que sentimos, ya sea cansancio, hambre, excitación sexual, calor o frío. Controlan el ritmo de ciertas reacciones químicas, ayudan a transportar sustancias a través de las membranas, y a regular el equilibrio hídrico y electrolítico, y también la presión sanguínea. Controlan el desarrollo, crecimiento, reproducción y conducta. Resumiendo: las hormonas son las pequeñas mensajeras del cuerpo, que se generan en determinada región del cuerpo, como las glándulas tiroides, las suprarrenales o la pituitaria, pasan al torrente sanguíneo o a otro fluido corporal, y llegan a órganos distantes y a los tejidos donde influyen y cambian estructuras y funciones. Son como señales de tráfico que le dicen al cuerpo lo que ha de hacer y cuándo para que pueda funcionar sin problemas y con eficacia. Las hormonas forman parte tanto de nuestro sistema reproductor como de nuestros sistemas urinario, respiratorio, cardiovascular, nervioso, muscular, esquelético, inmunitario y digestivo.

Cuando tus hormonas sufren un desequilibrio o no funcionan con normalidad, lo notas. Pueden volverse locas en periodos de estrés, debido a tu edad y estado (pubertad, embarazo, menopausia, etc.), también se pueden desequilibrar bajo la influencia de una enfermedad o de un factor patógeno invasor que cambie el entorno de tu cuerpo. Puesto que las hormonas ejercen esta influencia en nosotras, si no funcionan correctamente podemos tener un sinfín de problemas de salud, desde un metabolismo perezoso hasta infertilidad, diabetes, antojos insaciables, etcétera.

Profundizando en la influencia

Nuestro cuerpo está siempre a merced de las sustancias químicas denominadas *hormonas*, que tienen un papel principal en muchas funciones corporales. Pueden cambiar nuestro metabolismo (hacer que vaya más rápido o más lento), influir en nuestra fertilidad, dictar nuestro tipo de piel y su salud, e incluso intervienen en cómo nos enfrentamos al estrés. Las principales hormonas que tienen relación con el estrés son la adrenalina y el cortisol.

Los problemas de la piel como el acné, la psoriasis, el eccema y la rosácea también se pueden deber a un desequilibrio hormonal. Entonces, de pronto un problema se transforma en dos, tres y cuatro, como un inexplicable aumento de peso, dolor crónico, irritabilidad, caída del pelo, pérdida de la libido y una sensación general de que algo no va bien. Estamos cansadas y flojas, incapaces de participar en la vida con plenitud.

Veamos unas pocas hormonas importantes que se relacionan directamente con el estrés y con la forma en que nuestro cuerpo reacciona a éste. Estas hormonas ya te sonarán de los capítulos anteriores, pero aquí te ayudaré a entender mejor cómo pueden influir directamente en nuestro aspecto.

El eje HPA

Cuando el estrés ataca por primera vez —tanto si la amenaza es emocional (malas noticias respecto a tu mejor amiga) o física (quedarte atrapada en una tormenta)—, la primera reacción del cerebro es indicar a las glándulas suprarrenales (o adrenales) que liberen *epinefrina*, más conocida como *adrenalina*. Entre sus muchas funciones, se encuentra la de aumentar el ritmo cardíaco y llevar sangre a los grandes músculos, en caso de que tengas que moverte deprisa.

La adrenalina toma parte de esa sangre de la piel y la cara, lo que por cierto te crea ese aspecto pálido, que es de donde viene la expresión «palidecer de miedo». Sea cual sea la razón que haya acelerado tu ritmo cardíaco, cuando baja el flujo de adrenalina recobras el pulso, se te secan las palmas de las manos, te vuelve el color y regresas a la normalidad.

Pero si tu respuesta al estrés se activa de nuevo, aparece todo un equipo de operaciones especiales de hormonas del estrés para que tus sistemas corporales entren en acción. A continuación tienes el 1-2-3 de lo que sucede cuando tienes una crisis:

1. La región del cerebro denominada hipotálamo libera un coordinador del estrés denominado hormona liberadora de corticotropina (CRH).
2. La CRH se apresura hacia la pituitaria, una glándula del tamaño de un guisante situada en la base del cerebro, y le dice que libere la hormona adrenocorticotropina (ACTH) en el torrente sanguíneo.
3. Sin perder tiempo, la ACTH le dice a las suprarrenales (sí, vuelven a ser reclutadas) que liberen otra hormona del estrés más importante, el cortisol.

Esta secuencia de acontecimientos se conoce en círculos científicos como eje hipotalámico-pituitario-adrenal, o HPA. Es la principal respuesta al estrés de nuestro sistema. Considérala como un sistema de mensajería antiguo en un reino que está en guerra: una forma de decirle al cuerpo que ha llegado el momento de movilizar a las tropas y prepararlas para la batalla.

Como pronto descubrirás, la piel tiene un sistema similar propio. A saber: la piel es la gemela de la reina, un ama y señora con reino propio.

El cortisol, la hormona de la que ya hemos hablado varias veces desde el inicio del libro, rompe los tejidos, incluido el cutáneo. También puede causar estragos en múltiples funciones corporales. Como principal hormona del estrés le dice al cuerpo que haga tres cosas: que aumente tu apetito; que almacene más grasa, y que rompa materiales que se pueden usar como combustible rápido para generar energía, incluidos los músculos. Justo lo contrario que te gustaría que pasase, pero así es como responde el cuerpo al estrés. Se protege automáticamente. Como ves, el cortisol es la principal hormona *catabólica*, lo que significa que detiene el crecimiento y reduce la síntesis celular (lo contrario a aumentar la producción celular y el metabolismo), provoca el rompimiento muscular y acumula grasa. Piensa que el cuerpo no volverá a ver comida en un

Dato estresante

El estadounidense medio padece unos cincuenta ataques breves de estrés al día. Las tropas no logran dormir demasiado.

tiempo o que necesitará un mayor suministro para superar esa crisis. Es evidente que una de las metas de mi programa es controlar los niveles de cortisol de forma natural a través de algunas modificaciones en tu estilo de vida, incluyendo la dieta, hacer ejercicio y técnicas de relajación. Cuando controlas bien tus niveles de cortisol, notarás numerosos beneficios, desde una piel más bella hasta controlar mejor el peso.

Dicho esto, quiero recordarte que no estarías viva sin cortisol: es la hormona que indica a las células inmunitarias que vayan tras los invasores, y luego le dice al cerebro que se ha ganado la batalla. También se encarga de la reserva de energía, almacena calorías que puede que se necesiten para alimentar a los músculos cuando tengan que pasar a la acción, y hace muchas otras cosas buenas. Sólo te has de asegurar de que está cuando lo necesitas, y de que se ha marchado cuando todo ha terminado. Porque demasiado cortisol es sinónimo de p-r-o-b-l-e-m-a-s.

El horario de trabajo del cortisol

El nivel de cortisol está más alto por la mañana y durante los períodos de mucho estrés, y más bajo en las primeras fases del sueño profundo. Una razón más para procurar dormir bien. Concederle al cuerpo el descanso final después de tanta locura.

Si la crisis se prolonga, por ejemplo, o aparece una tras otra, el cortisol y otras hormonas del estrés siguen vertiéndose al sistema. Eso es el estrés *crónico,* y a tu cuerpo no le gusta encontrarse en este interminable estado de crispación. Aunque el cortisol está para darte fuerzas, probablemente no necesitarás levantar coches o salir corriendo por una escalera contra incendios. Pero el cortisol sigue fluyendo, pasando factura a todos los sistemas y órganos del cuerpo, incluida la piel. También puede interrumpir la formación de colágeno *nuevo;* una menor producción vuelve la piel más fina y la debilita. Los vasos sanguíneos se vuelven

más frágiles. En pocas palabras, la piel envejece: a medida que la piel pierde su capacidad para retener la humedad, se vuelve menos resistente, y las líneas de expresión se marcan y se hacen más visibles. Las nuevas células de la piel no se forman tan deprisa y la regeneración celular puede reducirse a la mitad. Sin un buen aporte de sangre, las glándulas sebáceas se debilitan y la piel se reseca.

LA CONEXIÓN COLÁGENO-CORTISOL

Vamos a detenernos un poco y explorar este importantísimo tejido llamado *colágeno*, que tiene un papel tan importante en nuestro aspecto. Es la proteína más abundante de nuestro organismo. Casi un tercio de absolutamente todas las proteínas del cuerpo es colágeno, y casi el 90 por ciento de los tejidos cutáneos deben su estructura a él. Siempre está en un proceso de deterioro y renovación, un ciclo llamado de *renovación*, para garantizar que el cuerpo goza de una salud óptima. Puesto que la piel está compuesta por tanto colágeno, es más apta para hacer frente al estrés y reparar posteriormente las células. Esto lo habrás podido comprobar si alguna vez te has quemado cocinando. Al cabo de pocos días la piel está casi normal. Si alguna vez te has notado dolorida después de una sesión de gimnasia o un trabajo muscular pesado, sabes que volverás a tu estado normal transcurridos unos días. Lo que sucede es que los tejidos musculares dañados (los y tendones y los ligamentos, todos ricos en colágeno) se reparan relativamente deprisa. La factoría de renovación de tu cuerpo eliminará el tejido dañado y lo rellenará con otro nuevo y más fuerte. No obstante, lo que sucede cuando envejecemos es que este proceso de renovación se vuelve más lento y somos más vulnerables a los daños en los tejidos. Es probable que vivamos con decenios de estrés acumulado y con un proceso de reparación no muy perfecto.

Además del impacto del cortisol en la ruptura del colágeno, también hay otros factores que pueden contribuir al deterioro de la piel. Entre estos factores destacan tres: la glicación, la oxidación y la inflamación. Aquí están las explicaciones:

Glicación. Es un proceso natural en que el azúcar del torrente sanguíneo se adhiere a las proteínas, formando nuevas moléculas perjudiciales denominadas productos avanzados de la glicación (AGE por su sigla en inglés, *advanced glycation end products,* que irónicamente significa «edad»). Las proteínas más vulnerables son el colágeno y la elastina, las fibras que ahora ya sabes que son las encargadas de mantener la piel firme y elástica. Los investigadores están tratando de descubrir cómo influye este proceso en el envejecimiento; no sería correcto decir que «el azúcar provoca arrugas», porque hay algunas vías biológicas complejas que implican más que el azúcar. Demasiada glicación puede influir en el tipo de colágeno que produces, que es un gran factor para determinar la resistencia de tu piel a las arrugas. Los efectos negativos del azúcar en las facciones son evidentes en los diabéticos, que tienen graves problemas para controlar sus niveles de azúcar en la sangre. Las personas diabéticas suelen mostrar signos de envejecimiento prematuro porque pueden tener un nivel alto de azúcar durante años y no saberlo, lo que hace que su cuerpo envejezca más pronto.

Oxidación. Un término con el que probablemente ya estés familiarizada y que explica la oxidación es el de *radicales libres*. Éstos son bombas de relojería, o formas muy reactivas de oxígeno para ser exactos, que pueden dañar las membranas y otras estructuras celulares del cuerpo, pero sobre todo la piel. Los radicales libres nos atacan desde múltiples frentes, tanto internos (como resultado normal del metabolismo y la respiración) como externos (como la contaminación y la exposición a los rayos ultravioleta). En este programa estamos controlando la exposición a los radicales libres y vamos a dar los pasos necesarios para reparar los daños que ya nos pueden haber causado. Sí, podemos controlar el deterioro de los radicales libres a través de protocolos específicos que conllevan tratamientos para la piel, así como la nutrición desde el interior.

Inflamación. Al igual que el cortisol, la inflamación tiene su pros y sus contras, y necesitamos este mecanismo de protección. La inflamación es nuestra respuesta natural a las heridas o enfermedades y nos ayuda a sobrevivir. Es lo que ayuda a matar a una bacteria o un virus invasores, por ejemplo. En nuestra sociedad actual, estamos a merced de muchos factores inflamatorios. Una respuesta inflamatoria exagerada es lo que desencadena las alergias y algunas enfermedades autoinmunes, como la artritis. La respuesta también puede ir mal dirigida y provocar más deterioro en la piel y dolor en lugar de aliviarlo. Para empeorar las cosas, la presencia excesiva y combinada de radicales libres, AGE y cortisol es como ponerse sal en las heridas: provoca la denominada hiperinflamación. Nadie que padezca hiperinflamación tendrá buen aspecto.

La solución: controla todos estos factores de la ecuación de la belleza. Una de las principales metas de este programa es que controles fácilmente estos factores metabólicos —todos ellos relacionados con el acné, las arrugas, la decoloración, la flacidez y el propio proceso de no sólo el envejecimiento de la piel sino en general— con unas cuantas estrategias sencillas.

POR QUÉ EL ESTRÉS CRÓNICO ES TAN CRÓNICAMENTE MALO

El estrés crónico y constante —ese que tanto se estila en la vida moderna— cambia nuestro cerebro y cuerpo de todas las formas posibles. La memoria falla. La presión sanguínea sube. Te engordas por la cintura, el lugar menos saludable para acumular grasa; se denomina *grasa visceral* porque está profundamente alojada alrededor de tus órganos vitales, aumentando el riesgo de padecer cardiopatías, cáncer y otras enfermedades. El sistema inmunitario sufre un golpe y se vuelve más susceptible a las infecciones. (Lo cual explica por qué es más fácil que te resfríes cuando trabajas en exceso o estás alterada.) Las heridas tardan casi un 40 por ciento más de tiempo en curarse, las glándulas sebáceas hacen horas extras y la inflamación se dispara. Además, los radicales libres proliferan y se vuelven locos, dañando sutilmente la piel y terminan secándola, creando arrugas y transformando la suavidad en flacidez.

Pero lo más importante es que algunos elementos de la piel, incluidos los folículos pilosos, son hipersensibles a las hormonas del estrés. Esto explica por qué algunas personas pierden el cabello o les crece donde no debe, tras un percance emocional grave, pues las hormonas envían un mensaje incorrecto o no envían ninguno. (Hablaré más de esto en breve.) No, eso no tiene nada que ver con el pelo que le está creciendo a tu marido en la espalda, ¡eso lo han provocado otras hormonas!

Por desgracia, la capacidad para desconectar esta respuesta al estrés y volver a los niveles normales de cortisol, parece disminuir con el paso del tiempo. Y si estos factores negativos persisten, nuestro mecanismo de defensa antioxidante sufre un duro revés, nos hace vulnerables a las enfermedades y acelera el envejecimiento de dentro hacia fuera.

Pocas personas pueden capear bien el estrés. Aunque no puedas ver con facilidad unas arterias obturadas, la hipertensión y la grasa abdominal, por ejemplo, sí puedes ver los signos del estrés en el aspecto de una persona. Por eso yo estoy tan convencida de que los elementos de mi programa te ayudarán a mejorar tu estado de salud general, no sólo externa. De momento, centrémonos en la piel. Será el punto de partida donde comienzan todos los caminos hacia el bienestar. Estás a punto de aprender que la piel es en muchos aspectos su propio centro de mando que no sólo puede comunicarse con el cerebro sino con otros órganos. Imagina cuánto poder puedes ejercer sobre tu belleza si eres capaz de controlar tu piel y tu cerebro.

Las mamás que lo cambiaron todo. Hacia finales de los años noventa, muchos investigadores estaban convencidos de que el estrés conducía a problemas crónicos como las enfermedades cardiovasculares, la pérdida de memoria y el envejecimiento prematuro, pero no tenían pruebas. Luego, en noviembre de 2004, un estudio realizado con madres lo cambió todo.

Un equipo de científicos dirigido por investigadores de la Universidad de California en San Francisco (UCSF), estudió a 58 madres, de entre 20 y 50 años. Casi 40 de ellas eran madres con algún hijo que padecía una enfermedad crónica. El resto (las de control) tenían hijos sanos. Como cabía esperar, las madres que tenían hijos con minusvalía padecían más estrés que las del grupo de control, y cuanto más tiempo hacía que cuidaban a su hijo, mayor era su estrés.

Lo que hizo que este estudio fuera un hito fue que pudieron comprobar el deterioro que causaba el estrés en el ADN, el material genético de nuestras células. Las puntas de los filamentos de ADN están protegidas por pequeños escudos denominados *telómeros* (como las protecciones de plástico que llevan las puntas de cordones de los zapatos). A más estrés, más cortos eran los telómeros.

Descubrieron que los telómeros eran una especie de reloj para medir la edad de las células. Cada vez que una célula se divide, las puntas teloméras se encogen un poco. Una enzima reparadora los devuelve a la normalidad, pero sólo se pueden hacer un número limitado de reparaciones. Cuanto más sometidos al estrés estamos, menos eficaz es la reparación. Cuando el ADN está irreparablemente dañado, la célula ya no es capaz de dividirse. Fin de la historia.

Los científicos realizaron algunos cálculos hasta que al final dieron con la forma de medir los efectos que tenía el estrés sobre el envejecimiento. Los telómeros de las mujeres que padecían más estrés eran 10 años más viejos que los de las del grupo de control.

La investigación continúa y esto es lo que están haciendo: el equipo de la UCSF está intentando averiguar si es posible contrarrestar los efectos de los telómeros con la meditación, la terapia, el yoga o alguna otra técnica.

P: *¿Qué puedo hacer cuando tengo estrés?*

R: A mí me ayuda escuchar música. Es fantástico que hoy en día la música sea tan fácil de llevar: puedes buscar una canción que te guste con mucha facilidad. ¡Es una práctica de cuatro minutos! A mí, Patti Griffin me va de maravilla, también James Blunt, o un poco de música retro de Crosby, Stills and Nash. También me ayuda escuchar algo de mis tiempos de instituto.

Me encanta salir a pasear. Entrar en contacto con la naturaleza relaja todo mi cuerpo. Como ya sabes, yo lo llamo tomar mi vitamina G. Cuando estoy tensa, aunque sólo salga cinco minutos me ayuda mucho. Practico lo que predico con la respiración profunda: cuando necesito calmarme de inmediato, inspiro con lentitud por la nariz y espiro por la boca durante 1 minuto o 2. También me voy mentalmente al último sitio donde estuve de vacaciones o donde pude relajarme de verdad. Conecto con todos mis sentidos y me concentro en ese lugar, lo visualizo, noto los olores, los sonidos y su ambiente. Me ayuda a volver a poner a punto mis emociones.

Para entender el funcionamiento de la conexión mente-belleza y por qué nuestra piel necesita ciertos ingredientes para tener mejor aspecto, es muy importante saber cómo actúa la piel desde dentro. A continuación viene un curso relámpago.

6

Dermatología

*Anatomía de la piel y las siete formas en que el estrés
puede interferir en tu aspecto*

Puesto que actualmente existen tantas líneas de productos de belleza que
van bien a la mayoría de las personas, veo menos casos de problemas de piel
provocados por productos que por el estrés. Cuando veo un brote de acné
a gran escala en una paciente que rara vez había tenido un granito en el pasado, lo primero que le explico es que el acné es el *síntoma*, no el problema
(lo que alarga mucho la visita). El estrés excesivo se puede manifestar como
una repentina pérdida del cabello en la mujer, o también oigo decir muy a
menudo: «La semana pasada no tenía esta arruga» o «Parezco diez años más
mayor que hace tres meses». Con unos cuantos sabios (¡y factibles!) consejos
e instrucciones por mi parte, mis pacientes realizan la conexión y ven que el
estrés, la falta de sueño y la ansiedad están arruinando su aspecto, acelerando
su envejecimiento como si estuvieran echando leña al fuego, y quizás hasta
preparándose para una depresión.

Es sorprendente pensar que lo que sucede en el cerebro pueda influir tanto en nuestro aspecto, pero has de saber que lo que sucede en nuestra piel
también puede influir mucho. La piel y el cerebro son como gemelos en muchos sentidos, y lo que está descubriendo actualmente la ciencia respecto a su
relación especial es sorprendente. Vamos a verlo.

La piel: entre bastidores

¿Piensas que *tú has de hacer muchas cosas*? La piel es el mayor órgano, y desempeña muchas funciones. ¿Cuál es la principal? Es la portera frente al mundo

exterior, repele a los virus, bacterias y toxinas externas. Pero también vigila en el interior del cuerpo, luchando contra las infecciones, subiendo o bajando nuestra temperatura, y manteniendo nuestra humedad (el 90 por ciento del ser humano es agua, y el 70 por ciento de nuestra piel también está compuesta de agua). La piel también actúa como una esponja en algunas ocasiones, absorbiendo los rayos ultravioleta solares, que ayudan al cuerpo a fabricar vitamina D para generar masa ósea y mantener el sistema nervioso.

Dato sobre la piel

La piel es el mayor órgano, supone casi el 16 por ciento de nuestro peso. Contiene pelo, glándulas sebáceas y sudoríparas, nervios y vasos sanguíneos.

Tu piel también es

- una especialista en comunicaciones, que telegrafía en silencio la salud o la enfermedad, el placer o el dolor, las situaciones incómodas o el entusiasmo;
- un equipamiento integral... el medio a través del cual tocas y sientes todo (y te tocan, como, *mmm*, en el masaje);
- una amortiguadora de traumas, aislante y cicatrizadora de heridas;
- uno de los pocos órganos que se autorregenera: la piel elimina sus células muertas y crea nuevas continuamente, renovándose por completo cada cuatro a cinco semanas.

Como una hermosa sección de un pastel de varios pisos, tiene una sorprendente variedad de capas frágiles y fuertes. Algunas de ellas son húmedas y delicadas, otras ricas y recias; cada una de ellas se apoya sobre la otra. Sin embargo, la falta de una capa puede influir en todas las demás, haciendo que la superficie se vuelva flácida, se seque su textura, o cambie de color. Los factores patógenos también pueden venir del exterior: toxinas que provocan alergias y hormonas que provocan acné son los equivalentes de la piel al calor excesivo, a comer demasiado o a malos ingredientes.

EL ENVEJECIMIENTO INTERNO FRENTE AL ENVEJECIMIENTO EXTERNO

La piel, al igual que el resto de los órganos, sufre un envejecimiento cronológico y medioambiental. El envejecimiento por la edad puede influir en ambos:

puede acelerar el envejecimiento interno y el externo. El envejecimiento cronológico, también denominado *intrínseco* o *endógeno*, depende del paso del tiempo y está bajo la influencia de la genética, de los cambios hormonales y de los procesos metabólicos. Hábitos como fumar, beber alcohol y, por supuesto, demasiado estrés también pueden pasar factura a tu envejecimiento cronológico. Este tipo de envejecimiento se puede observar en las zonas del cuerpo que no están expuestas a los rayos ultravioleta del sol, y pueden reflejar el proceso de envejecimiento que está teniendo lugar en los órganos internos. La piel envejecida en zonas que no están expuestas al sol muestra características típicas como pequeñas arrugas, sequedad, tono amarillento y pérdida de la elasticidad.

El envejecimiento de la piel debido al medio ambiente es justamente eso: envejecimiento acelerado por los elementos que encuentras en el exterior. Eso puede incluir la radiación ultravioleta del sol, la contaminación atmosférica, factores patógenos invasores como virus, bacterias, sustancias químicas y estrés mecánico (p. ej.: movimientos repetitivos, como ese pequeño surco que tienes en el lado derecho de tu boca porque es el lado que usas para sonreír). Todas estas fuentes externas son aceleradores de la edad, siendo la radiación ultravioleta la que más influye. También se denomina *fotoenvejecimiento*, y puede dañar la piel de tal forma que envejece prematuramente. Por esta razón verás que muchas de mis estrategias y recetas para la piel de este programa (y que espero que adoptes para siempre) te ayudarán a corregir el deterioro ocasionado por los rayos ultravioleta y a evitar mayores daños.

Dato sobre la piel

Durante el envejecimiento interno, la piel pierde de forma gradual sus características estructurales y funcionales. Anatómicamente, la epidermis pierde entre un 10 y un 50 por ciento de grosor entre los 30 y los 80 años, aunque el número de capas celulares no varíe.

Epidermis

Dermis

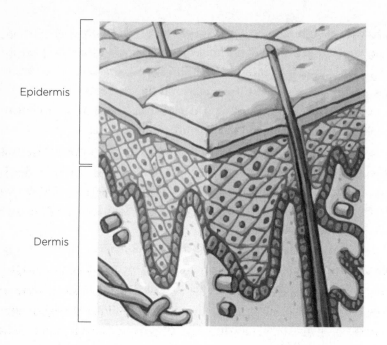

Sección de las capas superiores de la piel.

Un breve recorrido por la piel

Aunque imaginar la piel como si fuera un pastel de varios pisos sea útil desde una perspectiva estructural, desde una perspectiva *mecánica* la piel se parece más a un gran centro de manufacturación de varias plantas. Necesita cierta cantidad de materiales, incluido combustible, para que las cadenas de producción sigan funcionando y se consiga un buen rendimiento de todo el sistema. La mayoría de las personas no se dan cuenta de todo lo que se puede encontrar en la piel. La piel no es sólo piel, como si se tratase de un solo tipo de células. Todo lo contrario, tiene toda una serie de componentes para poder hacer su trabajo. Entre ellos se encuentran aminoácidos, proteínas, agua, vitaminas, restos de minerales, antioxidantes, grasas y azúcar. Además de protegerte contra los agresores externos, también se ha de proteger manteniendo intactas sus estructuras, hidratadas y saludables. Es una máquina sedienta y hambrienta que necesita combustible y también mantenimiento constante a medida que envejecemos, porque, al igual que todas las máquinas, se vuelve menos eficiente y segura con el paso del tiempo y el uso constante.

LA PRIMERA CAPA

Empecemos por el principio, por la base: una capa de *grasa subcutánea*, que supone un almacén de energía y un colchón protector, que sirve para que la carne y los huesos tengan una amortiguación cuando resbalas en el hielo, por ejemplo. También aísla al cuerpo del frío y del calor, y es el punto de partida para los siguientes componentes vitales de la piel:

- Glándulas sudoríparas: filtran las toxinas, el agua y el exceso de sal, y son esenciales para nuestro sistema de aire acondicionado. Cuando el sudor se evapora, enfría tus motores. Estas glándulas empiezan aquí, pero al igual que todo buen sistema de aire acondicionado, forman una espiral ascendente.

- Vasos linfáticos y sanguíneos: impregnan la capa base, enviando y recibiendo mensajes (ya sabes: «¡ah, qué agradable!», «¡ay, qué frío!», «¡ay!»), aportando nutrientes, proporcionando equipos de transporte y de limpieza para los cortes e infecciones. Al igual que las glándulas sudoríparas, se extienden hasta la capa siguiente, como si fueran millones de diminutas escaleras.

Lo que sucede de forma natural cuando envejeces. La capa de grasa se encoje. Sin ese aislamiento extra, notas más el frío y el calor y las mejillas están más hundidas. (Entonces, ¿por qué no desaparece la grasa de otras partes de nuestra anatomía, como por ejemplo de la barriga y las caderas? Lo siento, pero ése es otro tipo de grasa.)

LAS CAPAS INTERMEDIAS

Forman la *dermis*, la capa más extensa de la piel (supone casi el 90 por ciento de la piel). Proporciona las tornapuntas y vigas que dan fuerza, estructura y elasticidad, gracias a una recia capa de tejido conectivo compuesto principalmente por proteínas, y formado de finas fibras de colágeno, blancas y onduladas, y de carnosas y ramificadas fibras de elastina. La elastina mantiene unido el colágeno. Este amasijo de fibras forma la infraestructura de la piel y le da su fuerza y su resistencia. En sus proximidades, los fibroblastos están produciendo constantemente estos dos tipos de fibras. Por desgracia, la producción se vuelve más lenta con el tiempo y también baja el control de calidad. Existe la teoría de que estos fibroblastos, así como otras células, se pueden dividir un número limitado de veces. Cuando la división se detiene, adivina qué pasa: envejeces.

En estas ricas capas hay otras cosas, incluidas las glándulas sebáceas o de grasa. Éstas producen sebo, una sustancia oleosa y a la que le gusta la humedad, y que ayuda a mantener la piel suave. Los folículos pilosos también se encuentran localizados aquí; cada uno alberga un cabello, que variará en su grosor desde las burdas cejas hasta el fino vello que nota que están a punto de tocarte antes de que alguien lo haga.

Justo encima de todo esto hay unos ingredientes amantes del agua que se llaman *glucosaminoglicanos* (GAG, abreviado), que ayudan a hidratar la piel y a reafirmar el colágeno. El ácido hialurónico es un GAG dominante, que envuelve la red de colágeno y elastina uniéndola y ayudando a mantener la piel húmeda y rellena. Al envejecer, desciende el nivel de ácido hialurónico haciendo que la piel sea menos elástica, más seca y demacrada. Estas dos capas también tienen vasos sanguíneos y linfáticos y terminaciones nerviosas.

La dermis es la principal encargada de hidratar la piel. Lo cierto es que está compuesta por un 60 por ciento de agua y una mezcla, parecida a un gel, de diversas moléculas diseñadas para nutrir y retener la humedad. La mayor parte de los signos de envejecimiento que vemos en las personas tienen lugar en esta capa.

Lo que sucede de forma natural cuando envejecemos. Como dijo Bette Davis, «envejecer no es para cobardes». El número de fibroblastos desciende, y menos fibroblastos significa menos colágeno y elastina; eso implica que la estructura interna empieza a debilitarse y la piel pierde su flexibilidad. Súmales el millón de veces que has sonreído, fruncido el ceño, guiñado el ojo y bostezado —nadie mantiene el rostro inexpresivo—, y habrás grabado un entramado de líneas y arrugas. La disminución de la grasa debajo de la superficie contribuye a hacer las arrugas más profundas. La piel tiende a secarse con el paso del tiempo, especialmente después de la menopausia, en parte porque la producción de grasa y sudor es más lenta y en parte debido a cambios hormonales: éste es un efecto que el estrés puede imitar, pero volveremos a ello más tarde.

Además, también desciende el acumulador de agua GAG, por lo tanto hay menos humedad disponible. Es una doble maldición: la dura y fibrosa matriz de colágeno y de tejido elástico se debilita, y las moléculas hidratantes cercanas pierden su volumen. Por lo tanto, hay menos agua para mantener el colágeno flexible y húmedo. La sequía también afecta al desarrollo de nuevas células, así como a las células muertas de la superficie de la piel.

Por último, la piel se vuelve más pálida porque disminuyen los vasos sanguíneos. Éstos son necesarios para transportar nutrientes y humedad, y eliminar los desechos celulares. Cuando un área de la piel pierde acceso a los ingredientes básicos que necesita para renovarse, hidratarse y nutrirse, empieza a mostrar los signos del envejecimiento. El tabaco y el sol empeoran la situación. Fumar ahogará tu piel porque limita su acceso al oxígeno. Los rayos ultravioleta del sol engrosarán las paredes de los vasos sanguíneos, y cuando éstos se dilatan, se vuelven visibles en forma de pequeños filamentos que se ven bajo la superficie de la piel. También se pueden torcer y romper.

LAS CAPAS SUPERIORES

Ahora hemos llegado a las áreas de la piel que están más cercanas a la luz: las capas de la *epidermis*. La epidermis mantiene una relación de amor-odio con el mundo exterior: absorbe agua, calor y luz, y expulsa bacterias, suciedad, gérmenes y toxinas.

- Los *queratinocitos* son los principales jugadores. Estas células gruesas se forman en la capa basal de la epidermis y se aplanan a medida que van llegando a la superficie, mueren y al final se descaman. Irónicamente, estas células muertas, que se conocen como *estrato córneo*, forman lo que denominamos piel: ese envoltorio que tocamos, lavamos, secamos, mimamos y protegemos (aunque a veces le hagamos algún piercing o algún tatuaje).

- Los queratinocitos producen *queratina*, que es la misma proteína dura que hay en el pelo y en las uñas; en la superficie de la piel ayuda a formar una barrera contra los posibles intrusos.

- El sistema inmunitario, el chico duro, obliga a las células de Langerhans, que también están situadas aquí, a detectar sustancias extrañas. Últimamente estas células han cobrado un mayor reconocimiento por ser unos excelentes combatientes del sistema inmunitario. A finales de 2005, los investigadores de la Facultad de Medicina de Yale demostraron que las células de Langerhans de la piel, que se pensaba que alertaban al sistema inmunitario cuando había invasores, amortiguaban la reacción cutánea a la infección y a la inflamación. Ahora vemos estas células no como simples centinelas o estimuladores de las reacciones inmunitarias como pensábamos anteriormente, sino como pacificadoras ambientales. La piel está bajo el reto constante del entorno, pero la mayoría de esos desafíos no son peligrosos y no precisan una respuesta del sistema inmunitario. Nuestras células de Langerhans intentan mantener la paz antes de garantizar una respuesta formal.

- Los *melanocitos* producen *melanina*, que determina el color de la piel, es decir si la tienes oscura o clara. Es el pigmento que protege la piel de los rayos ultravioleta oscureciéndola tras repetidas exposiciones a esos rayos, al menos en algunas personas. Algunos tipos de melanina (los estadounidenses de origen irlandés lo saben muy bien) simplemente son demasiado débiles para proporcionar protección alguna contra los rayos ultravioleta.

Lo que sucede de forma natural cuando envejecemos. Nuestro cuerpo fabrica todas estas cosas buenas en menor cantidad, lo que se traduce en más retos. Menos melanina (los melanocitos disminuyen entre un 10 y un 20 por ciento cada decenio) significa que eres más susceptible a los rayos ultravioleta, más manchas marrones (también manchas blancas, en algunas personas), más arrugas, un aspecto más pálido en general, y mayor riesgo de desarrollar cáncer de piel. De ahí la regla de oro de todos los dermatólogos para sus pacientes: protección solar, sombra, sombreros y más protección solar. Asimismo, la capa más superficial de la piel se vuelve más fina, y es una

el problema externo, ha de arrojar defensas y poner a sus equipos de reparación en alerta *rápidamente*. Es más, la producción de colágeno y elastina en la piel refleja la actividad de estos péptidos. Ciertos mensajes detendrán o fomentarán el crecimiento del colágeno y la elastina, lo que dará como resultado una piel con aspecto joven o una piel con aspecto de ciruela seca. Estos mensajes también afectarán a otros sistemas que influyen en nuestro aspecto, como la cantidad de sangre que fluye hacia la piel, propiciando un brillo saludable o un aspecto pálido.

Siete formas indirectas en que el estrés puede estropear tu aspecto

Dado lo que has aprendido hasta el momento, no es difícil atar cabos y comprender de qué forma el estrés crónico puede influir en tu aspecto. Veamos siete grandes conclusiones.

EL ESTRÉS PUEDE PROVOCAR ARRUGAS

Recuerda que el cortisol degrada el colágeno. Cuando piensas en lo que es exactamente una arruga —un debilitamiento y disminución del colágeno y de las fibras de elastina en la dermis de la piel— es fácil comprender por qué el estrés puede provocar arrugas. Cuando vives en un estado de estrés crónico, bañando habitualmente tu cuerpo en cortisol, a la piel le resulta cada vez más difícil autorrepararse de forma natural mediante la creación de colágeno y elastina, y tratar las zonas dañadas. Al mismo tiempo, tu cuerpo responde al estrés a través de la inflamación, que puede exacerbar los tejidos de la piel.

Pero ésta es la buena noticia: si puedes reducir tus niveles de cortisol y aumentar los de betaendorfinas, que actúan como antiinflamatorios en el cuerpo y en la piel, puedes invertir el deterioro. Eso es justamente lo que estás haciendo en este programa. Es un plan con el que nunca podrás salir perdiendo, porque controlarás tu nivel de cortisol y mejorarás el de las betaendorfinas. ¿Cómo aumentas las betaendorfinas? El sueño reparador, la

Vino a verme una mujer que ya estaba en sus cincuenta y que me contó lo joven y bien que se sentía ahora a diferencia de cómo se sentía hacía diez años, cuando su vida era un caos. Había pasado de ser una abogada implacable —que trabajaba un montón de horas, dormía poco y no hacía ejercicio— a convertirse en madre por primera vez. Tener un bebé cambió su vida al momento (por no decir sus prioridades), porque con la llegada del bebé surgió la necesidad de cuidarse más, si quería ser una buena madre y hacer frente a las exigencias de su vida cotidiana. Me explicó que tan pronto como empezó a realizar unos cuantos cambios en su estilo de vida, comenzó a ver notables diferencias en sus facciones y nivel de energía. Me enseñó una foto de hacía diez años y pude constatar que había sufrido una transformación impresionante. Había venido a verme para que le hiciera una revisión general y para que le indicara cómo mantenerse lo más joven posible, especialmente, porque estaba ejerciendo de madre en una edad en que sus amigas ya eran abuelas. Le dije que iba por buen camino para mantener su aspecto juvenil y su vitalidad, por el mero hecho de llevar una vida más equilibrada.

EL ESTRÉS PUEDE PROVOCAR ESE DESAGRADABLE ACNÉ DEL ADULTO

El acné ya no está reservado a los adolescentes que tienen las hormonas revolucionadas. Muchos adultos no pueden librarse de él debido a las hormonas del estrés. Sin embargo, la mayor parte de las mujeres no es consciente de ello. Vienen a mi consulta preguntándome si es su adicción al chocolate (no), o si su piel se ha vuelto más grasa (no es probable), o si el jabón, maquillaje o crema hidratante pueden ser la causa (posiblemente, pero no es probable).

Si están pasando muchas cosas en su vida, lo más probable es que se deba al estrés y que la CRH (véase la página 168) tenga la culpa. El acné es una enfermedad inflamatoria, y la CRH también se ha vinculado a otros trastornos inflamatorios. La propia producción de CRH de la piel puede alimentar la inflamación que provoca el acné. Lo que empeora las cosas es que las personas tensas no pueden dejar en paz los granitos. Reventárselos y toqueteárselos se convierte en una forma casi obsesiva de liberar tensión, pero también empeora las erupciones, exacerbando la respuesta inflamatoria, lo que a su vez hace que aumente su estrés. Es uno de esos círculos viciosos. Cuando a eso le añades una o dos arrugas, la frustración está servida. Veo a más pacientes que se quejan de los granitos y de las arrugas, que personas que se lamentan sólo de una de esas dos cosas. Por fortuna, puedes hacer algo al respecto. No te vas a quedar estancada viviendo con una piel que ignora si tienes 16 o 46 años.

He dedicado toda una sección al acné en el capítulo 8, así que ¡tranquila!

EL ESTRÉS PUEDE IRRITAR TU PIEL Y HACER QUE SEA ALÉRGICA

Tu piel tiene mastocitos, que liberan *histaminas* como respuesta a sustancias bioquímicas como las hormonas del estrés. Las histaminas son las protagonistas de las alergias y de la inflamación; pueden desencadenar enfermedades como la fiebre del heno o el asma, y también pueden causar estragos en la piel. Estos mastocitos están situados cerca de los vasos sanguíneos y terminaciones nerviosas, y se pueden activar por un sinfín de sustancias químicas, principalmente las hormonas del estrés clásicas ACTH y CRH (véase la página 168). Los científicos ahora creen que los mastocitos son una de las fuentes más ricas de CRH fuera del cerebro. Es más, tienen la capacidad de generar CRH *por sí solos*, así que imagina los daños que pueden ocasionar si se descontrolan. Una vez liberados gracias a los medios químicos —desencadenados por la ira, depresión, dolor, contaminantes, rayos ultravioleta, radicales libres, calor, frío, o cualquier factor de estrés de la mente o del cuerpo—, los mastocitos pueden formar una sopa de sustancias químicas peligrosas. Ésta puede provocar una serie de reacciones cutáneas o agravar las existentes, desde dermatitis hasta la urticaria y la psoriasis, incluso la pérdida del cabello. Puesto que la piel se comunica con el cerebro y viceversa, un desagradable prurito puede aumentar el nivel de estrés de todo tu cuerpo y alimentar el ciclo de la inflamación-irritación.

Desde hace tiempo existen pruebas de que cuando la piel se inflama debido al estrés, incluso por la exposición al sol, forma más fibras nerviosas,

Cuando iba a la universidad, a una amiga mía se le empezó a caer el pelo de repente a los tres meses de haber iniciado el primer año de carrera. Tenía pelo en la ropa, en la cama y en todos sus objetos personales. No se le caía a puñados, ni se estaba quedando calva en ninguna zona específica, pero su cabeza se estaba desprendiendo de su pelo a un ritmo alarmante. Había llegado con una gruesa melena, pero cuando nos fuimos a casa para el puente de Acción de Gracias [4º jueves de noviembre] se le había vuelto claramente más fina. Entonces fue cuando decidió ir a visitar a su médico, con la esperanza de que le dijera que tenía algún problema con la tiroides, o algún otro trastorno que tuviera un arreglo rápido.

Su médico no le encontró nada y le recomendó que fuera a ver a un dermatólogo, y ella siguió su consejo enseguida. Entonces fue cuando le dieron la mala noticia: la mayor parte del pelo que tenía en la cabeza estaba en la fase telógena o ciclo de descanso. En cualquier momento, un número indeterminado de cabellos entrarían en varias etapas de crecimiento y muda. El médico le arrancó unos cuantos cabellos para examinar las puntas que salían del folículo. Observó que habían dejado de crecer prematuramente y habían entrado en una fase inactiva denominada telógena. ¿Quién tenía la culpa? Aunque la genética era en parte responsable, sobre todo porque tenía 18 años —la edad en que los genes de la pérdida del cabello se pueden activar—, el doctor le señaló que el estrés era la causa más probable. Esto no fue una buena noticia para mi amiga, que se estaba estresando por su pérdida del cabello. Enterarse de que la caída del cabello era una respuesta normal al estrés no era lo que esperaba oír. ¿Cómo puedes dejar de estresarte por un efecto secundario del estrés? Entonces es cuando necesitas algunas técnicas mentales más serias.

El estrés puede provocar una caída súbita del cabello cambiando la posición del interruptor de los folículos pilosos, de la fase crecimiento a la fase reposo. Cuando el folículo entra en su fase de descanso prematuramente, se queda en ella durante tres meses, transcurridos los cuales caerá una gran cantidad de cabello. En general, cuando llega ese momento, la persona ya se ha recuperado de la situación de estrés y vuelve a recuperar el cabello. Las mujeres que se quedan embarazadas y se les empieza a caer el cabello súbitamente a los tres meses de haber dado a luz, pueden echarle la culpa a las hormonas. Entre un 20 y un 45 por ciento de las madres pierden pelo después del parto, puesto que bajan sus niveles de estrógeno y progesterona y los folículos pilosos entran en una fase inactiva. Por suerte, a la mayoría de las madres les vuelve a crecer el pelo a los 9 a 12 meses de haber tenido a su hijo (en el supuesto de que sepan llevar bien el estrés provocado por el bebé).

Hace poco, cuando vino a verme una paciente por un problema de caída súbita del cabello, le pregunté qué es lo que había sucedido en su vida en los últimos seis meses. Resultó que los médicos le habían dado un susto al detectarle una mancha en un pulmón y creer que era cáncer. Se había preparado para lo peor, y experimentó todas las emociones posibles de tener que hacer frente a un cáncer de pulmón. Al final no era cáncer, y pensó que se recuperaría rápido. Cuando le expliqué que lo más probable era que esa experiencia hubiera puesto prematuramente a sus folículos pilosos en la fase de descanso, y que con el tiempo volvería a salirle el pelo, se sintió más aliviada. Le ayudó mucho comprender que el intervalo entre la crisis y la pérdida del cabello puede resultar confuso. Cuando se te empieza a caer el pelo de forma exagerada (se te llena el cepillo de pelo y atascas el sumidero de la ducha todos los días), has de retroceder unos cuantos meses para descubrir la causa. Y puedes estar segura de que recuperarás tu pelo cuando empiece a crecer de nuevo. ¡Saber eso ayuda a aliviar tu estrés!

Si las canas son un problema, ése es otro tema que tiene mucho que ver con la genética. El estudio de si el estrés grave o leve, especialmente si es del tipo psicoemocional, puede hacer que te salgan canas prematuras, es un campo controvertido. Se ha demostrado que el estrés puede afectar a los melanocitos de los folículos pilosos, que son los que dan color al pelo. A nadie se le queda el pelo blanco de la noche a la mañana, en contra de lo que se decía antiguamente. Ahora se ha descubierto que el estrés puede perjudicar las células *madre* del melanocito, lo cual puede provocar un deterioro permanente que contribuya a un emblanquecimiento debido al estrés. Algunos investigadores también a los folículos como si fueran un enjambre de abejas y acaban matándolos. Es como si el estrés se convirtiera en un factor patógeno y el sistema inmunitario prosiguiera el ataque, aunque en realidad te está atacando a *ti*. Esto es lo que denominamos enfermedades autoinmunes, y se podrían escribir muchos libros sobre la relación entre el estrés (incluso un estrés tan sencillo como un bajón emocional) y los trastornos autoinmunes. Creo que ver el estrés como un factor patógeno es una forma realista de contemplarlo.

P: *¿El exceso de vello en mi rostro es señal de que tengo algún tipo de trastorno?*

R: No es muy probable. Si tienes la sensación de que te está saliendo barba y te ves pelos nuevos cada mañana, especialmente en la barbilla, ve al médico. Podría tratarse de algún problema relacionado con las glándulas suprarrenales, o el síndrome de un ovario poliquístico, que es un trastorno que causa la secreción de muchas hormonas masculinas. Pero lo más probable es que se deba a tus genes y que no te pase nada de nada. No obstante, lo que sí considero incorrecto es la forma en que muchas mujeres intentan deshacerse de ese vello: afeitándose. No te afeites nunca la cara; para una mujer es frustrante y acabará con tu espíritu femenino. Si has probado con cera o con pinzas, prueba con láser. También hay cremas que retrasan la salida del vello, pero el láser acabará con él desde su raíz. Puede que tengas que programar sesiones mensuales de depilación eléctrica durante un año, pero nunca más tendrás que volver a preocuparte de esos inoportunos folículos.

Dato sobre la pérdida del cabello. La caída súbita del cabello relacionada con el estrés que se caracteriza por la pérdida generalizada en todo el cráneo se llama *efluvio telógeno.* El estrés puede llevar a los folículos pilosos a un estado inactivo, tras el cual lo más probable es que se caigan. Es más habitual en las mujeres, porque el embarazo es una de las causas que puede provocar esta pérdida del cabello. Ya no es que el embarazo en sí sea superestresante para el cuerpo (¡aunque el estrés físico del estiramiento de la piel es lo que provoca esas preciosas estrías!), sino que los cambios hormonales pueden afectar al pelo. Las mujeres encinta pueden notar que su pelo es más grueso y está más sano durante el embarazo, lo que se atribuye a unos niveles más altos de estrógeno y progesterona. Pero después del parto, estos niveles de hormonas bajan rápidamente, provocando un cambio en el ciclo de los folículos que hace que pasen de estado activo a pasivo. Luego vuelve a salir el pelo al cabo de tres meses. Además de la caída de los niveles hormonales después del parto, está el factor del estrés general que experimenta la madre novata, y todo ello se ceba en los preciosos folículos pilosos.

Las uñas no son tan resistentes al estrés físico. Las uñas quebradizas y descamadas también son un efecto secundario bastante común del estrés traumático, sobre todo debido a que se mojan y se secan constantemente, a la exposición crónica a los detergentes, al agua, al tolueno y formaldehído de las lacas de uñas, y a los disolventes duros (como los que se encuentran en los quitaesmaltes). También puede haber otros factores, incluidos los genes, una mala dieta y otras complicaciones médicas. No olvidemos el hecho de que muchas mujeres intentan enfrentarse al estrés psicológico autoinfligiéndose problemas en las uñas y en el pelo (también en la piel) que exceden lo que normalmente esperaría que hubiera causado el estrés. Por ejemplo, ¿cuántas mujeres se muerden o hurgan las uñas cuando están nerviosas, ansiosas o tienen mucho estrés? ¿Cuántas se toquetean la piel o el acné y las erupciones? ¿Te tiras del pelo hasta conseguir arrancarte algunos cabellos?

nuestras uñas no contienen mucho calcio, por lo tanto, los suplementos, aunque buenos para los huesos, puede que no sirvan de nada para nuestras uñas. De hecho, las deficiencias de vitaminas y minerales rara vez son la causa de los problemas de las uñas. Lo más frecuente es que las uñas quebradizas se deban a una exposición excesiva a los jabones, sustancias irritantes, quitaesmaltes, y a mojarlas y secarlas demasiado (todo ello típico de una ocupada madre que sea buena cocinera). Las uñas quebradizas también pueden tener su origen en problemas dérmicos como la psoriasis, infecciones fúngicas y problemas del tiroides. La edad también influye, cuanto mayores nos hacemos, más delicadas se vuelven.

Dicho esto, un nutriente que puede ayudar a que tus uñas florezcan es la *biotina.* Se encuentra abundantemente en alimentos como la coliflor, los cacahuetes y las lentejas; se absorbe hasta el centro de la uña, donde puede ayudar a que salga una uña más fuerte y sana y evitar que se rompa o agriete. En un estudio, las personas que consumían 2,5 mg de biotina cada día experimentaron notables aumentos en el grosor de sus uñas al cabo de 6 meses. Para tomar esa cantidad de biotina, pregúntale a tu médico cuál es el mejor suplemento.

Trauma por los padrastros

¿Qué es lo que hace que se te hagan padrastros? La causa es la cutícula que se seca demasiado y se agrieta. Cuando se hace un padrastro, córtalo con cuidado para no caer en la tentación de darle un tirón. También puedes ponerte algún antibiótico tópico como el Neosporin: éste acabará con las bacterias e hidratará la piel. Para evitar los padrastros, hidrata tu cutícula. Para ello puedes usar cualquier crema. Empújala la cutícula hacia la base de la uña una vez a la semana.

EL ESTRÉS PUEDE AFECTAR A TUS HORMONAS, LO QUE A SU VEZ PUEDE
INFLUIR EN TU ESTADO DE ÁNIMO, Y VICEVERSA

La bioquímica del estado de ánimo y cómo afecta a nuestra fisiología es un tema fascinante que ya hemos tratado cuando he hablado del cortisol. Existe una gran interacción entre la fisiología de las hormonas y el estado de ánimo. Nuestro estado de ánimo puede influir en nuestra fisiología, y la fisiología en el equilibrio hormonal. Además, nuestro cuerpo puede interpretar nuestro estado anímico —ira, tristeza, agotamiento, etcétera— como, sí, lo has adivinado: estrés.

Veamos el cansancio, por ejemplo. Es tarde por la noche y últimamente no has dormido demasiado. Estás irritable y sientes que se te está colmando el vaso. Tu nivel de estrés no sólo habrá provocado un aumento del cortisol, que puede aumentar tu apetito, sino que es muy probable que el equilibrio de las hormonas que regulan el hambre y la saciedad —concretamente la *ghrelina* y la *leptina*— también se descontrole, así que tendrás antojos de comer cosas dulces y alimentos con muchas calorías. Entonces peregrinas a la nevera en busca de ese trozo de pastel de chocolate que sobró, acompañándolo de las sobras de las cenas de tus hijos. Luego viene el sentimiento de culpa y te odias por levantarte tan tarde por la noche para ingerir alimentos que engordan. Cuando ves que la balanza marca una o dos rayitas más al día siguiente, te estresas más. El ciclo continúa la noche siguiente cuando miras al techo preocupándote por todo tipo de cosas, desde tu aumento de peso hasta las cosas que no has podido hacer, hasta el mal humor que te ha quedado a raíz de haber discutido con tu marido después de cenar.

«Lost in translation»

Puede que estés muy tensa y preocupada porque tienes que hacer una presentación en tu trabajo o porque tengas que hablar con tu pareja sobre un tema muy delicado, y aunque tú puedas decir que estás *nerviosa*, tu cuerpo dirá *estresada*. No puedes separar el estado de ánimo y las emociones de las hormonas y el estrés, ¡así que vamos a hacer algo por controlarlo!

No te culpes. La comida y las emociones van a la par, y a veces es nuestra bioquímica la responsable de nuestra conducta. Hay otras dos hormonas en los alimentos, la falta de sueño y la cantidad de luz solar a la que estamos expuestas cada día. Se cree que los niveles bajos de serotonina y melatonina en el cerebro contribuyen a la depresión. La *melatonina* también es una sustancia química del cerebro que se asocia con el estado de ánimo, pero tiene más relación con el sueño; es la principal reguladora de los ciclos del sueño y de la vigilia. También puede estar vinculada a otros aspectos de la fisiología y la conciencia.

La imagen global. Al hipotálamo se le suele llamar la *sede de las emociones.* Tiene un papel principal en el procesamiento de las emociones; cuando pensamos en algo que nos estresa o estamos ante una situación difícil, secreta CRH, que al final hace que las glándulas suprarrenales secreten cortisol. Ésta es una forma de contemplar la imagen global sobre la influencia de las hormonas cuando el estrés desencadena la liberación de este maestro de ceremonias: el cortisol provoca la ruptura del colágeno y de los músculos y la retención de grasas, el hambre conduce a comer en exceso, la falta de sueño lleva al agotamiento, a los altibajos emocionales, a descontrolarse en la mesa a la hora de cenar, lo que a su vez provoca más insomnio, más estrés, más aumento de peso, más ruptura del colágeno que genera más arrugas, bolsas en los ojos, erupciones, las malas elecciones dietéticas generan más frustración cuando nos damos cuenta de que estamos muy cansadas, tenemos sobrepeso, altibajos emocionales y un aspecto demacrado.

La finalidad de todo esto es demostrarte la interconexión entre nuestro estado de ánimo y la fisiología. Cada segundo del día, el sistema endocrino del organismo coreografía una compleja danza entre las glándulas y ciertos órganos para realizar algunos cambios. A medida que se producen estos cambios, cambia nuestra fisiología, lo que puede afectar a cómo nos sentimos. Podrían escribirse libros sobre la fisiología hormonal, incluso sobre cómo se relaciona con el estrés. Mi meta aquí es darte unos cuantos ejemplos sobre cómo las hormonas influyen en lo que hacemos y en cómo nos sentimos. Si el estrés se encuentra en el principio de la cascada de los acontecimientos que conducen a cambios hormonales no deseados (como los que provocan el insomnio, apetito insaciable, aumento de peso y ruptura del colágeno), lo que tendremos que hacer es encontrar formas de manejar nuestro nivel de estrés para asegurarnos un entorno en que nuestro cuerpo pueda mantener a raya las hormonas: en equilibrio. Una vez más, eso es lo que te ayuda a conseguir este programa.

EL ESTRÉS PUEDE HACER QUE TUS OJOS TE HAGAN PARECER MAYOR

Cuando alguien te dice que pareces cansada, puede que sientas ganas de cruzarle la cara. Pero la verdad es que esa persona probablemente se esté refiriendo a tus ojos, y no dormir lo suficiente puede ser la causa más probable de tu problema. El estrés envejece los ojos robándonos ese restaurador sueño profundo y de onda lenta que es absolutamente esencial para la juventud y la salud de todo el cuerpo. Recuerda que durante el sueño profundo se libera la hormona del crecimiento para trabajar en la restauración y relleno de nuestras células. Si no eres capaz de dormir por la noche, también puedes culpar a la CRH, que (entre otras cosas) actúa como un estimulante. Resumiendo: dormir poco desencadena una serie de problemas en la piel: inflamación, capilares débiles y difícil eliminación de los productos de desecho. Los fluidos que se tienen que eliminar cuando dormimos nunca son recogidos, algo parecido a lo que sucede cuando no pasan los camiones de la basura y ésta se acumula. En la cara, el exceso de líquido ha de ir a alguna parte, así que se acumula en el delicado tejido subocular. ¿Cuál es el resultado? Abultadas ojeras.

mos en cuenta de que pasamos un tercio de nuestra vida en la menopausia.

Con menos estrógeno, los tres ingredientes principales que mantienen la piel húmeda —básicamente, las glándulas sudoríparas, las sebáceas y el superlubricante ácido hialurónico— lentifican su flujo. De modo que, aunque los niveles de estrógeno no bajen lo bastante como para poner punto final a tu menstruación, el estrés puede hacer que bajen lo suficiente como para hacer que tu piel parezca más opaca y seca.

Aunque no está muy claro el proceso mediante el cual el estrógeno tiene un efecto tan directo sobre nuestra piel, sabemos que las mujeres que siguen una terapia de sustitución hormonal pueden invertir estos cambios, ayudando a que su piel recobre su fortaleza de joven: deja de ser más fina que un papel de fumar, mejora el riego sanguíneo de la cara y la producción de colágeno se remonta. En un estudio, la producción de colágeno era casi el 50 por ciento superior en las mujeres que tomaban hormonas. La influencia del estrógeno en los distintos sistemas corporales está muy documentada, pero ahora sólo estamos empezando a comprender cómo funciona, y es muy probable que veamos más estudios al respecto en el futuro.

Menos estrés y relaciones más seguras

Un nivel bajo de estrógeno puede interferir en tu vida sexual. Y no me estoy refiriendo a las mujeres estresadas en la menopausia. Las mujeres estresadas que toman píldoras anticonceptivas también pueden tener niveles bajos de estrógeno, lo que puede reducir el adelgazamiento de la vulva —la zona que abarca los labios mayores y menores, el clítoris, el vestíbulo de la vagina y sus glándulas—. Si se vuelve demasiado fina, las relaciones sexuales pueden resultar dolorosas. ¡Huy! Una razón más para deshacerte del estrés.

Aunque nadie recomienda a las mujeres que tomen estrógeno (o todavía no, puesto que todavía no se ha cerrado el caso), esto no es lo que aquí nos atañe. Lo que nos importa es que cualquier cosa que bloquee considerablemente el flujo de estrógeno en el cuerpo, al final acabará envejeciendo tu piel. El estrés lo hace, lo cual es una de las principales razones para aprender a controlarlo.

¿Qué podemos hacer con todo esto?

En primer lugar, no te apures. En este capítulo te he dado mucha información, y parte de ella puede que te haya dejado con la sensación de que no puedes controlar tu cuerpo, porque muchas de las cosas que te están sucediendo lo hacen de un modo natural. Es cierto que, según parece, el cuerpo humano tiene su propia mente y cuando te enfrentas al estrés no es práctico (ni realista) pensar que basta con decir «¡Deténte, cortisol!» para que tus glándulas suprarrenales se detengan. No obstante, yo pretendo tener una visión global. He destacado unas cuantas secuencias de acontecimientos que tienen lugar cuando no respondemos bien al estrés y dejamos que nos domine. De pronto, nuestra lucha contra el estrés termina siendo una batalla para poder disfrutar de una noche de sueño, para perder peso y mantenerlo, para sentirnos llenas de energía, para hacer ejercicio, para tener un aspecto radiante, para cuidarnos como es debido, para mantener nuestra buena salud y para ser felices.

Tengo la esperanza de que cuando empieces a establecer medidas eficaces para tratar tu estrés, y a emplear las técnicas que te he indicado para nutrir y tratar tu cuerpo por fuera y por dentro, descubrirás un camino hacia el bienestar y la belleza. Dormirás profundamente. Tendrás un aspecto fresco y radiante. Energía. Motivación para estar activa y paz mental. Los beneficios que te esperan son infinitos.

Estoy aquí para decirte que tienes el poder en tus manos para mantener una buena salud, sólo tienes que cambiar tus estrategias en la vida. Esto supone adoptar nuevos hábitos y desechar otros viejos, que es justamente el objetivo del programa que he presentado en el capítulo 4. Sé que puedes hacerlo. Has de hacerlo, porque ha llegado el momento de ponerse manos a la obra. Afectará a todo tu cuerpo, desde tu sistema neurológico hasta el inmunitario. Los científicos están estudiando desde la fisiología de los monjes meditadores hasta el las mujeres seguimos teniendo ventaja sobre los hombres en lo que respecta a esperanza de vida. ¿Más pruebas? En la mayor parte del mundo, las mujeres viven ahora unos 10 años más que los hombres. ¿Cuál es la nueva causa? Las diferencias en cómo respondemos a una sustancia química del cerebro que se llama *oxitocina*, según las últimas investigaciones sobre el estrés. La oxitocina, a veces llamada la *hormona de la vinculación afectiva* o la *hormona del amor*, hace que las personas (también los animales) se cuiden mutuamente. Las relaciones sexuales (y la masturbación) provocarán su liberación, pero también tiene relación con las situaciones de estrés. Cuando las cosas se ponen feas, ayuda a las personas a sentirse más unidas y a no tener tanto miedo.

Aquí es donde los sexos se diferencian. Mientras los hombres y las mujeres liberan oxitocina en situaciones de estrés, en los hombres la testosterona parece bloquear dicha hormona y permanecen en el tenso estado propio del instinto de supervivencia: enfrentarse o huir. En las mujeres, sin embargo, el estrógeno potencia la oxitocina, por lo que en una situación de estrés podemos pasar de la respuesta de enfrentamiento o huida a un estado más tranquilo denominado *ocuparse y hacer amistad*. La oxitocina también calma las subidas de la presión sanguínea, el ritmo cardíaco y los niveles de cortisol.

La teoría de «ocuparse y hacer amistad» es razonable en el campo evolutivo. Hace miles de años, cuando el hombre saltaba a la acción para enfrentarse a las grandes bestias, las mujeres estaban aisladas ocupándose de alimentar y proteger a sus bebés para asegurar la supervivencia. Por lo que quizá no deba sorprendernos que actualmente, cuando tenemos un grado de estrés máximo, en lugar de luchar o huir, muchas veces recurramos a otra persona en busca de apoyo y consuelo. La supervivencia puede depender de ello.

Si te dijera que siguieras adelante y que comieras todo lo que te gusta y que seguirás estando bella, estarías encantada. Bueno, ¿sabes qué?: una piel hermosa no significa que tengas que tomar medidas drásticas respecto a lo que comes. Puedes seguir comiendo casi lo mismo. Sólo te voy a recomendar que realices unos pequeños cambios en tus hábitos dietéticos y que restrinjas ciertos alimentos en la medida de lo posible.

Quiero que entiendas cómo influye la alimentación en esta conexión mente-belleza y que al menos empieces a dar pequeños pasos que te ayudarán a gozar de una mejor salud general, independientemente de lo que influya la dieta en tu aspecto físico. En este capítulo voy a compartir algunos puntos de vista sobre la dieta y la belleza. Y perdona el tópico, pero somos lo que comemos. Lo que eliges comer dice mucho sobre tu aspecto y tu estado de ánimo.

Alimentar la maquinaria de tu cuerpo con combustible de primera ayuda a eliminar los signos del envejecimiento, incluidas arrugas y sequedad; comer bien puede llegar a protegerte de las lesiones provocadas por el sol. Seamos sinceras: el estrés tiene mucho que ver con nuestros hábitos alimenticios. Como he dicho, y estoy segura de que lo sabes por experiencia propia, cuando estamos tensas, crispadas y de mal humor, estamos predispuestas a echar mano de comidas rápidas (hay una razón para ello, así que no te sientas culpable). Con el tiempo, todos esos cafés con leche y barritas de chocolate te engordarán y ensancharán tu cintura, aumentando el riesgo de que padezcas cardiopatías, diabetes, enfermedades cerebrovasculares, cáncer y problemas de piel. Eso prepara el terreno para mayor estrés y *más* problemas de piel, ¡si es que alguna vez has tenido alguno!

Quiero dejar clara una cosa: no pretendo hacerte de madre, obligarte a comer verduras, a limpiar el plato, a erradicar el postre de tu vida y entrar en una zona de privación. ¡Eso sería mucho más estresante! ¡La naturaleza misma de la dieta equivale a estrés para el cuerpo! Y existen zonas grises en la conexión rostro-comida. ¿Provoca realmente acné el chocolate? ¿Reducirá de verdad la inflamación atiborrarnos de salmón? ¿Existe una dieta que garantice una piel limpia? Éstas son algunas de las preguntas a las que voy a responder.

En primer lugar, por si todavía no te habías dado cuenta, somos seres complejos. No existe una píldora, pócima o fórmula mágica para la belleza. En nuestro cuerpo suceden muchas cosas a la vez que unas veces producen los resultados deseados, y otras veces, los indeseados. Ya tienes una buena dosis de información sobre hormonas, hacer ejercicio, dormir, relajarse, respirar profundamente, etcétera. La dieta es una cosa más que añadir a este popurrí. No obstante, existen numerosas pruebas científicas sobre ciertos alimentos que favorecen la salud de tu piel, mientras que evitar otros puede sabotear tus metas de belleza. Que no cunda el pánico: no se trata de que hagas algo que no es realista, como tomar zumo de hierba de trigo, o 1 cucharada de aceite de linaza todas las mañanas. Tendrás *algo más* de libertad.

Recuerda: no se trata de hacer una dieta específica. Al final, de ti depende hacer modificaciones en tu régimen alimentario y comer sano el resto de tu vida y gozar de una belleza sin igual. Como sucede con todas las directrices para comer de forma saludable, de lo que se trata es de suministrar a tus células y sistemas la materia prima que necesitan para un funcionamiento óptimo, de dentro hacia fuera. No vas a darle *ninguna* excusa a tu cuerpo para envejecer prematuramente, por lo tanto asegúrate de que disponga en todo momento de los recursos que necesita para seguir vivo, hidratado y nutrido al máximo.

El dilema de nútrete tú misma la piel o una dieta para la belleza

Mucho se ha escrito sobre la conexión dieta-piel. No cabe duda de que algo se puede decir sobre cómo influye lo que comemos en la química de nuestra sangre, en nuestro estado de ánimo y en la capacidad para combatir el estrés oxidativo, los radicales libres y la inflamación.

Cuando se escriba un libro que explore la conexión dieta-piel, un vasto y visito a personas que llevan una vida de las denominadas sanas —comen bien, hacen ejercicio y se cuidan—, pero que padecen un envejecimiento prematuro, acné y problemas de piel.

La medicina nutricional es un área de investigación que está creciendo rápidamente y que seguirá haciéndolo a medida que vayamos encontrando más conexiones entre la nutrición y la salud: no sólo con relación a la salud de la piel, sino con relación a todo tipo de problemas físicos. De hecho, el vínculo entre nutrición y enfermedades como la obesidad, diabetes, cáncer y enfermedades cardiovasculares está bien documentado. Espero que avancen nuestros conocimientos sobre la poderosa influencia que tiene la dieta sobre la salud de nuestra piel y su capacidad para retrasar el inevitable declive que llamamos envejecimiento y el *aspecto* que provoca en nuestro cuerpo. Puesto que sabemos que el estrés oxidativo, la inflamación y, en menor medida, la genética, son los principales factores del envejecimiento de nuestro cuerpo, y que desencadenan condiciones crónicas que deterioran el cuerpo, la clave está en hacer todo lo posible por invertir sus efectos. Y si la dieta puede ayudarnos de alguna manera, hemos de prestarle la atención que se merece.

También quiero destacar que no existe una visión única para mejorar la salud y la belleza, y que la dieta no es la única respuesta. Tal como demuestra claramente este programa, la combinación de técnicas probadas para el cuidado de la piel, las terapias de relajación para calmar el estrés, hacer ejercicio, el sueño reparador y la dieta, son todos de igual importancia e influyen en nuestro aspecto interior y exterior. Sería imposible decir cuál de estos factores es más importante. Cada uno de ellos tiene su peso, y quizás el que más influya dependerá de cada persona, especialmente en lo que respecta a la genética y a otros estilos de vida. No obstante, reiteraré que creo que el estrés es un factor decisivo en gran parte de los patrones de enfermedades y de envejecimiento que veo actualmente en la sociedad occidental. Por ejemplo, podemos descubrir que todas estas elucubraciones respecto a que la dieta occidental es la gran culpable del cáncer, las enfermedades cardiovasculares y la diobesidad (la palabra de moda para la obesidad y la diabetes) es como ver los árboles y no ver el bosque. En otras palabras: puede que estemos dando tanta importancia a la dieta que nos olvidemos del gran villano, el estrés. Al fin y al cabo, aunque se trate de la dieta, el estrés puede apoderarse de nosotros e influir en lo que escogemos para comer, la cantidad que comemos y en cómo responden nuestros cuerpos. Resumiendo: el estrés se encuentra en la parte superior de esta metafórica cadena alimentaria, y desencadena una serie de acontecimientos que pueden conducir a cinturas más anchas, malhumor, falta de sueño, inflamación crónica y estrés oxidativo, y el resultado será un cuerpo y un aspecto poco saludables. Tienes tan mal aspecto como te sientes: enfermo y cansado.

Por otra parte, si el estrés influye tanto en nuestro mundo y aprendemos a controlarlo con la ayuda de una buena dieta, entonces quizá podamos equilibrar la balanza y conseguir la máxima salud y belleza. Eso es justamente lo que vamos a hacer. Pero primero voy a resumir los puntos principales de esta conexión dieta-piel.

LAS DOS FORMAS PRINCIPALES EN QUE PUEDE INFLUIR LA DIETA EN NUESTRO ASPECTO

No cabe duda de que el ritual de comer tiene un papel fundamental en nuestra vida. La comida satisface y tranquiliza, a la vez que nos da energía y marcha. Además, hay algo cultural y espiritual respecto a sentarse a comer y llevarnos la cuchara o el tenedor a la boca con agrado. Lo que ponemos en nuestra boca dice mucho sobre cómo somos, lo que nos gusta y cómo vivimos. Por supuesto, con ello está la realidad de que lo que comemos ayuda a determinar cómo nos sentimos y qué aspecto tenemos, si tenemos sobrepeso o estamos bajas de peso, en forma para correr un maratón, con riesgo de padecer resistencia a la insulina y diabetes, si podremos combatir rápidamente una enfermedad, o si estamos equipadas con todo el armamento posible para detener el desarrollo de una enfermedad relacionada con la edad. Las enfermedades relacionadas con la edad, tenlo presente, dictaminan tu aspecto físico.

cando tu nueva fuente de energía para que te levante física y psíquicamente. Es muy probable que también tengas antojos y te preocupe más llevarte algo a la boca, sin que te importe demasiado de lo que se trate (aunque los hidratos de carbono simples nos parezcan deliciosos en ese momento). Si comes un alimento muy dulce, aumentará tu nivel de azúcar en la sangre y la insulina correrá a acompañar al azúcar a las células, donde podrá ser utilizado para generar energía y realizar las funciones metabólicas. El cuerpo bombeará grandes cantidades de insulina cuando se dé cuenta de que hay mucho azúcar, para que no queden restos de él en la sangre.

Una mala solución
Los estudios demuestran que más del 70 por ciento de las personas que comen poco o en exceso durante un período de estrés admiten que toman alimentos con poco poder nutritivo. Las grasas y los azúcares parecen ser los favoritos durante esos períodos.

Esta importante respuesta de la insulina puede entonces desencadenar un importante descenso de la glucosa en la sangre —a veces los niveles son demasiado bajos— a las pocas horas de haber comido. Cuando descienden los niveles de glucosa en la sangre, adivina qué pasa: el cuerpo detecta estrés y genera esas famosas hormonas suprarrenales del estrés: la adrenalina y el cortisol. Ahora ya tienes mucha información sobre cómo envejece el cortisol desde dentro.

Para evitar esta montaña rusa en tu torrente sanguíneo que conduce a una respuesta de estrés has de controlar la glucosa en la sangre. Esto lo conseguirás eligiendo hidratos de carbono complejos ricos en fibra, proteínas magras y grasas saludables; todo ello ayuda a una digestión lenta y regular. Es como la diferencia entre conducir un coche acelerando/frenando (rápido, lento, rápido, lento...), o mantener una velocidad constante. El cuerpo, al igual que tu coche, prefiere esto último, que supone mucho menos desgaste natural. Con esto evitarás esos momentos locos de descontrol en los que te das grandes atracones.

Es importante el hecho de que la comida puede activar tu sistema de respuesta al estrés. Numerosos estudios han demostrado que una respuesta exagerada al estrés puede estar relacionada con comer en exceso, cambios en la bioquímica de la sangre y de las hormonas, y, concretamente, con un descenso del aminoácido triptófano. ¿Por qué es importante este último? El triptófano es un componente básico y necesario del neurotransmisor regulador del estado de ánimo denominado *serotonina*. Como sabes, la depresión (o tan sólo un estado de ánimo bajo), el insomnio, la ansiedad, la ira, el antojo por las cosas dulces y alimentos grasos se asocia a tener niveles bajos de serotonina. Todo ello puede conducir a un aumento de peso, especialmente del tipo menos saludable, la grasa que se forma alrededor de la cintura y en el tronco. Como drogadictas en busca de la última delicia, anhelamos esta serotonina cuando asaltamos la cocina para conseguir hidratos de carbono dulces y bajos en nutrientes. Cuando comemos hidratos de carbono y azúcares simples, nuestro cerebro libera una breve emisión de serotonina; nos sentimos bien durante un momento, pero pronto regresamos a nuestro estado bajo en serotonina y volvemos a tener hambre. Entonces necesitamos más azúcar e hidratos de carbono simples con la esperanza de volver a remontarnos... y prosigue la espiral descendente.

Antes de pasar a otro tema quiero decir una cosa más al respecto. Muchas veces la gente piensa que la grasa es algo sedentario o latente. Todo lo contrario, la grasa es muy activa y puede generar sus propios mensajeros y sustancias químicas, incluidas hormonas. La grasa abdominal, en particular, ha sido objeto de diferentes estudios. En 2005, unos investigadores demostraron que las células adiposas del abdomen producen grandes cantidades de cortisol. Las células adiposas también pueden liberar mensajeros químicos que promueven la inflamación. Investigadores japoneses han descubierto que las células adiposas pueden generar radicales libres que pueden causar daños en todo el cuerpo. Llegaron a la conclusión de que el exceso de grasa en el abdomen puede provocar un estrés oxidativo sistémico con graves consecuencias en todo el cuerpo. Sí, eso significa que tu grasa puede estar influyendo secretamente en la ruptura de tu colágeno. La lección está y, por último, en nuestro aspecto.

La comida es medicina. Todo lo que nuestro cuerpo necesita para un funcionamiento óptimo se puede encontrar en los alimentos. Necesitamos comida para vivir, para mantener la estructura y función de nuestras células, para reforzar y alimentar los sistemas que nos sostienen: desde nuestro sistema inmunitario hasta el digestivo, respiratorio, circulatorio, etcétera. No obstante, algunos alimentos pueden carecer de los nutrientes que necesitamos, y cuando siempre estamos consumiendo alimentos pobres en nutrientes y bebidas cargadas de imitaciones perjudiciales como las grasas hidrogenadas trans, grasas saturadas y azúcares refinados, rematadas con conservantes, aditivos y sabores y colorantes artificiales, estamos degradando nuestra salud.

Esto sucede porque cuando la inflamación se adueña de nuestro cuerpo y se gastan nuestras fuentes naturales de antioxidantes, éste pierde la capacidad de autocuración. Además, el estrés que soportamos puede agotar rápidamente el suministro de esos nutrientes que tanto necesitamos hasta que llegamos a padecer una carencia de algunos de ellos que son cruciales para nuestros mecanismos de defensa naturales, como el magnesio, el cinc y el selenio. Sin un buen remanente a mano y una reposición constante, las llamas del envejecimiento, de la inflamación y de los radicales libres causan estragos. Cuando el estrés se implanta durante largos períodos —quizá

La grasa no es tonta

Justo cuando pensabas que la grasa estaba estancada e inactiva como un oso en hibernación, tienes que cambiar de idea: puede secretar hormonas y mensajeros químicos que harán justo lo que no deseas, que es decirle a tu cuerpo que siga gordo y que rompa ese colágeno que ensalza tu belleza.

para siempre— el efecto cascada entre las hormonas, las sustancias químicas inflamatorias y los radicales libres prepara el terreno para un envejecimiento acelerado y potencialmente irreversible.

No hay nada de malo en comer comida rápida y azúcar refinado con moderación; pero el abuso crónico de estos alimentos pobres en nutrientes puede ser un grave problema. No soy la primera en recomendar la idea de hacerlo todo con moderación, pero es cierto que la moderación es la clave para mantener una relación saludable con los alimentos y el acto de comer. También entiendo la necesidad de tomar algunas veces azúcar y alimentos que nos reconfortan. Nos ayudan a sentirnos bien, levantan nuestro ánimo y pueden ser una forma sencilla de aliviar nuestro estrés. En ese aspecto, ¡el azúcar puede ser hasta medicinal! El secreto está en combinarlo con otros ingredientes para que no ocasione un caos corporal a través de sus típicos altibajos. Si tomas algo dulce después de una comida con proteínas magras, grasas saludables e hidratos de carbono complejos, o lo tomas junto con estos alimentos favorables para las hormonas, no provocará una respuesta tan exagerada de la insulina como si lo ingieres solo.

Historia breve sobre la inflamación y los rayos ultravioleta

Enseguida nos dirigiremos al bufé, pero primero hemos de pasar por el laboratorio y abordar dos enemigos de la piel en el contexto de la comida: la inflamación y los rayos ultravioleta del sol.

Primero, veamos un poco más sobre la inflamación, término que estoy segura que habrás leído muchas veces desde que has empezado a leer este libro. Es casi un personaje por sí sola, y gracias a su difusión en los medios de comunicación, lo más probable es que ya estés familiarizada con ella. Cuando escribía este libro, hice una búsqueda en Google y aparecieron 27,8 millones de entradas, y seguro que cuando este libro llegue a tus manos habrá muchas más. Los investigadores están muy interesados en este tema porque, como ya he mencionado, ayuda a explicar cómo se instauran las letales enfermedades cardiovasculares, la diabetes y el cáncer en nuestro cuerpo. Ahora se están empezando a establecer vínculos científicos entre ciertos tipos de inflamación en morados: dolor, hinchazón, calor, enrojecimiento. Las alergias y la artritis también son formas de inflamación. Cuando un tejido sufre una lesión se inflama, el cuerpo reacciona llamando a las armas a las tropas del sistema inmunitario para sofocar el calor y la herida. Incluso la rojez e hinchazón que se produce alrededor de una lesión provocada por el acné es un tipo de inflamación leve.

Sin embargo, la inflamación crónica es como una brasa que no deja de arder. Cuando algo se tuerce, puede afectar al sistema inmunitario y desencadenar problemas o enfermedades crónicas. Lo más aterrador sobre la inflamación es que puede estar teniendo lugar a un nivel muy profundo sin que nos demos cuenta, porque no necesariamente hemos de *notarla*. Al final, lo notas cuando aumenta con el paso del tiempo y provoca una enfermedad o molestia, desde una simple erupción cutánea y un acné persistente hasta enfermedades graves como cardiopatías y cáncer.

Un dato caliente

La inflamación crea un desequilibrio en el cuerpo que puede estimular efectos negativos no sólo en la piel, sino en todo el organismo.

¿Qué alimenta el fuego incombustible de la inflamación crónica? El estrés oxidativo o las lesiones que generan los radicales libres que crean las arrugas y el cáncer. Puesto que los radicales libres roban electrones a otras moléculas, dejándolas discapacitadas y lesionadas, ambas desencadenan la inflamación, que a su vez genera más radicales libres.

Los rayos ultravioleta del sol también generan todo un ejército de radicales libres. Se calcula que la *mitad* de las lesiones cutáneas provocadas por el sol se deben a ellos. El asalto de la inflamación y de los rayos ultravioletas es como un puñetazo doble para nuestra piel debido a que sus principales componentes

—grasas, proteínas y ADN— son los objetivos favoritos de los radicales libres. El resultado es el envejecimiento cutáneo: ruptura del colágeno, aumento anormal de la elastina, pérdida de la humedad, acumulación de arrugas y cáncer de piel.

Hecho colorido

La razón por la que la fruta y las verduras tienen colores tan brillantes es por su contenido en antioxidantes, muchos de los cuales tienen pigmentos muy coloridos. Por ejemplo, el betacaroteno le da el tono naranja a los boniatos, al melón cantalupo y a las zanahorias; el licopeno le da el color rojo a los tomates y a la sandía. Los antioxidantes no sólo dan su bonito color a las plantas: estos pigmentos ayudan a repeler los ataques medioambientales de los rayos ultravioleta, de los insectos, hongos y otos. La piel humana tiene su propio retén de muchos de estos nutrientes pero se agota en su lucha contra las agresiones de los radicales libres. Por eso es necesario reponerlos comiendo muchas futras y verduras de colores.

Lo que comes puede ayudar a paliar las quemaduras y proteger la piel de las lesiones de los rayos ultravioleta. Aunque la dieta por sí sola no puede invertir los efectos del tiempo, sí puede retrasar el reloj biológico. Nuestro sistema de defensa innato contra los radicales libres y la inflamación depende parcialmente de nuestra fuente dietética de antioxidantes. Sí, las células pueden fabricar antioxidantes, pero necesitan cierta materia prima en forma de nutrientes para crearlos y que puedan ser utilizados. No sólo se beneficiará la piel sino tu cuerpo y tu mente.

Se acabó desviarnos del tema, vamos al bufé de la belleza. Vamos a coger un plato y a llenarlo bien.

El bufé de la belleza

Sé lo que te estarás preguntando: «¿Y ahora qué voy a comer?». Olvídate por el momento de lo que no puedes comer (para tu información: no hay alimentos prohibidos salvo que seas alérgica a ellos) y céntrate en lo que es bueno para tu piel. Los libros sobre dietas normalmente utilizan el método del plato para enseñar a los lectores a crear una combinación saludable, y eso es lo que voy a hacer aquí. Es tan sencillo como contar hasta cuatro. A continuación te voy a dar un ejemplo del aspecto que debería tener tu plato para gozar de una piel bella.

seres humanos. Todos ellos actúan como la patrulla dietética de la autopista, retirando los veloces radicales libres y retirándoles sus carnés para causar estragos. ¿Cómo? Comer muchas frutas y verduras ayuda a reponer nuestros depósitos naturales de antioxidantes y protege la piel expuesta al sol de las arrugas e incluso del cáncer de piel.

La abundante vitamina C que contienen estos alimentos puede ser muy beneficiosa. La vitamina C participa en la producción de colágeno, y la piel de las mujeres que toman una dieta rica en vitamina C es menos proclive a acusar signos de envejecimiento como pérdida del grosor, sequedad y arrugas. No verás los efectos de la noche a la mañana, has de ir reponiendo el depósito con estos supercarburantes. No te olvides de comer verduras (¡verdes!)... y alimentos rojos, púrpura, naranja y amarillos. De hecho, el arco iris al completo; mezcla los colores durante la semana para asegurarte de que comes la variedad que necesitas.

Por cierto, las frutas y verduras orgánicas suelen ser más caras, pero la diferencia vale la pena. Los productos orgánicos tienen más antioxidantes y menos pesticidas que los normales

constantemente mediante los alimentos o suplementos. En los últimos veinticinco años, ha aumentado el nivel de deficiencia de vitamina C en la población, en parte debido a la comida procesada que es muy baja en nutrientes. En la actualidad algunos estudios están demostrando que la vitamina C también puede activar el metabolismo, iaumentando nuestra capacidad para quemar grasas hasta en un 30 por ciento! Los investigadores también han demostrado que la vitamina C puede reducir el aumento de peso propio de los años, y que un nivel muy bajo de vitamina C en la sangre coincide con mayor grasa corporal y cinturas más anchas.

(de cultivo convencional). En una prueba que se hizo recientemente, los tomates orgánicos tenían el doble de flavonoles antioxidantes que los tomates normales.

SEGUNDO: ACOMPAÑA TU PLATO CON FRUTAS, VERDURAS Y FRUTOS SECOS, SEMILLAS, O UN POCO DE ALIÑO A BASE DE ACEITE DE OLIVA

Los frutos secos y las semillas son ricos en vitamina E, otro de esos antioxidantes que, como la vitamina C, abunda en la piel. Además el sol termina con nuestras reservas de vitamina E, de modo que si estás mucho en el exterior, has de procurar reponerla. Tanto la vitamina E como la C se han incorporado a la plétora de productos cosméticos, pero en las fórmulas tópicas pueden ser como peces fuera del agua. Puesto que son muy inestables a merced de la luz, el oxígeno y el aire, es difícil estar seguro de que estos antioxidantes que tratas de absorber por la piel llegan realmente adonde se necesitan. Razón de más para comer alimentos ricos en vitamina E y C.

El aceite de oliva también es rico en antioxidantes, pero su verdadero efecto sobre la piel parece deberse a sus grasas favorables (la monoinsaturadas). Estas grasas tan saludables parece ser que protegen las células del fotoenvejecimiento, que se manifiesta en forma de arrugas. Otros alimentos que ayudan a proteger la piel expuesta al sol de las arrugas son las verduras y las legumbres: judías secas, lentejas y garbanzos.

Hecho colorido
Cambios en la cocina

A ver si puedes sustituir tu mantequilla y margarina por aceite de oliva virgen extra para cocinar. También puedes encontrar estos aceites en spray para rociar las sartenes y ollas. Procura cambiar también la mantequilla de cacahuete procesada por mantequilla de cacahuete 100 por cien pura y orgánica (en la lista de ingredientes sólo deben figurar los cacahuetes).

TERCERO: LLENA UN CUARTO DE TU PLATO CON PROTEÍNA MAGRA

Todas las células de nuestro cuerpo necesitan proteínas para estar sanas, pero lo que acompaña a esa proteína puede influir mucho en nuestra piel y salud. Lo que necesitas: grasas saludables y algunos minerales y vitaminas saludables las grasas ayudan a combatir la inflamación y te protegen de los rayos solares.

- También puedes comer atún y salmón, y marisco (langosta, almejas, cangrejos) por su selenio, que junto con la vitamina E ayuda a mantener tu piel suave y sin arrugas.
- Come verduras de hoja verde, como las espinacas, y de color naranja como las zanahorias; son una forma rápida de obtener vitamina A, que ayuda a revitalizar la superficie cutánea aumentando su regeneración. (La versión tópica de la vitamina A para la piel, la tretinoína, es con diferencia el mejor remedio para las arrugas.)
- No te olvides de las judías secas, guisantes, lentejas y otras legumbres cargadas de proteínas. Junto con el pollo y algunos cereales enriquecidos, aportan cinc a la piel, que es esencial para su actividad antioxidante y la división celular. Uno de los primeros signos de falta de cinc son los problemas en la piel. El eccema y la cicatrización lenta se asocian a deficiencias de este mineral.

Las proteínas magras te aportan numerosos beneficios que se manifiestan en tu piel. Al fin y al cabo son los elementos básicos de la vida, te ayudan a mantener las estructuras y funciones naturales de tu cuerpo. Éstas son algunas de las funciones infravaloradas de las proteínas: responsables de reparar y reconstruir los tejidos

Olvídate de eliminar las grasas de tu dieta

No elimines las grasas por completo, especialmente las saludables, como las monoinsaturadas que se encuentran en el aceite de oliva. Las grasas favorables ayudan a que las vitaminas liposolubles como la A, D, E y K circulen por el cuerpo, creen hormonas sexuales, reduzcan el colesterol LDL (malo) y aumenten el HDL (bueno), y contribuyan a la salud de la piel, de los ojos, uñas y pelo.

musculares (¡incluidos los vulnerables tejidos de la piel!), hacen crecer el pelo y las uñas, crean enzimas y hormonas (incluidas las que pertenecen a la cadena de acontecimientos que proporcionan una piel radiante), y mantienen la salud de nuestros órganos internos y de la sangre. ¿No te puedes levantar de la mesa lo bastante rápido? Come más proteína y te saciarás. Y una buena fuente de proteínas también te ayudará a recuperarte de tus ejercicios, así que estarás preparada para empezar el nuevo día.

Cuarto: llena el último cuarto con cereales integrales

Despídete de los hidratos de carbono refinados y del pan blanco. El pan blanco no tiene nada de maravilloso. Ahora ya sabes la nueva norma: toma cereales con el grano entero, como pasta y cuscús de trigo integral, arroz integral, cebada, avena y trigo bulgur. Estos y otros cereales menos conocidos, pero igualmente deliciosos como la quinoa y el amaranto, están llenos de ingredientes favorables para la piel y que calman el estrés. Entre ellos:

- Antioxidantes, vitamina E incluida, y los coadyuvantes como selenio y cinc.
- Un poco de grasas saludables, como el ácido linoleico (suavizante cutáneo).
- Hidratos de carbono complejos relajantes (otra fuente de serotonina).

Además, a diferencia de los hidratos de carbono simples (arroz blanco, pasta y todo lo que está hecho con harina blanca), que provocan picos de azúcar muy poco saludables que pueden provocar más estrés físico, los hidratos de carbono complejos de los cereales integrales están *cargados* de fibra. Eso significa que se absorben lentamente, lo que mantiene estables los niveles de azúcar y es menos probable que te baje la energía. La fibra, en este aspecto, ayuda a regular tu metabolismo. También puedes ver los cereales integrales como hidratos de carbono que te ayudan a mantenerte sana. Con niveles estables de azúcar en la sangre tu estado de ánimo es más sólido. Y todas estamos de

¿Te suena?

Uno de cada cuatro estadounidenses recurre a la comida para aliviar su estrés. Me sorprende que no sean más.

enar, me hago té verde «hojicha» (se encuentra en www.adagaio.com y
.itoen.com). El proceso de torrefacción mediante el cual este té verde
iere su color amarronado también reduce su contenido de cafeína. Si
ecta mucho la cafeína, toma té descafeinado —sus beneficios para la
l no se ven alterados por el proceso para descafeinarlo—, o bien deja
marlo al menos tres horas antes de irte a la cama. Las mujeres emba-
das o que están amamantando puede que también prefieran el té sin
na.

a única contraindicación de beber mucho té es que te tiñe los dientes
que tiene muchos taninos. Añadir un poco de bicarbonato a tu pasta de
tes te ayudará a que se manchen lo mínimo posible entre tus higienes
ales.

El té frente al estrés

alquier bebida caliente es un gran calmante del estrés, y acurrucarte
n una taza de té de jazmín aromático puede hacer que desaparezca el
nsancio de todo el día. Pero en el caso del té no es sólo el calor lo que
tá actuando. El amigo de la piel tiene dos ingredientes mágicos contra
estrés: *L-theanina*, un aminoácido que produce un estado mental
ajado pero alerta, y las *catequinas*, antioxidantes que, entre otras
sas, bajan la *corticosterona*, una hormona del estrés.

Otra forma de beber antioxidantes es tomando chocolate, que es rico en
rupo particularmente potente de flavonoles. De hecho, el chocolate tie-
os a tres veces más antioxidantes que el té verde, y entre cuatro a cinco
s más que el té negro, pero por desgracia tiene muchas más calorías.
así, es *muy* bueno para la piel: en un estudio reciente se comprobó
una dosis diaria de chocolate durante 6 semanas suavizaba la piel, la
ataba y la hacía menos sensible al sol, y 12 semanas hicieron todavía
No eran sólo los flavonoles; el chocolate negro favorecía la circulación
a la piel.

acuerdo en
probable
azúcar.

Cómo h

los azú
alimen
…lar…

…las ingredientes puede ayudarte: harina blanqueada y enrique-
ci… sirope de maíz rico en fructosa, aceites hidrogenados o parcialmente
hidrogenados.

Y ya que estás en esto, tira también todo lo que incluya *azúcar* entre los
cinco primeros ingredientes, a menos que sea un postre que deseas guardar
para ocasiones especiales.

LAS ESTRELLAS PARA COMBATIR EL ESTRÉS: EL MAGNESIO Y EL CINC

Si te desmadras, necesitas más magnesio. El magnesio reduce una respuesta
al estrés demasiado activa, y una cantidad inadecuada puede aumentar la sustancia P, que es esa sustancia química del sistema nervioso que produce dolor
y que se sabe que está implicada en la respuesta al estrés de la piel. (Dato
curioso: la P en realidad viene de *powder*, polvo; cuando se aisló por primera
vez en el intestino de un caballo en la década de 1930, fue en forma de polvo.)
Asegúrate de que tomas al menos 400 mg al día —la mayoría de las personas
no lo toman— de una variada fuente de alimentos ricos en magnesio, como
la leche de soja, frijoles, aves, halibut y acelgas.

A diferencia de las estrellas que hemos mencionado, la vitamina C,
el calcio, el hierro y el cinc no tienen mucho protagonismo. Además, la
mayor parte de las fuentes nutricionales dicen que probablemente ya consigas suficiente como para mantener tu piel radiante. Suficiente, es decir,
a menos que:

- seas vegetariana;
- estés dando de mamar;
- estés intentando bajar tu colesterol;

- comas muchos alimentos procesados;
- tomes suplementos de calcio;
- padezcas SCI (síndrome del colon irritable);
- estés intentando adelgazar;
- tomes suplementos de hierro;

A esto se suma el prurito y la piel escamosa, que también se podría atribuir a una falta de cinc. El cinc es uno de esos nutrientes polifacéticos que está implicado en casi todas las reacciones bioquímicas del cuerpo, pero es especialmente importante para la renovación celular de la piel. No es difícil de encontrar: los mariscos, el jamón sin grasa, el buey y el cordero tienen mucho (por eso los vegetarianos han de esforzarse más para conseguirlo). Tal como indica la lista anterior, es fácil quedarse sin cinc. Hay muchas cosas que pueden agotar nuestras reservas (dar de mamar, por ejemplo) o que interfieren en su absorción (casi todo lo demás; los suplementos de calcio pueden reducirla a la mitad). ¿Cuánto cinc necesitas y cómo puedes conseguirlo para mantener tu piel en la edad de RealAge? La dosis diaria recomendada son 15 mg, una cantidad que se encuentra en la mayoría de los complejos multivitamínicos. Procura tomar un poco más, sobre todo si te encuentras en alguna de las condiciones de la lista. Algunas buenas fuentes son:

Ostras. Son las estrellas; según el tipo, pueden tener desde 16-mg por media docena hasta 40 mg o más, pero difícilmente se las puede considerar un alimento básico.

Cereales para el desayuno enriquecidos. Pueden ser fantásticos: una taza de Cheerios tiene 15 mg. Pero asegúrate de que el cereal no tenga más azúcar que cinc.

Varios de los siguientes, todos los días. Carne, garbanzos, lentejas, lácteos y frutos secos. Con una buena combinación de éstos, es fácil conseguir tu dosis diaria, pero sin pasarte. Tomar más de 40 mg puede provocar que el colesterol bueno HDL baje en picado y arruine tu sistema inmunitario. Si pensamos en la vía tópica, también puedes usar una crema de cinc sobre la

piel seca. Las cremas para la irritación provocada por los pa[...] sion, van muy bien y son prácticas durante los meses de in[...] de cinc es una gran barrera contra la pérdida de humedad, [...] de los factores irritantes externos.

¿Qué beber en el bar de la belleza?

Personalmente, empezaría por el agua. La deshidratación da [...] ble y hace que te sientas mal: causa estragos en la piel y prov[...] con regularidad tu vaso, y añade unas gotas de limón o de r[...] fieres. Escucha tus señales de sed; no es necesario que te tom[...] de agua pura. Esta antigua recomendación quedó descartad[...] 2008, cuando dos especialistas del riñón publicaron un artíc[...] el *Journal of the American Society of Nephrology*. En él decía[...] razones científicas contundentes para que una persona sana [...] 8 vasos de agua, o más, al día. Recuerda que también consig[...] de varias fuentes como frutas, verduras e infusiones.

Yo bebo la mayor parte de mi agua tomando té. Me enc[...] pre me ha gustado, pero ahora tengo razones de peso para to[...] investigadores han descubierto que todas las clases de té —[...] proceden de la planta *Camellia sinensis*, entre las que se incl[...] el té verde, el té blanco y el té oolong— poseen dos propieda[...] tes para la piel. Evitan el *fotoenvejecimiento* (arrugas) y com[...] El té verde es el favorito porque es el que tiene mayor cant[...] tioxidante conocido como *galato de epigalocatequina 3* (EGC[...] efecto de domar al león de las células tumorales. La EGCG pu[...] sustancias químicas inflamatorias que están directamente im[...] reacciones cutáneas, incluido el acné. El té verde tiene más an[...] el negro, pero ambos reducen los radicales libres y la inflam[...] tomar entre 4 y 6 tazas al día.

Hasta antes del mediodía tomo té negro, luego tomo té [...] de comer, y sigo tomándolo por la tarde cada vez que hago [...] que ese poquito de cafeína me ayuda a estar más despierta. [...] aromático es mi favorito. Cuando ya no quiero más marcha,[...]

Para obtener los beneficios del chocolate sobre la piel, evita las mezclas, que no tienen el mismo nivel de flavonoles, y busca el auténtico: chocolate en polvo negro sin adulterar, que contenga un 70 por ciento de cacao, o más. El chocolate en polvo natural de Scharffen Berger, y el chocolate sin azúcar Ghirardelli, son dos ejemplos de marcas que pasan el examen; otras pueden ser Droste, Fauchon y Jacques Torres. A continuación tienes la receta del chocolate caliente de mi esposo Harry.

EL CHOCOLATE CALIENTE SUPERSENCILLO Y SALUDABLE DE HARRY

El único secreto de esta receta es la paciencia: caliéntalo l-e-n-t-a-m-e-n-t-e. Sabrá mejor, y hacerlo a fuego lento liberará más antioxidantes.

1 ½ cucharaditas de chocolate en polvo sin azúcar que tenga un 70 por ciento o más de cacao.
2 cucharaditas de azúcar.
Una pizca de sal.
1 taza de leche semidesnatada o desnatada.

Mezcla todos los ingredientes en un cazo y caliéntalos a fuego lento, removiendo con frecuencia, hasta que empiece a salir vapor. No lo hiervas. Ponlo en una taza y disfrútalo.

No te quedes sólo con el té y el chocolate. Saborea 1 vaso de vino tinto para beneficiarte de su *resveratrol,* un antioxidante y antiinflamatorio que ha demostrado ser un gran protector contra las lesiones provocadas por los rayos ultravioleta. Un vaso al día es el límite saludable para las mujeres, los hombres pueden tomar hasta dos. Yo prefiero tomarme el mío antes de cenar en lugar de tomarme un cóctel. También puedes pasar del vino y tomar zumo de pomelo (para tomar más agua y más chispa, mézclalo con agua con gas y sírvelo en un vaso de vino). Es tan rico en antioxidantes que es como oro líquido para tu piel y tu cuerpo.

Ocho alimentos relajantes que pueden tranquilizarte enseguida

Los nutricionistas y los maestros de la dieta saben que las dos reglas para comer sano y tener cinturas estrechas son: tomar siempre un desayuno nutritivo en la primera hora después de levantarse, y comer cada tres o cuatro horas. Por supuesto, lo *que* comes es importante, y puede influir mucho en remediar, y prevenir, decaimientos y bajones durante el día. Evitar la sensación de hambre desaforada te ayuda a combatir la fatiga mental y quedarte a cero de energía. También te ayudará a elegir alimentos más saludables para tu próxima comida o tentempié.

Cuando tu lista de cosas pendientes te haga correr a tomarte un café y un donut, probablemente sea el momento de que pienses en algo más que en tu dieta. Empieza reorganizando tus prioridades: ¿qué tengo que hacer hoy? ¿Puede esperar un día o dos? ¿Una semana? ¿Para siempre? Luego pide ayuda. En casa, haz que los miembros de tu familia te echen una mano con las tareas del hogar y con tus recados; por ejemplo, cocinando, limpiando la cocina, vaciando el lavavajillas. Para los proyectos grandes, pide ayuda a una o dos de tus mejores amigas. En el trabajo, ejerce tus dotes para delegar, o pídele a un compañero o compañera que te eche una mano asegurándole que le devolverás el favor. Busca alimentos que *realmente* combatan el estrés, como las siete maravillas de este mundo frenético que vienen a continuación. (Nota: para otra lista de ideas alimenticias excelentes, véase Apéndice B: Siete alimentos que combaten la depresión.)

FRUTOS DEL BOSQUE, DE CUALQUIER TIPO

Moras, fresas, arándanos rojos, frambuesas, arándanos negros. No sólo son deliciosos, sino que se encuentran entre los 50 alimentos de la dieta estadounidense con un mayor número de antioxidantes, que es la razón por la que son estupendos para contrarrestar las lesiones cutáneas provocadas por los radicales libres generados por el estrés. Cómetelos uno a uno (como si fueran bombones saludables) cuando te notes tensa. Si eres de las que aprieta las mandíbulas, prueba ir deslizando el fruto congelado por la boca. De uno en uno.

GUACAMOLE

Si te apetece algo cremoso, no busques más. Los aguacates están cargados de vitamina B, que acaba rápidamente con el estrés y que tu cuerpo necesita para mantener los nervios y las células del cerebro. Su textura cremosa procede de sus grasas monoinsaturadas, el mismo tipo de grasas del aceite de oliva que tan bueno es para tu piel. Tómalo con algún tipo de tortita integral crujiente o con verduras crudas. Si estás controlando las calorías: 2 cucharadas equivalen a unas 55 calorías.

FRUTOS SECOS

Casi todos los frutos secos son buenas fuentes de vitamina B y E, además de contener selenio y cinc, pero unos tienen más que otros. Para conseguir las mayores ventajas nutritivas y cuidar tu bolsillo, mézclalos: 30 g sustituirán esa vitamina B que has perdido con el estrés (nueces); te aportarán una buena cantidad de selenio y cinc (nueces de macadamia o coquitos), si también te consume la ansiedad; potencia la vitamina E (almendras), que ayuda a combatir el deterioro celular vinculado al estrés crónico; incluso puede bajar la tensión sanguínea ayudando a que se relajen las arterias (pistachos). 30 g de frutos secos es un puñadito, que equivale a unas 23 almendras. No te excedas, porque tienen muchas calorías. Compra frutos secos con cáscara y contémplalo como una multitarea: cada vez que usas el cascanueces, estás liberando un poco de tensión.

NARANJAS

Las personas que toman 1.000 mg de vitamina C antes de dar una charla tienen un nivel de cortisol más bajo y su presión sanguínea está más equilibrada que las que no la toman. Siéntate cómodamente, respira profundo y concéntrate en pelar una naranja jugosa y grande. La pausa de 5 minutos calmará tu mente mientras ingieres tu dosis de vitamina C. No te esmeres demasiado en quitarle la piel: los fitoquímicos protectores suelen concentrarse en las pieles de las frutas.

ESPÁRRAGOS

Cada brote tierno es una fuente de *folato*, una vitamina B que parece ser esencial para el estado de ánimo y el correcto funcionamiento del cerebro. Mojas los espárragos en yogur para que cada bocado también te aporte calcio.

SALMÓN Y OTROS PESCADOS GRASOS

El ácido graso omega-3 del salmón, denominado ácido docosahexaenoico o DHA, no sólo es bueno para la piel. Varios estudios demuestran que las personas que toman grandes dosis de DHA tienen menos depresiones, agresividad y hostilidad. ¡Así que este saludable pescado puede ayudarte a controlar tu ira! Algunas personas dicen haber experimentado mejoría en su estado de ánimo en cuestión de días, o incluso horas después de haber tomado alimentos ricos en omega-3.

P: Odio el salmón con todas mis fuerzas (he probado varios tipos, el del Atlántico, el de pesca, ahumado, el de pesca furtiva, etc.). Sin embargo, todos los médicos alaban sus beneficios para la salud de tal modo que casi me siento obligada a comerlo. ¿Debería hacerlo?

R: ¡Por supuesto que no! Sí, el salmón está sobrevalorado como gran alimento porque tiene muchas grasas (omega-3) saludables y es una fuente rica en proteínas, pero no es la única fuente para conseguir estos ingredientes. Comer debe ser una experiencia agradable y exquisita, así que olvídate de intentar que te guste; busca alternativas en su lugar que sean igualmente buenas. Puedes tomar pescado de agua fría como el halibut de Alaska, sardinas, arenques, truchas, lubina, ostras y almejas. Si no te gusta mucho el pescado, hay muy buenos suplementos de omega-3 que puedes tomar todos los días. Otro buen sustituto del pescado son los huevos de gallinas alimentadas con pienso sin subproductos animales, que contienen el mismo aceite de pescado que se encuentra en las fuentes marinas de este fabuloso ácido graso.

P: *¿Debo preocuparme por el pescado contaminado con mercurio?*

R: Lo suficiente como para comprar las variedades orgánicas de la pesca, siempre que puedas. No te preocupes demasiado por ello ni evites comer pescado. Las ventajas de comer pescado superan las desventajas. En la mayor parte de los mercados encontrarás pescado fresco, y si vas a la sección de envasados del supermercado, encontrarás salmón de Alaska enlatado, que nunca es de piscifactoría.

No es de extrañar que el ácido omega-3 y la salud del cerebro estén tan relacionados. Cuando digieres la grasa en tu comida, ésta se descompone en moléculas de ácido graso de varias longitudes. El cerebro las utiliza como materia prima para unir los tipos especiales de grasa e incorporarlos en sus membranas celulares. La capa protectora que cubre las neuronas comunicantes, por ejemplo, está compuesta por un 30 por ciento de proteína y un 70 por ciento de grasa.

Por esta razón es muy importante que tomemos diariamente ácidos grasos esenciales, también conocidos como la familia de los ácidos grasos omega-3 y omega-6, que se encuentran en alimentos como el pescado, aguacate, almendras, nueces, semillas de lino y aceitunas. Son «esenciales» porque el cuerpo no puede fabricarlos. La razón por la que el salmón se considera el *alimento del cerebro* es porque contiene grasa de gran calidad. Todos los ácidos grasos omega-3 suponen numerosos beneficios para la salud, pero los del pescado se conocen como *ácidos grasos omega-3 de cadena larga*, ácidos que los investigadores creen que protegen de las enfermedades coronarias (las del corazón). Cuando empezamos a comer grasas saturadas, trans e hidrogenadas, no estamos nutriendo nuestro cerebro; estamos llenando las células adiposas, que se convierten en kilos de más en alguna parte (en nuestras caderas, muslos, glúteos y la región posterior de nuestros brazos). Se ha demostrado que los ácidos grasos trans, en concreto, que se encuentran en alimentos como las patatas fritas, la margarina, las patatas chip y todo lo que lleva aceite parcialmente hidrogenado, interrumpen la comunicación entre las neuronas del cerebro.

Procura tomar al menos dos veces a la semana pescado graso como el salmón, arenque, caballa o sardinas.

ESPINACAS

Las espinacas y otras verduras de este tipo (de hoja verde) contienen *folato*, esa vitamina B esencial para el buen humor. Dos tazas de espinacas cocidas te proporcionan 400 g de folato, dosis recomendada para levantarte el ánimo.

CHOCOLATE NEGRO

Nadie sabe a ciencia cierta por qué nos encanta el chocolate. Podría ser por alguno de sus cientos de componentes, incluida la cafeína, el azúcar, las grasas, la *anandamida* (una sustancia química que hace que el cerebro se sienta bien y que se asocia con estados de gran felicidad), o la *feniletilamina* (otra sustancia que provoca sentimientos similares a estar enamorado), o simplemente por su textura cremosa que se deshace en la boca. No sabemos si son los flavonoles antioxidantes del chocolate negro (revisa las etiquetas; deberá poner que contiene un 70 por ciento o más de cacao) que ayudan a mantener la presión sanguínea estable y la mente aguda. También puede que sirva para contrarrestar el deterioro celular provocado por el estrés. Prueba esto cuando necesites algo que te levante el ánimo: pon en el microondas 230 cl [1/4 de litro] de leche de almendras con sabor a vainilla a temperatura media durante 1 minuto, luego añade 30 g de chocolate negro hasta que se funda (el calor hace que se liberen los antioxidantes). Disfrútalo. Pero no te pases, el chocolate tiene muchas calorías.

P: *Apenas tengo tiempo para comer, mucho menos para preocuparme de los alimentos que son buenos para la piel.*

R: A veces comer más frutas y verduras parece un desafío tan grande como salir a los campos de cultivo a recoger nuestro propio maíz, pero no tiene por qué ser así. A continuación tienes algunas formas rápidas y frescas de tomar más alimentos naturales para tu cuerpo.

¡Batidos de frutas y verduras! No *saben* a verduras. Pon esta mezcla en tu batidora: muchos frutos del bosque congelados (de cualquier tipo), un toque de zumo de frutas o leche desnatada, y algunas de las verduras que no comes: brécol, coliflor, judías verdes, coles de Bruselas, las que te apetezcan. El sabor de los frutos del bosque se impondrá al de las verduras y disfrutarás de una bebida dulce de alto poder nutritivo.

Frutas en vez de fritas. Sé estricta con esto. Cuando vayas a un restaurante que ofrezca patatas fritas de acompañamiento, pide fruta fresca en su lugar. No dejes que los camareros te hagan cambiar de opinión. Haz lo mismo en el desayuno: fruta en lugar de bacón, salchichas o patatas fritas.

Cortar y cantar. Ten siempre a mano tu tabla de cortar. ¿Te apetece una tortilla o unos huevos revueltos? Añade unas verduras troceadas. ¿Te vas a hacer un bocadillo? Añade una capa de verduras troceadas. ¿Te estás preparando un bol de ensalada de atún, pollo o salmón? Añade un poco de maíz, apio, cebollas o cerezas secas. ¿No tienes verduras en la nevera? Guarda verduras troceadas en el congelador en raciones pequeñas, y luego ponlas en el microondas, o directamente congeladas en sopas, estofados o guisados mientras los haces (cuando falten pocos minutos para que estén hechos).

Histeria ante la sección de ensaladas. Deja de pasar de largo de la sección de ensaladas del restaurante para dirigirte a la de carnes a la brasa, por muy bien que huelan las hamburguesas. Entonces haz como un pintor: prepara una paleta de colores: rojos, púrpuras, verdes, naranjas. Es un verdadero bufé libre de fitoquímicos, fibra y antioxidantes. Cada tono te aporta una pieza del puzzle nutricional. Añade unos pocos frutos secos, adereza con aceite de oliva —todos grasas buenas— y a disfrutar.

Sopa de pollo que realmente te hace sentirte mejor. Tu madre siempre fue una fan de la sopa de pollo. Mejórala añadiéndole a la tuya verduras de distintos colores, como en la ensalada. También te ayudará a vencer el resfriado.

Pasta con salsa de verduras. Un plato de pasta integral se puede convertir en una excelente fuente de nutrientes si haces la salsa con tomates y puré de verduras naturales, que también serán un buen espesante. ¡Hmmm!

La parrilla no sólo es para la carne. Es más fácil hacer verduras a la parrilla que carne. Prueba pinchos de pimientos, calabacines, calabaza, tomates, o cualquier otra cosa que te guste. Dales unas pinceladas de aceite de oliva, rocíalos con hierbas, y a comer.

Fruta, no galletas. Para el postre puedes hacer al horno, en el microondas o salteadas una mezcla de manzanas, melocotones y ciruelas aderezadas con canela. O si prefieres un dulce fácil, adorna tu bizcocho con fresas y arándanos.

Alimentos que conviene evitar o comer con mesura

Hay un par de buenas razones relativas a la piel, para ir con cuidado con ciertos alimentos, concretamente:

- carnes rojas y procesadas;
- productos lácteos no desnatados y leche entera;
- refrescos (light y normales);
- pasteles y repostería.

Investigaciones serias han relacionado las dietas ricas en estos alimentos con las arrugas provocadas por el sol e incluso con el cáncer de piel. Primero, un estudio australiano de diez años de duración reveló que las personas con dietas ricas en carne y grasas desarrollaban más cánceres de piel que las que comían más frutas y verduras. Otros estudios relacionaron las lesiones cutáneas y las arrugas provocadas por el sol con las carnes, grasas, dulces y azúcar.

Por otra parte, las dietas antiarrugas giran en torno, y esto no es de extrañar, no sólo a las frutas y verduras sino a los otros protagonistas alimentarios: legumbres, aceite de oliva, frutos secos, panes integrales y té. No hace falta ser un fanático de la vida sana o leer las hojas del té para deducir que tomar menos grasas, azúcares y /o alimentos muy procesados y sustituirlos por una dieta rica en verduras puede tener beneficios para la piel.

¿Puede realmente el azúcar provocar arrugas?

Ya he mencionado antes un proceso denominado *glicación*, que implica el presunto papel del azúcar en el envejecimiento de la piel. La glicación es otra de esas palabras que se han puesto de moda últimamente en los círculos de la belleza y de la salud. Resumiendo: es una reacción que tiene lugar cuando las moléculas de azúcar se unen con las grasas o proteínas. Por ejemplo, sucede cuando los fabricantes de la industria alimentaria añaden azúcar a las patatas fritas para que adquieran ese color de miel oscura. En nuestro cuerpo puede suceder lo mismo: el azúcar interactúa con las proteínas de nuestras células, provocando inflamación, un aumento de los radicales libres, y moléculas apropiadamente denominadas AGE (productos finales de glicación avanzada). Algunos investigadores han observado que las AGE endurecen las arterias, producen arrugas, deterioran las células nerviosas, y producen otros resultados que nadie desea.

Cuanto más alimentan los científicos con azúcar a los animales de laboratorio, más envejece su piel (envejece volviéndose menos elástica y menos suave). No obstante, la mayor parte de estas investigaciones se han realizado en animales diabéticos, cuyo metabolismo del azúcar no funcionaba con normalidad. Todavía no se ha acabado de averiguar cómo influye exactamente la glicación en un ser humano sano con un metabolismo que funcione bien. No es justo afirmar sin más que «el azúcar produce arrugas», porque eso es aventurarse demasiado, y hay muchas capas de sistemas metabólicos y factores biológicos implicados.

Dicho esto, no quiero que te olvides del mensaje. Teniendo en cuenta el nivel de azúcar de la dieta estadounidense (cada norteamericano ingiere cerca de 45 kilos de azúcar añadido al año), no estaría de más que procuráramos disminuir nuestra ingesta de azúcar, para evitar las posibles consecuencias como la diabetes de tipo 2 (no insulino-dependiente) y los devastadores efectos que esta enfermedad conlleva, que tal como vemos ahora en la sociedad y el laboratorio, puede envejecernos prematuramente. La buena noticia es que se ha conseguido invertir la glicación en los diabéticos tan sólo reduciendo el nivel de glucosa en la sangre a su nivel normal. Y las personas que controlan su nivel de glucosa en la sangre y pierden esos kilos de más también han invertido esta enfermedad. Recuerda: equilibra, equilibra, equilibra.

Los Picapiedra pueden cambiar tu vida

Casi todas las mujeres —el 93 por ciento para ser exactos— de vez en cuando se saltan alguna comida o se toman un bol de Cheerios [cereales de avena integral] para cenar. ¿Y si tienes estrés? Bueno, entonces puede que te sientas atraída hacia un festín de comida rápida, o que pierdas por completo el apetito e intentes irte a la cama con la adrenalina alta. Tomar a diario un complejo multivitamínico con minerales es una buena forma de completar lo que falta en tu dieta, por no decir lo que quema el estrés. Tomar un complejo vitamínico es más barato que comprar los nutrientes por separado. Busca una marca que:

- Tenga un ciento por ciento de la cantidad recomendada diaria (CRD) de la mayoría de los nutrientes (sin embargo, has de saber que algunos nutrientes —el calcio, por ejemplo— son demasiado grandes para que quepan en una sola píldora).
- Que tenga en cuenta tu edad. Por ejemplo, muchas mujeres cuando tienen la menstruación necesitan más hierro; sin embargo, después de la menopausia necesitan menos hierro, pero más vitamina B_{12}.

He tomado vitaminas masticables desde que era pequeña. Cuando quedé embarazada, las náuseas me impedían tomar casi todo, y me era imposible tomarme las vitaminas prenatales. Así que me fui a una parafarmacia, comparé etiquetas y tuve uno de esos momentos de inspiración: descubrí que, salvo por el hierro, el folato y el calcio, podía conseguir lo que necesitaba en Flintstones Complete.* Tomé folato y calcio extra, y comí más carne roja para el hierro,

---

* Es un complejo vitamínico para niños. Los Flintstones son los Picapiedra. (*N. de la T.*)

que creo que era lo que me daba las náuseas al tomarlo en forma de suplemento. Desde entonces me he tomado una pastilla masticable al día, que contiene la dosis recomendada para adultos y para niños mayores de cuatro años.

Adelante, toma cualquier marca que ponga «multi», no es necesario comprar ningún producto caro. Es un buen respaldo para tu dieta sana, aunque no un pilar. También hay otros ingredientes que recomiendo, porque es imposible incluir suficiente de cada uno en un complejo vitamínico, y también porque es difícil conseguir la dosis necesaria sólo en los alimentos. Aunque no está claro si tendrán algún efecto sobre tu piel, son buenos para todas nosotras, y si hacen aunque sólo sea una cosa buena por nuestra piel, ya compensa.

- **Empieza con el calcio.** Vale, ya sé que no es un mineral para la piel. Sin embargo, refuerza tu estructura corporal (huesos) para que no seas una masa amorfa cubierta de piel. Si no tomas 3 raciones diarias de alimentos ricos en calcio (como leche desnatada, requesón y yogur), toma un suplemento. El citrato de calcio es el que mejor se absorbe; evita la dolomita [un mineral compuesto de carbonato de calcio y magnesio], la harina de huesos, el calcio coloidal o conchas de ostras, porque suelen estar contaminados con metales tóxicos.

- **Añade algo de vitamina D.** Muchos suplementos de calcio incluyen vitamina D (para favorecer la absorción); compra la combinación. La vitamina D es la vitamina del sol, porque se fabrica en la piel siempre que te pones cinco minutos al sol. Si te pones cremas de protección solar (lo cual deberías hacer), si tienes piel oscura o vives en zonas muy frías, es fácil estar bajo de esta vitamina. Además, ahora muchos investigadores sospechan que la cantidad diaria recomendada (CDR) de esta vitamina es demasiado baja y recomiendan tomar al menos 1.000 IU (unidades internacionales) al día, no la dosis recomendada actualmente de 400 IU. No es por coincidencia que la falta de vitamina D se asocie a estados de ánimo bajos y a la falta de memoria. Toma vitamina D3, que es el mismo tipo que fabrica nuestro cuerpo.

- **Por último, potencia los ácidos grasos omega-3.** La mayoría de las personas consumimos demasiados ácidos grasos omega-6, debido a la cantidad de alimentos procesados que ingerimos, y muy pocos omega-3, especialmente del tipo denominado *ácido docosahexaenoico* (DHA). Ese desequilibrio parece contribuir a la depresión. Para combatir los estados de ánimo bajos, prueba a tomar 2 gramos diarios de suplemento de aceite de pescado que incluya tanto DHA como *ácido eicosapentaenoico* (EPA), los dos tipos de ácidos omega-3 que mejor puede asimilar el cuerpo. El único efecto secundario es que puede producir unos eructos con sabor a pescado (si te sucede esto, prueba un suplemento de DHA con base de algas). Posible ventaja: un poco de protección añadida contra los rayos solares y las lesiones en el ADN inducidas por el sol. Advertencia: si tienes alguna herida o te tienen que operar, dile a tu médico que estás tomando omega-3, porque adelgaza la sangre y podrías tener problemas de coagulación.

LA VERDAD SOBRE LAS VITAMINAS C Y E.
SUPLEMENTOS Y VITAMINAS PARA LA PIEL

¿Qué hay de los nutrientes individuales o de las fórmulas especiales para el cuidado de la piel que dicen mejorarla? Esas cajas de sorpresas, que en su mayor parte son una mezcla de antioxidantes, son muy populares. Sin embargo, no hay ninguna garantía de que el precio esté justificado, al menos por el momento. Montones de antioxidantes aislados como las vitaminas C y E, y fitoquímicos como los del té verde, han sido objeto de numerosos estudios. Cuando se ha alimentado con ellos a los animales de laboratorio, han dado resultados maravillosos para proteger la piel de los daños solares, de las arrugas y el cáncer; suavizándola, humedeciéndola y ablandándola, y a la vez han frenado la inflamación y los signos de envejecimiento. Esos efectos desaparecen prácticamente del todo cuando las píldoras con un solo nutriente se prueban con personas. Las píldoras de los polifenoles del té verde, por ejemplo, protegen la piel de los ratones de los rayos ultravioleta y del cáncer de piel, pero no tienen *ningún* efecto sobre la piel humana. En uso tópico, no obstante, el té verde es antiinflamatorio y fotoprotector.

De hecho, los estudios de las píldoras de antioxidantes aislados en seres humanos han sido en general no sólo descorazonadores, sino incluso preocupantes. Descorazonadores, porque los suplementos no han hecho nada por el problema de salud que tratar. Preocupantes, porque han demostrado que personas con diversas enfermedades, desde cardiopatías hasta enfermedades hepáticas, que tomaron vitaminas A, E y/o suplementos de betacaroteno, ya fuera para intentar detener la enfermedad o para evitar su reaparición, corrieron mayor riesgo de morir que las que no las habían tomado.

No lo olvides: Cuanto más se investiga sobre los antioxidantes, más parece confirmarse que actúan mejor cuando se consumen junto con otras vitaminas, minerales, y probablemente otros componentes que todavía no hemos descubierto. Todos los antioxidantes que necesitamos están incluidos en lo que comemos, un tallo de brécol, una jugosa ciruela o una rebanada de pan de multicereales con nueces y pasas. Resumiendo: come alimentos integrales.

Lo primordial

Para concluir este apartado sobre la alimentación y la piel, voy a dar el mismo consejo que los médicos han dado durante años: come una dieta variada con muchas frutas, verduras, cereales integrales, legumbres, frutos secos y alimentos ricos en calcio. Este tipo de dieta jamás pasará de moda.

Estoy segura de que recordarás cuando tu madre te decía lo mismo desde su tarima invisible. Pero al momento tomabas tu propia decisión respecto a la alimentación y empezabas a beber una lata de Coca-Cola y a comer una bolsa de patas fritas sin importarte un bledo lo que te había dicho. Puede que te parezca que han pasado siglos, pero el consejo no ha cambiado. Lo cual tiene un incentivo, porque ahora sabes que combinar la dieta correcta con unos pocos suplementos sencillos es una de las mejores cosas que puedes hacer por tu piel.

8

Tratamiento especial

El acné y otros problemas de la piel

Más de la mitad de las mujeres (un 54 por ciento) mayores de 25 años tiene acné. ¿Qué ha sucedido? ¿No se suponía que los granitos tenían que desaparecer para siempre cuando terminabas el instituto… o, al menos cuando acababas los estudios universitarios? De hecho, una de las mayores fuentes de quejas en mi consulta son las mujeres que no se pueden creer que les estén saliendo arrugas y granitos al mismo tiempo. No les parece justo. Creen que sus cuerpos están atravesando una crisis de identidad, y el estrés de preocuparse del problema empeora las cosas.

Nadie puede decir por qué están convergiendo estos signos de la adolescencia con los de la piel de edad madura, pero nuestra obsesión por tomar el sol probablemente nos esté llenando de arrugas mucho antes de lo que nuestras madres y abuelas las tuvieron, y el estrés de la vida moderna hace que el acné se perpetúe. Si el acné no fuera un problema, en Estados Unidos las mujeres no se estarían gastando más de 100 millones de dólares [70 millones de euros] al año en productos sin receta. El coste general de los tratamientos del acné en Estados Unidos supera los 1.000 millones de dólares [700 millones de euros] anuales. Eso es mucho dinero, y mucho acné.

Ahora sabemos mucho más sobre el tratamiento del acné que cuando eras adolescente, así que puedes suavizar y calmar tu piel más deprisa que cuando te lamentabas de tus brotes con tus compañeras de estudios. Este capítulo está dedicado al acné, y también incluye algunas pautas sobre otras patologías comunes de la piel. Aquí el acné es el protagonista y hay una buena razón para ello: está aumentando y afecta a 20 millones de adultos; es probable que haya millones de personas que no han ido nunca al dermatólogo o que no se han tratado.

Aunque no te afecte tanto como cuando tenías 13 años, el acné puede tener una repercusión importante en tu autoestima y confianza. Tu cara es tu rasgo más característico, y suele ser el lugar donde el acné puede resultar especialmente molesto. Procuramos mostrar nuestro mejor aspecto, pero también nuestra mejor cara cuando nos presentamos ante el mundo, amantes, jefes, amigos, familia, compañeros de trabajo, y ante nosotras mismas cuando nos miramos al espejo. No es ningún secreto que el aspecto de nuestra cara está íntimamente relacionado con nuestra imagen corporal. No olvidemos que combatir el acné puede ser una experiencia muy estresante y dolorosa en más de una forma. La secuela de haber padecido acné durante mucho tiempo puede ser devastadora, en cuanto puedes convertirte en una persona con problemas de relación. El precio que pagas emocionalmente tampoco es nada despreciable: depresión, ira, frustración, ansiedad y vergüenza. Esto a su vez puede afectar a otros aspectos de la vida, incluida la capacidad para conservar un trabajo, tener una carrera, relacionarse con los demás e interactuar de formas saludables que favorezcan nuestro bienestar.

Voy a hablar sobre cómo manejar el acné teniendo en cuenta todos estos factores, a fin de que no permitamos que controle nuestra vida. Antes que hablar de limpiarnos la cara, voy a aclarar algunos puntos erróneos sobre el acné.

Verdades y fantasías

Existen muchos mitos respecto a las causas del acné. Encabezando la lista están la piel grasa y alimentos como el chocolate y el pollo frito. El origen del acné es más complicado de lo que parece, y, de hecho, hay un montón de personas con la piel grasa y malas dietas que tienen una piel estupenda. No por fuerza has de echarle la culpa de tu acné a lo que cenaste ayer o a tu nivel de producción de grasa. El origen de prácticamente cualquier acné es el estrés y la inflamación, así de sencillo.

Percepción: me está saliendo una erupción porque tengo estrés.

Realidad: ahora ya deberías saber que el estrés activa la inflamación, la que, a su vez, produce erupciones. La genética, la menstruación, una medicación nueva, el producto cosmético que te irrita de vez en cuando también pueden contribuir, aunque, sin duda, el estrés es el factor más influyente. Estresada o no, los granitos aparecen cuando se obturan los poros con células cutáneas que no se han descamado como deberían. Lo que sucede es que las células muertas de la superficie de tu piel se vuelven pegajosas, recubren el folículo y lo taponan. Debajo está el sebo, donde las bacterias *P. acnes* hacen su aparición para darse un festín de grasa, creando más inflamación. Al mismo tiempo, las células del sistema inmunitario hacen acto de presencia para poner orden en la zona.

Percepción: ayer me di un buen atracón de comer chocolate; no me extraña que me haya despertado con un granito.

Realidad: solemos echar la culpa a alimentos como el chocolate, refrescos, pizza, patatas chips, patatas fritas, todo lo que parece malo o prohibido, pero no existe ninguna prueba de que alguno de ellos (o cualquier alimento) produzca granos; de hecho, no creo que ningún alimento sea malo. Voy a hablar con precaución de algunas de las teorías actuales sobre la relación entre la dieta y el acné hasta que se realicen más investigaciones. Además, un problema cutáneo suele tardar más tiempo en desarrollarse, por lo que carece de sentido preocuparse por lo que hayas comido ayer. Ten en cuenta que es muy tentador culpar a la comida de los granos, porque éstos nos hacen sentir que no tenemos control sobre nuestra piel. Si decidimos que el culpable es el chocolate, sentimos que, dejando de comerlo, recobramos nuestro poder. Si estás convencida de que hay un alimento que te produce las erupciones y te sientes más segura si no lo tomas (y así bajará tu estrés), no dudes en suprimirlo. ¡Personalmente, yo no pasaría del chocolate! Me centraría en un tratamiento.

Percepción: quizá pasar el día en la playa o ir a un centro de estética acabará con mis granos.

Realidad: el sol es engañoso. Una hora en la playa hoy puede secar un poco tu acné y al día siguiente tener tu piel mejor aspecto, pero a los pocos días, es muy probable que haya empeorado: más bultitos, inflamación y rojez. La piel reacciona a los rayos ultravioleta inflamándose; responde al estrés de esos rayos perjudiciales con su propio sistema de respuesta al estrés (que ahora ya sabes que puede desencadenar el acné y otros problemas de piel). Puede que tarde unos días en aparecer tras la exposición, y esta reacción retardada puede hacerte olvidar que fue el sol lo que la provocó. Ahórrale a tu piel el empeoramiento y las lesiones provocadas por el sol.

Percepción: hidratar lo empeorará.

Realidad: tu piel necesita hidratación. Hasta la piel grasa la necesita. Los tratamientos para el acné suelen resecar mucho, así que puede que necesites más hidratación, no menos, cuando estás lidiando con una erupción. De lo contrario, el exceso de sequedad puede provocar más inflamación, y entonces vuelta a empezar: tendrás que lidiar con más acné. Basta con que te asegures de comprar una fórmula que sea *no acnegénica* (busca el término *no comedogénica*). Por razones prácticas, también verás en las etiquetas «oil-free», «no grasa» o «sin aceite»: todas son aptas.

Percepción: nunca tuve acné de adolescente, por lo que no tiene sentido que lo tenga ahora.

Realidad: primero, entiende que el acné del adulto es muy común y que tiene muchas causas. No tener granitos de adolescente no significa que estés a salvo de tenerlos durante el resto de tu vida. Las hormonas suben y bajan, con el embarazo, en las distintas fases de la menopausia, y eso no es más que uno de los factores que pueden producirlo. Como mujeres estamos acostumbradas a responsabilizarnos de todo. Pensamos que nos provocamos nuestro propio estrés, de que depende de nosotras controlarlo, y que si no lo conseguimos, es culpa nuestra. Lo mismo sucede con el acné: pensamos que estamos haciendo algo que lo está provocando. No es muy probable que así sea. Por el contrario, céntrate en hacer algo para curarlo y evitarlo. Es mucho más inteligente.

P: ¿Cuáles son los grandes mitos sobre el tratamiento del acné?

R: Es sorprendente la cantidad de ideas raras que circulan por ahí.

- Muchas personas se ponen pasta de dientes en los granitos porque su abuela les ha dicho que se los secará. No es verdad.

- Frotarse la cara con un algodón empapado en alcohol. Esa sensación de frescor inmediato gusta y se puede ver que elimina la suciedad. «Mira cómo sale el algodón», dicen. Sí, es cierto, elimina la suciedad superficial (también lo conseguirías lavándote la cara), pero también arranca todas las grasas protectoras del cutis, y eliminar esas grasas no acaba con el acné. Ése es otro mito. Sólo consigues que tu cara se reseque más y se descame.

- Ponerse aguarrás. ¡Ug! ¡Nunca te pongas aguarrás en la piel!

- Aplicarse una crema hecha con levadura en polvo y agua: reseca y es abrasiva. Yo sé darle buen uso al agua y a la levadura en polvo, pero no es para los granos. Es fantástica para limpiar las joyas. Pregunta a algún joyero.

- Un último gran mito: las cremas hidratantes empeoran el acné. La realidad es que si la piel se seca demasiado, y los tratamientos para el acné pueden resecarla mucho, eso empeorará el problema. De hecho, las personas con la piel un poco grasa pueden necesitar una crema hidratante por primera vez en su vida si empiezan a seguir algún tratamiento para el acné. Sólo has de cerciorarte de que sea una fórmula suave, sin aceite, *no comedogénica*, que no contenga ácido glicólico o algún otro exfoliante; son demasiado fuertes para tu piel si estás haciendo un tratamiento para el acné.

Anatomía del acné

El origen del acné es una simple inflamación del *folículo pilosebáceo*, una pequeña zona que produce grasa y el pelo, y que forma un único poro. Recuerda que en el capítulo 6 mencioné que la glándula de la grasa se llama *glándula sebácea,* y que secreta una sustancia oleosa denominada *sebo.* Las células productoras de grasa son sustituidas constantemente por células nuevas en la raíz de la glándula, de modo que el sebo es en realidad una combinación de grasa y células viejas y muertas. En un folículo normal, estas células viejas salen a la superficie de la piel para ser eliminadas a través del tallo del pelo. Las células viejas que recubrían el folículo también se caerán de la pared y se eliminarán. La glándula sebácea ayuda a orquestar todo este proceso manteniendo la piel bien lubricada, para que las células viejas puedan salir a la superficie y ser eliminadas. Puede haber problemas si algo va mal y se obturan los poros por la suciedad, debida ésta a las células muertas y a las grasas sebáceas, y a una proliferación de la bacteria *Proponibacterium acnes,* que normalmente reside en el folículo, pero de forma controlada.

Detener el acné de adulta

Tener un grano siempre es descorazonador, y a las mujeres nos pasa a cualquier edad. Si nunca has tenido que tratarte un grano, has sido afortunada. (Yo no he sido una de esas personas. De adolescente tuve un acné rebelde que me duró hasta la universidad.) La mayoría de las personas, en un momento u otro, han de tratarse algún grano. Afortunadamente, hay soluciones para todos.

Regla número uno

Por muy tentador que sea estrujar, tocar o reventarse el grano, no lo hagas. ¿Por qué? Cicatrices, marcas y más inflamación. (Estás sacando algo, pero también estás introduciendo porquería en una inflamación exacerbada. A los pocos días tendrás *otro* grano al lado.) Las uñas son afiladas y están llenas de bacterias, por lo que corres el riesgo de dañar capas más profundas de la piel y provocar que te salgan granos nuevos cerca del que ya tienes. Puedes hacer una cosa: aplica compresas templadas en la zona para aflojar la densa capa de sebo. Luego coge dos trozos de algodón limpio y colócalos a cada lado del grano, y haz una presión suave, incluso hacia dentro. Si sale algo, estupendo; seca la zona y hazle algún tratamiento, por ejemplo, usa tu producto para el acné. Si no sale nada, simplemente déjalo en paz, todavía no está a punto.

ACNÉ LEVE

Hay dos tratamientos muy eficaces para el acné: el peróxido de benzoilo (PB) y el ácido salicílico, pero tienen efectos distintos y actúan de formas diferentes. El peróxido de benzoilo actúa matando las bacterias *P. acnes*, la bacteria que puede proliferar en un poro y provocar acné, pero seca e irrita bastante. El ácido salicílico es exfoliante —elimina las células muertas de la piel que obturan los poros— y antiinflamatorio. Es mucho menos irritante, ésa es la razón por la que prefiero el ácido salicílico.

Si tu piel tiende a secarse de todos modos, empieza con el ácido salicílico (una crema o loción, no un tónico de limpieza) y deja que actúe durante dos o tres semanas. Si con eso no basta, añade peróxido de benzoilo durante un par de semanas. Si *esta* combinación no basta, no empieces a duplicar o triplicar productos y tratamientos; tu piel tendría una reacción excesiva y sería peor. Si sigues teniendo brotes, lo mejor será que vayas a un dermatólogo. Necesitas alguna fórmula de prescripción facultativa.

Cuando compres productos con ácido salicílico, busca los que sean más fuertes, es decir un 2 por ciento. En realidad es bastante suave. Puedes usar estos productos en toda tu cara, si lo deseas; actuarán como exfoliantes y calmarán toda la irritación. (Otros dos exfoliantes, el resorcinol y el sulfuro, se han utilizado durante años, pero no hay muchas pruebas de su eficacia.)

El peróxido de benzoilo se suele usar como tratamiento local, es demasiado irritante para usarlo en toda la cara (la excepción es que utilices un limpiador facial de PB suave cuando te limpies la cara). No importa si utilizas gel, toallitas húmedas o crema de peróxido de benzoilo. Utiliza lo que prefieras, porque no es la presentación lo que importa, sino la concentración. Una más fuerte no necesariamente es mejor. Puesto que seca mucho, mejor que encuentres la de menor concentración que te haga efecto. Empieza con un 2,5 por ciento, y ve subiendo de a poco. Puedes encontrar tratamiento de hasta un 10 por ciento, pero suelen ser para el pecho y la espalda, que pueden tolerar concentraciones más elevadas.

ACNÉ ENTRE MODERADO Y GRAVE

Existen muchas otras opciones según el grado de inflamación, el tipo de granos (quístico o nodular), y lo que en el pasado te haya funcionado y lo que no. Entre ello se incluyen las prescripciones de tu dermatólogo como:

- Retinoides tópicos (tretinoína, tazaroteno, adapaleno), utilizados por separado o mezclados con una loción antibiótica (generalmente de clindamicina o eritromicina).
- Antibióticos orales, como la minociclina de liberación prolongada, que sólo se han de tomar una vez al día (estos antibióticos actúan como antiinflamatorios).
- Los anticonceptivos orales muchas veces van bien (eso es lo que frenó mi acne de adolescente).
- La isotretinoína (Accutane), un derivado de la vitamina A oral, que realmente acaba con el acné grave o persistente. También es la única medicación en el mundo conocida que evita las cicatrices que sufren algunas personas con el acné. No obstante, el Accutane conlleva algunos riesgos, porque puede producir anomalías congénitas, las mujeres que lo utilizan han de registrarse en el registro del fabricante (¡el nombre del programa es iPLEDGE! [promesa]), afirmando que no están embarazadas. Normalmente, se recetan pastillas anticonceptivas para asegurarse de que no va a haber accidentes. Que debas o no usar Accutane (sobre todo si ya lo has probado todo) es una cuestión que deberéis decidir entre el dermatólogo y tú. Puede ser un tratamiento muy eficaz para el acné grave, y ha cambiado la vida de muchas personas que no habían respondido a otros tratamientos.

ADVERTENCIA: PUEDE QUE LA TERAPÍA FOTODINÁMICA NO MEREZCA LA PENA

Si estás impaciente y no puedes esperar, hay un procedimiento que se llama terapia fotodinámica (TFD), un sistema para terminar con el acné bastante agresivo. Sinceramente: es dolorosa y cara, y lo más probable es que no la cubra ningún seguro médico. El TDF consiste en que te apliquen un ácido líquido claro sobre la cara (ALA o Levulan), que es absorbido por las células de la piel, especialmente las dañadas. Al cabo de cerca de media hora, se utiliza un rayo de luz muy potente para activar el producto, que mata las bacterias responsables del acné. Este sistema, que puede que no necesite repetirse, a veces es también muy doloroso durante y después del proceso, y puedes tener descamación e irritación durante una a dos semanas. No obstante, elimina el acné rápidamente además, si tienes alguna queratosis actínica, es decir células precancerosas, también acaba con ellas. Pero no aconsejo a mis pacientes que sigan esta vía.

LOS PRINCIPALES PROS Y CONTRAS PARA CUALQUIERA QUE PADEZCA ACNÉ

Éstos son los consejos básicos que repito una y otra vez a los adultos que tienen acné por primera vez.

- Ponte una cinta para retirarte el pelo cuando vayas a lavarte la cara, para que puedas verte bien.
- Aplica tu tratamiento local para el acné sobre una piel limpia, ¡no después de haberte maquillado!
- Espera de 1 a 2 minutos a que se absorba la crema para los granos antes de ponerte ninguna otra cosa en la cara. Si tarda más en absorberse es que has usado demasiada.
- No mezcles el peróxido de benzoilo con la crema hidratante, diluirías el PB y no haría efecto.
- Lava tus brochas de maquillaje con champú, acláralas y cuélgalas con las cerdas hacia abajo para que se sequen al aire.
- Si utilizas Retin-A o algún otro tratamiento con retinoides, no hace falta que las uses con el PB, ya que este último parece anular los efectos de los retinoides.

¿Acné urbano o mito urbano? ¿Te preocupa realmente que tu vida urbana sea la causante de tu acné? Los investigadores del aire que han observado la piel del ratón creen que el ozono y otros contaminantes comunes, como el óxido nitroso, pueden hacer que la piel sea más susceptible a las alergias e irritación. Aunque hay que reconocer que existe una gran diferencia entre la piel de los ratones y el acné humano.

Esto es lo que sabemos a ciencia cierta: si vives en una ciudad, como yo, es sensato tener especial cuidado en protegerse la piel de la luz ultravioleta, porque produce una reacción con la contaminación ambiental de la que todavía no conocemos todo su alcance. Por otra parte, si tienes acné, no imagines que el aire de la ciudad ensucia más tu cara y que has de esmerarte más en limpiarla. Exfoliarla demasiado es una buena forma de intensificar el acné.

Cuatro erupciones comunes a las que poner fin

Pequeños puntos blancos o negros: estos malditos incordios de los *puntos blancos* o los *puntos negros* se deben a una obturación de los poros; los puntos negros (comedones abiertos) están expuestos al aire, y el oxígeno oxida el sebo ennegreciéndolo. Los *puntos blancos* (comedones cerrados) son la misma lesión pero cerrada.

SOLUCIÓN: lavar todos los días la cara con peróxido de benzoilo para matar las bacterias puede ser útil. Utilízalo después de tu limpieza habitual. Una buena marca es Neutrogena Clear Pore Cleanser/Mask. También puedes tratar localmente la zona con una fórmula con ácido salicílico, como Tratamiento Anti-Imperfecciones Vichy Normaderm.

Puntos pequeños y rojos con cabeza blanca: se llaman *pústulas*, empiezan siendo puntos rojos, pero se convierten en lesiones inflamadas con una cabeza blanca llena de pus. A muchas mujeres les salen antes de tener la regla cuando sus niveles de hormonas están muy altos (sí, pueden ser producidos por las hormonas). La piel secreta demasiadas grasas que pueden provocar granos, preparando el terreno para que se obturen los poros.

SOLUCIÓN: si tienes este tipo de acné, un plan diario de tres pasos: limpiador, tónico e hidratante, te ayudará a controlar tu piel. Prueba el kit Acne Solutions Clear Skin System, de Clinique. La loción clarificante ayudará a que esas células pegajosas no obturen el poro. Las mujeres también pueden plantearse tomar pastillas anticonceptivas para regular sus hormonas y reducir su nivel de testosterona, que es lo que desencadena el acné.

Bultitos rosa y rojos: se denominan *pápulas,* porque son bultitos redondos. Aunque se han inflamado, no forman pus.

SOLUCIÓN: aquí la mejor solución es ir a un dermatólogo para que te recete algún producto con retinoides, que desobturará los poros eliminando las células muertas. También ayuda a secar el exceso de grasa y reduce el acné que provoca las bacterias. Primero empezarás usándolo un par de veces a la semana, e irás aumentando la dosis paulatinamente hasta ponértelo cada noche.

Protuberancias grandes y duras: los granos grandes y dolorosos de este tipo se denominan *nódulos* o *quistes,* y son granos llenos de grasa que están alojados en capas profundas de la piel y aparecen como zonas hinchadas. Pueden provocar cicatrices.

SOLUCIÓN: inyecciones de kenalog diluido, un esteroide antiinflamatorio, antibióticos orales y retinoides tópicos, todos ellos pueden ser útiles en este caso. Las inyecciones se darán directamente sobre el grano (esto se llama Kenalog intralesional). Disolverá la grasa y reducirá la inflamación. Los antibióticos orales ayudarán a secar los granos profundos y a evitar nuevas erupciones.

El acné en cada edad

Hay una cosa que ha de quedar bien clara, y es que, a todos los efectos, el acné es acné, tanto si lo tienes cuando te ha de venir la regla, durante el embarazo, tus preparativos para vacaciones o cuando haces el amor con tu marido. A veces, es importante saber por qué puede aparecer en ciertos momentos y cómo puedes tratarlo con éxito. Voy a describir algunas situaciones que pueden generar acné. No obstante, ten presente que la causa subyacente de casi todas estas situaciones es el estrés y las reacciones que tienen lugar en el cuerpo a causa de éste, que pueden empeorar por las hormonas, factores genéticos y otros factores.

ACNÉ HORMONAL

Si tus menstruaciones son un poco estrafalarias (es decir, que no se producen puntualmente cada 28 a 32 días), o si padeces el *síndrome del ovario poliquístico* (SOP), puede que te salga un pequeño sarpullido en la barbilla o en la mandíbula. Eso, y el vello extra en el labio superior, son manifestaciones del acné hormonal. Por alguna razón, la hormona masculina llamada testosterona se une con más fuerza a los receptores de andrógeno en esa parte de tu rostro, provocando que te salgan bultitos; tendrás que ir al médico para que te haga un análisis de sangre a fin de revisar tus niveles hormonales.

Incluso si tus niveles son normales, las píldoras anticonceptivas, que tienen la ventaja de reducir los niveles de testosterona, te ayudarán a limpiar tu rostro. Una buena noticia: dispones del Yaz®, que está aprobado por la FDA [Departamento de Alimentos y Fármacos de Estados Unidos] para tratar el acné, gracias a un ingrediente activo que bloquea el andrógeno. Si los granos están inflamados y son profundos o quísticos, puede que cueste más eliminarlos. En ese caso puede que necesites un retinoide y un antibiótico o un antiandrógeno. También tendrás que hacer algo para solucionar el exceso de vello. ¡No te afeites! La piel de la cara de la mujer es demasiado delicada y podrías provocarte más lesiones inflamatorias. Pero lo más importante es que afeitarse puede deprimirte, es muy poco femenino y puede alterar tu sentido de la feminidad. Arrancártelos tampoco es la solución, pues produce granitos rojos. Lo mejor es la depilación eléctrica o el láser.

PRODUCTOS QUE CAUSAN EL ACNÉ

Hay muchos productos diseñados para ser no comedogénicos, lo que significa que no obturarán tus poros. Rara vez veo productos que causen acné (son mucho menos comunes de lo que piensas) y, de hecho, cuando alguien cree que está reaccionando a un producto, lo más probable es que se deba a otra cosa. No obstante, el apego psicológico a un producto en particular al que culpar significa que, dejando de usarlo, no nos sentimos tan estresadas al respecto. Puede que tu piel reaccione a un ingrediente. Para asegurarte de que se trata del producto, haz un diario y anota todos los cambios en tus cuidados habituales: jabones, limpiadores, serum, tratamientos, maquillaje, *todo*. Deja de usar uno de ellos entre 5 a 7 días y observa si mejora tu piel; si no es así, pasa al siguiente. Un producto que suele causar problemas y que no es fácil de descubrir es alguna de las cremas bronceadoras con protección solar. Mis pacientes a veces me dicen que se sienten muy agobiadas porque les salen granitos rojos o puntos negros en la frente. Resulta que uno o dos días antes habían usado un fotoprotector que no era *oil free*, sin aceite. Asegúrate de que el fotoprotector que uses sea no comedogénico, y que tenga un buen protector de los rayos ultravioleta como el óxido de cinc o el dióxido de titanio.

Puesto que los productos para el acné pueden tardar entre 3 y 6 semanas en desaparecer por completo, prueba alguna crema con ácido salicílico sin receta para exfoliar y calmar la inflamación que te ha producido. También puedes ir al dermatólogo para que te recete una crema que sea una mezcla de peróxido de benzoilo y clindamicina, y póntela por toda la cara.

P: ¿Qué opinas del tratamiento de 3 pasos de ProActiv Solution?

R: Lo que a mucha gente le gusta de estos kits de tres pasos es que te juntan los tres productos, y que te puede salir más barato que comprarlos por separado. Por lo general, te compras una loción limpiadora-tónico-crema hidratante, o un tratamiento limpiador-tonificador, y uno o dos de los productos tendrá peróxido de benzoilo o ácido salicílico, que van muy bien para el acné. El problema de comprar el kit es que muchas veces uno de los tres productos no es apto para ti, lo que puede suponer un gasto innecesario.

Personalmente, creo que ProActiv es bueno para un acné leve, aunque es caro. Si no funciona, no sigas probando más y más productos. Te aconsejo que vayas a tu dermatólogo.

ACNÉ CAUSADO POR ACONTECIMIENTOS IMPORTANTES

Las bodas y las conferencias pueden disparar el estrés como ninguna otra cosa. Desde las sugerencias de tu madre para cualquier cosa hasta los lugares para las celebraciones, las flores y el darte cuenta de que estás a punto de casarte con un hombre que todavía juega con videojuegos, casarse puede aportar un sinfín de razones para padecer estrés. Lo mismo ocurre cuando has de dar una conferencia importante. Lo último que deseas es que te salga algún grano en la cara, pero probablemente sucederá en algún momento. Incluso los acontecimientos felices pueden resultar estresantes y acaban manifestándose en la piel. Si por la mañana tienes la cara hecha un desastre, un dermatólogo te la puede arreglar con una inyección de algún antiinflamatorio esteroide. Es un tratamiento de emergencia, no para hacerlo con regularidad. Si tienes un acto importante y por experiencia sabes que te va a salir un grano donde tú ya sabes, pide que te receten Vanoxide HC (2 por ciento de peróxido de benzoilo con 0,5 de crema de hidrocortisona), para que no te pille por sorpresa.

ACNÉ DEL EMBARAZO

Si tienes la suerte de no haberlo padecido en el pasado, no es muy probable que lo padezcas ahora, o al menos no con mucha virulencia. Para las mujeres con tendencia al acné, el embarazo puede ser un reto: si tus tratamientos actuales pueden poner en peligro al feto, tendrás que abandonarlos y el resultado será que empeorará tu acné. ¡No te rindas! Puedes usar remedios seguros durante el embarazo: la eritromicina tópica o el ácido azelaico, de prescripción facultativa, o el ácido salicílico que se vende sin receta. Aunque no se han probado específicamente durante el embarazo, están aprobados por la FDA y su riesgo es bajo. Consulta a tu obstetra y a tu dermatólogo.

ACNÉ PASADOS LOS CUARENTA

Cuando cumples los 40 quieres que el acné sea cosa del pasado para concentrarte en tus arrugas. ¡Vaya por Dios, resulta que las mujeres de 40 años también tienen brotes! Quizás has empezado a tomar una nueva medicación para la depresión, como el litio, o algún fármaco con yodo para una tiroides perezosa. Estos y otros medicamentos, incluidos los corticoesteroides, como los medicamentos para la epilepsia o para la tuberculosis, pueden provocar erupciones cutáneas. Comenta a tus médicos tus reacciones, para que puedan planificar un tratamiento que no interfiera con tu problema principal.

P: *¿Para qué sirven los tratamientos térmicos con dispositivos electrónicos como el Zeno?*

R: Las instrucciones de Zeno recomiendan este aparato principalmente para granos que están empezando a aparecer —es un sistema de atacarlos desde su raíz—, pero no sirve cuando están muy rojos, duros y rebeldes, como el acné nodular grave o quístico. El fabricante tampoco lo recomienda para los puntos negros y los blancos. Francamente, yo no lo recomiendo para nada. Utiliza peróxido de benzoilo. Hace lo mismo que dice Zeno —acabar con las bacterias *P. acnes*—, y es mucho más barato.

Los dermatólogos a veces usan láser para el acné, que funciona bien, pero el tratamiento se ha de hacer varias veces y es doloroso. Otra opción es una nueva máquina llamada *Isolaz*, que no es una terapia de láser. Es un aspirador que succiona la suciedad de los granos, luego emite una luz azul fuerte (no duele) que ayuda a destruir las bacterias que provocan el acné, eliminando las grasas y células muertas. Esta luz también puede reducir la glándula sebácea para disminuir la producción de grasa. También puede usarse para tratar el tono desigual de la piel, la piel dañada por el sol, la rojez facial, las venas y el vello no deseado. No lo puedes hacer en casa; ve a un dermatólogo que utilice este método de terapia láser.

Si se te han juntado granitos con las arrugas, ahora puede ser un buen momento para empezar un tratamiento tópico con retinoides como *tazaroteno* (Tazorac). Empieza con una concentración baja y utilízalo en crema mejor que en gel. La ventaja: puede ayudar a erradicar las arruguitas finas.

Y recuerda que tener más de 40 años no te excluye de tu régimen de cuidado de la piel diario. Revisa tus productos, tanto los de limpieza como tu maquillaje, para asegurarte de que no son comedogénicos. Lávate la cara dos veces al día tal como he dicho anteriormente: si quieres añadir peróxido de benzoilo o ácido salicílico a tu rutina, empieza con uno de ellos (peróxido de benzoilo o ácido salicílico) y úsalo durante dos o tres semanas. Si no te funciona, añade el otro (por ejemplo, límpiate con peróxido de benzoilo y usa un tónico de ácido salicílico o un tratamiento tópico). ¡No te olvides de hidratarte! Muchas veces veo a pacientes que se han tratado demasiado y cuya piel se ha secado demasiado hasta llegar a desencadenar de nuevo el ciclo inflamatorio. Sé buena con tu piel. Nútrela. Hidrátala, manténla limpia y elástica.

P: *¿Qué correctores faciales y bases recomiendas para disimular un granito?*

R: La respuesta más sencilla es que no utilices marcas baratas. Vale la pena ir a unos grandes almacenes o comprar *online* y gastarte un poco más en esto, porque es difícil hacer una base no comedogénica que camufle bien sin que sea opaca y gruesa. Lo mismo sucede con los correctores. Los baratos suelen ser blandengues. Sólo asegúrate de que son no comedogénicos. Éstos son mis favoritos:

Clinique
Perfectly Real Makeup (líquido o compacto)
RepairWear Anti-Aging SPF 15

Laura Mercier www.LauraMercier.com
Secret Camouflage concealer
Oil-Free Foundation

Mac Cosmetics www.maccosmetics.com
Studio Finish SPF 35 concealer
Select Moisture Blend SPF 15 foundation
Studio Tech foundation

Shiseido
The Makeup Dual Balancing foundation SPF 17

Antes de pasar al tema del cáncer de piel en el capítulo siguiente, voy a hablar de algunos otros problemas cutáneos muy habituales que veo todos los días en mi consulta. La mayoría requieren tratamiento dermatológico, y el objetivo de este libro no es tratar estos problemas en profundidad. Utiliza el resumen que viene a continuación como punto de partida si padeces alguno de estos problemas. Cuando consultes a tu dermatólogo notarás que estás más informada.

Eccema

También denominado *dermatitis atópica*, este trastorno crónico de la piel, que suele darse entre los miembros de una misma familia, se manifiesta como erupciones con picor y descamación, y muchas veces se debe a la sensibilidad cutánea más que a una alergia. Esta alergia produce inflamación a corto y largo plazo (sí, la misma respuesta inflamatoria de la que hemos estado hablando desde el comienzo del libro). El eccema es muy común en los niños pequeños y mayores, y en el caso de los adultos puede ser crónico. Las personas que padecen eccema suelen agravar su problema al rascarse la zona afectada, lo que hace que la piel se engruese, y cuanto más gruesa es, más pica. El tratamiento del eccema es detener el ciclo de picor-rascar y generalmente implica cuidar a diario la piel seca. Esto supone usar leches o lociones limpiadoras muy suaves, evitar toallitas para la cara que no sean desechables, y ser diligente respecto al uso de cremas muy hidratantes que se deberán aplicar al salir de la ducha con la piel todavía húmeda. Los antiinflamatorios tópicos como las cremas de cortisona también pueden hacer efecto. Existen diferentes tipos de tratamiento según la gravedad del eccema; también es importante que descubras si hay algún factor específico que te irrite y que desencadene el eccema. Tu médico puede ayudarte.

Consejo gratuito para la piel

Si la función barrera de tu piel actúa correctamente, el riesgo de padecer problemas cutáneos debidos a procesos inflamatorios descontrolados es bajo. Relaja tu piel; sé amable con ella, y utiliza fórmulas para pieles sensibles cuando te laves e hidrates la cara y cuando te maquilles. No olvides pasarte a detergentes sin fragancia y sin tintes. Busca suavizantes sin fragancia, y reduce el uso de colonias y perfumes.

Psoriasis

Hay varios tipos de psoriasis, pero en general se trata de un trastorno crónico de la piel que se distingue por brotes de placas rojas claramente definidas, cubiertas por una superficie plateada y escamosa. La forma más común se llama *psoriasis en placas*; son lesiones rojas y gruesas bien definidas que suelen aparecer en los codos, rodillas, cuero cabelludo, zona lumbar, nalgas y ombligo. También puede haber otras áreas afectadas, como las uñas y los pliegues del cuerpo.

No se sabe con precisión cuáles son sus causas, pero parece ser que se trata de una combinación de factores. Básicamente, empieza con un proceso inflamatorio de la piel que hace que se generen células nuevas. El proceso empieza en la capa *basal* (la más profunda) de la *epidermis*, donde se forman los queratinocitos. Los *queratinocitos* son células epidérmicas que producen la *queratina*, una proteína dura que ayuda a la formación del pelo, de las uñas y de la piel.

En un crecimiento celular normal, los queratinocitos crecen y pasan de la capa basal a la superficie de la piel donde se eliminan sin más. Este proceso dura un mes, más o menos.

En las personas que tienen psoriasis, los queratinocitos se multiplican rápidamente y pasan de la capa basal a la superficie en tres o cuatro días. La piel no puede deshacerse de estas células con la suficiente rapidez, así que se acumulan, lo que produce placas gruesas y secas. Las áreas plateadas y escamosas de piel muerta se acumulan en la superficie de esas placas. La capa subyacente (*dermis*), que contiene los nervios, la sangre y los vasos linfáticos, se vuelve roja e hinchada.

Se han realizado muchas investigaciones sobre la psoriasis y el estrés, y actualmente hay varios tratamientos, incluida medicación oral con receta. El estrés también puede ser local, como el estrés provocado por algún traumatismo en la piel. Esto puede ser algo tan simple

---

¡Rascarse! ¡Rascarse! ¡Rascarse!

Cuanto más te rascas, más te pica. La epidermis se engruesará, y a raíz de ello, picará más. Rompe el ciclo. Si no puedes evitar rascarte, tocarte y juguetear con la zona inflamada o con costras, prueba alguna crema de hidrocortisona sin receta y aplícatela dos veces al día. También puedes probar con hielo: cúbrete la zona con una tirita [curita], o busca algún producto antiprurito que contenga pramoxina, como Sarna Sensitive.

como la presión sobre las nalgas por estar todo el día sentada, un corte o una quemadura, o apoyarse sobre los codos. Al igual que sucede con toda la piel escamosa y con el prurito, cuanto más te rascas, más te pica. Esto a su vez hace que la epidermis se vuelva más gruesa y, a raíz de ello, pique más. Romper el ciclo de rascarse es la clave, como lo es controlar la inflamación y cualquier causa subyacente para la misma.

P: *¿Son hereditarias las «arañas vasculares» y no se pueden tratar?*

R: Lo siento, pero no puedes culpar a tus padres por estas venitas, que pueden ser rojas, azules o púrpura. El embarazo, la píldora anticonceptiva y los traumatismos en las piernas, como una operación o un accidente de carretera, pueden provocarlas. (No, no te van a salir por cruzar las piernas muy a menudo.) Por desgracia, algunos fabricantes de terapias para las arañas vasculares dicen que la vitamina K es el arma secreta para combatirlas, pues contrae los vasos sanguíneos para que sean menos visibles, pero sus moléculas sencillamente son demasiado grandes como para atravesar las capas de piel. Incluso aunque llegara a las venas, no haría nada: la vitamina K actúa en los procesos de coagulación cuando existe una hemorragia. La mejor forma de tratar las arañas vasculares es con la *escleroterapia*. Un médico inyecta pequeñas dosis de una solución esclerosante (salina hipertónica o sotradecol son las más comunes) que hará que primero se inflamen las venas y luego se cierren. Casi un 95 por ciento de las pacientes notan mejoría entre una y tres sesiones de escleroterapia.

ROSÁCEA

Lo que caracteriza a esta patología cutánea que afecta a adultos en torno a los 30 años es el enrojecimiento de la frente, nariz, mejillas y barbilla. Las personas de piel clara que se ruborizan con facilidad tienen mayor riesgo. Algunas personas tienen un aspecto rubicundo, y se les pueden ver los vasos sanguíneos, así como granitos en esa zona. También puede afectar a los ojos irritándolos y haciéndolos lagrimear. No obstante, muchas personas creen que tienen rosácea, cuando en realidad se trata de lesiones provocadas por el sol. Sólo uno de cada diez pacientes que veo en mi consulta que creen que tienen rosácea, realmente la tiene. Unos 14 millones de estadounidenses la tienen.

Existen varias teorías para explicar la todavía desconocida causa de la rosácea, pero una cosa es cierta: la inflamación está en el corazón del problema. No sabemos qué es lo que provoca la inflamación. Puede tratarse de algún trastorno generalizado de los vasos sanguíneos, o de algo más específico, como ácaros microscópicos de la piel, estrés psicológico, exposición al sol, el tiempo, el alcohol, las hormonas, los alimentos picantes, ejercicios pesados, bañarse con agua muy caliente, perfumes, alergias, etcétera. También puede haber una combinación de factores. Los síntomas, así como los desencadenantes, pueden variar considerablemente de una persona a otra, y saber qué es lo que activa tu rosácea es el primer paso para evitarla y controlarla. Todavía no se ha encontrado una solución definitiva para este trastorno de la piel, pero hay tratamientos como los retinoides tópicos, cremas y antibióticos orales diseñados para aliviar la rojez, la inflamación y los bultos del acné.

Tu dermatólogo puede ayudarte a elegir el mejor tratamiento para tu rosácea. Si sospechas que puedes tener rosácea, no intentes tratártela tú misma. No hay muchos remedios sin receta que de verdad funcionen, y si no se la trata, puede progresar hasta que te aparezcan grandes vasos sanguíneos y granos de pus. ¡Es evidente que se trata de una inflamación en toda regla! Para empeorar las cosas, este trastorno también puede provocar que la nariz se vuelva bulbosa e hinchada, ya que el tejido se vuelve más grueso, trastorno denominado *rinofima*. Esto explica la famosa nariz y aspecto del cómico estadounidense W. C. Fields en sus últimos años [falleció en 1946].

HERPES LABIAL

Los herpes labiales son provocados por el virus herpes, que ha formado parte del linaje humano durante milenios. Se encuentra en estado latente en las personas infectadas, hasta que se activa por una serie de razones, incluido el estrés, alguna enfermedad, fiebre, exposición al sol, falta de sueño, etcétera. De hecho, cualquier cosa que estrese al cuerpo —ya sea física, emocional o psicológica— puede provocar herpes labiales porque el sistema inmunitario se debilita. Lo mismo que con la rosácea, saber qué es lo que te lo provoca es la clave para evitarlo y controlarlo. Muchas veces, la gente nota un pequeño cosquilleo al principio, entonces es el momento para ponerle remedio, por eso es importante que tengas algún medicamento a mano para controlar su gravedad. Existen antivirales orales con receta y cremas tópicas; tu protocolo individual dependerá de la frecuencia con la que se te manifiestan. Las cremas no tienen tanto efecto como la medicación oral. Si padeces más de cinco episodios al año, puedes tomar una terapia supresiva cada día.

P: Creo que mis joyas me irritan: cada vez que me pongo alguna de ellas, me sale un pequeño sarpullido. ¿Qué me pasa?

R: Las alergias de contacto son muy comunes, sobre todo las derivadas de accesorios, incluidos relojes, bisutería, plata y oro. La culpa la tiene el níquel que ponen los fabricantes de joyas; incluso en joyas caras, supuestamente de plata y oro, no es cien por cien pura o sólida. La solución es ceñirse al platino y al acero inoxidable. Puedes tratar localmente cualquier sarpullido con alguna crema de hidrocortisona sin receta, aplicándotela una vez al día hasta que desaparezca. También puedes intentar pintar con laca de uñas la parte posterior de cualquier pieza dudosa; esto creará una fina barrera protectora. Si las partes metálicas de tus tejanos también te causan problemas en la barriga, cúbrelas con piel de topo, fustán o cinta aislante. Te aguantarán unos cuantos lavados.

P: He tenido durante años unos bultitos, algunos de ellos rojos, en la parte posterior de mis brazos y en el trasero. No me duelen ni me pican, pero no me gustan. ¿Qué son y cómo puedo deshacerme de ellos?

R: Se calcula que casi el 50 por ciento de la población adulta mundial —y entre un 50 y un 80 por ciento de los adolescentes— padecen esta inocua complicación cutánea denominada *queratosis pilaris*. Es especialmente visible en las personas de piel blanca, y se suele dar en los brazos, nalgas y muslos. ¿El origen? Pequeños tapones de queratina en los folículos pilosos. La clave está en eliminar los tapones sin irritar la piel, y eso puede ser engañoso. Si te pasa de adolescente, puede que se te vaya de adulta. El ácido láctico, el ácido glicólico y urea del 10 al 40 por ciento en crema o en spray, en concentraciones que se venden con receta médica. Si quieres probar por tu cuenta, puedes probar con otros productos sin receta; un exfoliante con una base de ácido glicólico y mantener la piel hidratada, también ayuda.

P: ¿Se puede hacer algo para los granos rojos-apurpurados? Tengo uno en el lado derecho de la cara del tamaño de una moneda de 1 céntimo; he intentado taparlo con maquillaje, pero preferiría que desapareciera por completo.

R: Es muy probable que lo que estés viendo sea un grupo de vasitos sanguíneos o capilares rotos (denominado *angioma en araña*). Esta agrupación puede haber sido provocada por algún traumatismo, exposición al sol, o quizá naciste con él. Afortunadamente, el dermatólogo puede eliminarlo con láser y no te volverá a salir. Puede que tengas que hacer más de una sesión, dejando un mes de reposo, pero es un tratamiento rápido, no invasivo y casi indoloro.

9

Conocimientos básicos sobre el cáncer de piel

*Lo que has de saber sobre la protección solar
y la prevención contra el cáncer*

Un libro sobre la belleza de la piel no puede eludir este tema, especialmente hoy, cuando cada vez hay más *jóvenes* que buscan tratamiento para lesiones precancerosas y células cancerosas superficiales. Nada envejece más la piel que el cáncer. El desgaste físico que produce el cáncer sobre la piel, así como el emocional en cuanto a tu seguridad en tu belleza, es mucho mayor de lo que nadie puede imaginar, hasta que te sucede a ti.

Podríamos pensar que lo más importante del cáncer de piel es preocuparse por su gravedad y de si es del tipo que puede hacer metástasis en otras partes del cuerpo. Pero en realidad, la mayor parte de las mujeres tienen miedo del aspecto que tendrá su piel cuando le hayan quitado el cáncer. Dan por hecho que se puede tratar, especialmente si se detecta a tiempo, y no quieren quedarse con una fea cicatriz. El mero hecho de que les hayan diagnosticado un cáncer de piel las hace sentirse mayores. Tengo una paciente de 67 años que tiene 7 carcinomas de células basales y escamosas (explicaré esto más adelante) y escisiones múltiples. Dice que se siente como si se estuviera descomponiendo a pedacitos, que su *piel* se está cayendo y que pronto le seguirá el resto del cuerpo.

Sentir tu enfermedad de este modo no es precisamente una forma de aumentar tu confianza. Nadie puede negar el hecho de que nos hacemos mayores, pero intentamos evitar reconocer esta realidad hasta que de pronto nos diagnostican un cáncer de piel. Sin embargo, hay que destacar que nuestra piel ha estado enfrentándose a las lesiones provocadas por la radiación ultravioleta del sol durante años y, que a cierta edad, los mecanismos de reparación de la piel no funcionan como deberían. Por cierto, esa edad es diferente para cada persona, y nadie te puede decir cuándo desarrollarás, si es que lo desarrollas, un cáncer de piel.

Visto en perspectiva

El cáncer de piel es el más común de todos los cánceres, supone casi la mitad de todos los cánceres registrados en Estados Unidos. Se calcula que de un 40 a un 50 por ciento de los estadounidenses que vivan hasta los 65 tendrá cáncer de piel al menos una vez: el más común es el carcinoma de células basales, que supone más del 90 por ciento de todos los cánceres cutáneos. La mayoría del más de un millón de casos de cáncer de piel que no son melanomas diagnosticados cada año en Estados Unidos se atribuyen al sol. En el año 2007, se registraron 59.940 casos de *melanoma*, el cáncer de piel más grave. Y de las 10.850 personas que mueren de cáncer de piel cada año, la mayoría (casi 8.110) son provocados por melanomas.

Es importante que entiendas que tener cáncer de piel no significa que se te vaya a caer la piel a trozos y que ni siquiera es un signo de envejecimiento. Pero hemos de tener en cuenta que la piel suele ser la primera en verse afectada porque ha estado protegiéndonos de muchas agresiones durante mucho tiempo. Tener 67 años no es ser vieja, ni tener 70, 75 o incluso 80. La edad está en tu mente. Sea cual sea tu edad, puedes seguir siendo joven. Al fin y al cabo el propósito de este libro es que parezcas tan joven como te sientes, ¿verdad?

Ahora, vamos a explorar los principios básicos del cáncer de piel y a hacer un resumen sobre las protecciones solares. Empezaré explicando por qué nos gusta tanto el sol y nos cuesta tanto protegernos de sus devastadores efectos a largo plazo.

Si es tan malo el sol, ¿por qué nos gusta taaaanto?

Salvo que hayas pasado los últimos 20 años perdida por la Antártida, sabrás que los rayos ultravioleta del sol son el enemigo mortal de nuestra piel. Entonces, ¿por qué nos gusta tanto? No es una pregunta banal: los rayos UV se podrían agregar a la lista de sustancias adictivas como el alcohol, el tabaco, la cocaína y otras drogas. De hecho, cuando los investigadores encuestaron a los fanáticos de la playa, sus respuestas indicaron signos de abuso de sustancias. Los amantes del sol, o también se los podría llamar, adictos al sol, respondieron que lo primero que pensaban al levantarse era en broncearse, aunque sabían que no tenían que tomar tanto el sol, se sentían culpables por su costumbre y se enfadaban si alguien los criticaba. Conocer bien los riesgos no parecía cambiar las cosas; incluso aunque un miembro de la familia hubiera tenido cáncer de piel, era más que probable que siguieran bronceándose.

Aunque es cierto que la piel produce endorfinas, principalmente, betaendorfinas, como respuesta a la luz de amplio espectro (natural), la sensación de bienestar que acompaña estar al sol es probable que sea una respuesta psicológica. Piénsalo: la mayoría de las personas asocian tomar el sol con estar de vacaciones, con el tiempo libre, con no ir a la escuela o al trabajo, con las islas tropicales, con el viaje de novios… con un estado mental relajado. De hecho, cuando se les pregunta a los adictos al sol por qué buscan el sol, muchos responden: «para relajarme». En los animales, el estrés potencia el deseo de drogas adictivas; en los seres humanos inhibe la parte del cerebro que suele poner freno a las conductas de riesgo. Si lo contemplamos desde una perspectiva evolutiva nos ayudará a comprenderlo mejor; durante milenios hemos vagado por todo tipo de tierras y pasado más tiempo en el exterior que en algún lugar cubierto.

Hoy en día, la mayoría de las personas vivimos confinadas, trabajando en espacios cerrados la mayor parte del día. Algunas personas rara vez ven el sol debido a las largas jornadas laborales que hacen que entren a trabajar antes del amanecer y que lleguen a casa al anochecer. Lo que sucede es que la reacción psicológica a estar al aire libre y al sol hace que secretemos hormonas del bienestar desde dentro. Entretanto, las endorfinas creadas localmente en nuestra piel actúan como antiinflamatorios. También ayudan a impulsar la fabricación de nuestro colágeno natural y nos protegen de la creación de arrugas, acné y de las lesiones provocadas por el sol.

Las investigaciones encaminadas a comprender el factor adictivo del broncearse y de buscar el calor del sol todavía están en sus comienzos, pero no se pueden negar las sensaciones de bienestar que experimentan muchas personas estando al sol. Muchos estudios han demostrado que la luz solar

> *¿Te mueres por el sol?*
> Si es así, puede que seas una *heliomaníaca*, es decir, una adicta al sol. *Helio* significa sol, y *maníaca*, bueno…

puede reducir los síntomas del trastorno afectivo estacional (SAD, por sus siglas en inglés, que significa *triste*; véase la página 245) y de la depresión. Gran parte del efecto de la luz solar sobre el estado de ánimo se relaciona con la luz visible que llega a nuestros *ojos*. Recuerda que los ciclos de luz y de oscuridad afectan a la producción de ciertas hormonas como la melatonina, la que a su vez influye mucho en nuestros ritmos biológicos y estados de ánimo.

P: *¿Cuál es la diferencia entre un lunar y una verruga?*
¿Pueden ser cancerígenos y son fáciles de quitar?

R: Los lunares y las verrugas son dos cosas totalmente diferentes. Los lunares son proliferaciones sobre la piel compuestas de *melanocitos* —células de la epidermis que producen el pigmento melanina y dan a la piel su color natural—, mientras que las verrugas se deben al *virus del papiloma humano* (VPH). Por esta razón, las verrugas son contagiosas y se pueden transmitir por el contacto directo con el VPH; existen más de 60 tipos de VPH, algunos de los cuales producen las verrugas en la piel. El tipo que produce estas verrugas benignas de la piel no provoca cáncer. El VPH estimula el crecimiento rápido de las células de la capa externa de la piel. En la mayoría de los casos, las verrugas comunes aparecen en los dedos, manos, pies y dedos de los pies (pero en realidad pueden salir en cualquier parte). Ciertos tipos de VPH también pueden hacer que aparezcan verrugas en los genitales o que generen cánceres genitales, especialmente el cáncer del cuello del útero. Sin embargo, existen otros subtipos de VPH que provocan verrugas genitales que pueden degenerar en cáncer del cuello del útero. El VPH genital es la enfermedad de transmisión sexual más común en Estados Unidos.

Hay muchos tratamientos para las verrugas cutáneas benignas, y los kits para eliminarlas que se venden sin receta suelen funcionar bien. Cuando se trata de una verruga rebelde, el dermatólogo puede recetar cremas como Aldara, eliminarla con nitrógeno líquido (crioterapia), cirugía menor, o aplicando una sustancia química que literalmente extermina la verruga.

No encontrarás kits para eliminar lunares. Éstos generalmente requieren cirugía menor, y puede que el precio que pagues por tu lunar sea una cicatriz. Muy pocos lunares se vuelven cancerígenos, pero como suelen aparecer por exposición al sol (el sol dispara los melanocitos para que produzcan más pigmento), es importante vigilarlos y revisarlos de vez en cuando por si cambian de aspecto. Una de cada diez personas tiene al menos un lunar diferente de los normales. El término médico para estos lunares atípicos es *nevus displásico*, y aunque no sean células cancerosas, pueden llegar a serlo. Las personas que tienen este tipo de lunares son más propensas a desarrollar melanomas. Casi un 20 por ciento de los melanomas empiezan siendo un lunar (pero esto no significa que el 20 por ciento de los lunares se conviertan en melanomas).

Recuerda que los lunares pueden ser estéticos. ¡Ni se te ocurra sacarte un lunar o una marca de nacimiento por tu cuenta! Ve al dermatólogo antes de practicar cirugía alguna en tu cuarto de baño.

Si no puedes evitar broncearte, empieza un diario de tus sentimientos cuando tomas el sol e intenta averiguar las razones de tu hábito. Si por alguna de esas casualidades aparece el estrés, intenta cambiar tu exposición al sol por un paseo al aire libre, o prueba una terapia de luz que emita una luz visible (con filtros para los rayos UV que bloqueen la radiación). La terapia con luz brillante tiene muchos usos: para aliviar el desfase horario, el trastorno estacional, un estado de ánimo bajo, la fatiga, y para reajustar el ciclo circadiano (véase a continuación el recuadro sobre el SAD para más información).

¿Estás SAD (triste)? ¡Mira la luz!

Si vives en una zona que se caracteriza por sus días cubiertos en los meses invernales, puede que padezcas el trastorno afectivo estacional o SAD, un trastorno del estado de ánimo que se asocia a episodios de depresión debidos a las variaciones de la luz según las estaciones.

Los síntomas del SAD van desde el agotamiento y la somnolencia crónica, la necesidad de dormir 9 o más horas, tristeza y depresión, hasta comer en exceso y engordar, y antojo por los hidratos de carbono, especialmente los dulces y las féculas. Puede que también te cueste concentrarte. Con frecuencia estos síntomas aparecen en otoño y en invierno, cuando los días son más cortos, más oscuros y la luz se convierte en la excepción. Luego desaparece en primavera, cuando los días empiezan a alargarse y a ser más brillantes anunciando la llegada del verano, que renueva las ganas de vivir y apaga los síntomas de la depresión.

Puesto que nuestros relojes, ritmos y reguladores internos están muy influidos por la exposición a la luz, no es de extrañar que una de las principales causas del SAD sea la falta prolongada de la luz solar adecuada que nuestros cuerpos necesitan para seguir su ritmo. Las hormonas que afectan al estado de ánimo, la energía e incluso el deseo de comer, pueden desequilibrarse. De ahí que entre las formas de curar y evitar el SAD se incluya la exposición a la luz todos los días (luz natural o mediante terapia de luz), estar activo, mantener una rutina de ejercicio físico y programar unas vacaciones de invierno a algún lugar cálido y soleado.

¿Has sentido alguna vez curiosidad por saber por qué esos rayos solares que te hacen sentirte tan bien son tan dañinos para tu piel? Así es como se acumula el fotoenvejecimiento o el envejecimiento provocado por el sol:

Envejecimiento y quemadura. Hay dos tipos principales de radiación ultravioleta, UVA y UVB, y ambos lesionan la piel, atacan su ADN, provocan cáncer, y aceleran la aparición de arrugas prematuras, flacidez y otros signos de envejecimiento. Al rayo UVA se lo ha apodado el *rayo del envejecimiento* porque, con el tiempo, el deterioro que produce en la dermis crea arrugas y cambios de pigmento. Los rayos UVB, el *rayo que quema*, produce inflamación y dilata los vasos sanguíneos: quemadura solar. Cada vez que te bronceas significa que has lesionado tu piel. El cuerpo ha aumentado su producción del pigmento melanina, que actúa como filtro de los rayos UV, en un intento de proteger la piel del deterioro provocado por el sol.

La piel se defiende. Cuando la luz solar atraviesa la piel, arremete contra el ADN. Los rayos UVB lo atacan directamente, los UVA también perjudican a las células y al ADN, pero penetran más al interior, por eso los apodan los arrugadores silenciosos, ya que se adentran mucho más que otros rayos provocando una acción retardada en el bronceado, las arrugas y el cáncer de piel. Estos rayos dañan un montón de células, incluidos los *fibroblastos*, que producen colágeno y elastina. El sistema de respuesta al estrés de la piel activa una alerta, y las células defensivas se apresuran a reparar el mal, pero el resultado nunca es del todo satisfactorio. Es más, ambos tipos de rayos UV parecen acabar inhibiendo el sistema inmunitario, lo que puede influir en el riesgo de desarrollar melanoma, el cáncer de piel más grave.

Se instaura la flacidez y los granos salen a la superficie. Gradualmente, el colágeno se rompe y aumenta la elastina anormal, de modo que la piel pierde su elasticidad y se vuelve más flácida, colgante, menos resistente y más arrugada. Se desequilibra la producción de *melanocitos*, las células que producen el pigmento de la piel, el tono de la piel se vuelve desigual, y salen manchas y zonas descoloridas.

Venillas rojas. Los rayos UV fomentan la creación de nuevos vasos sanguíneos, lo que puede generar *telangiectasias* —arañas vasculares o dilatación de vasos sanguíneos de pequeño calibre en forma de telarañas—, lo cual propicia el desarrollo del cáncer de piel. La piel suele hacerse más fina con la edad, pero si se expone regularmente al sol la parte posterior del cuello, la piel se engruesará y endurecerá como reacción defensiva a los rayos UV.

MI ESTRATEGIA DE CUATRO PASOS PARA DETENER LAS ARRUGAS

De acuerdo, es muy difícil combatir a un enemigo invisible como el sol durante años. Pero ¿no te gustaría ser una de las que tiene un aspecto más juvenil de entre todas tus amigas? Éste es mi sistema.

- **Busca siempre la sombra.** Reduce los rayos UV entre un 50 y un 95 por ciento. Siéntate debajo de un árbol o de una sombrilla, camina por el lado de sombra de la calle y siéntate en el lado que dé la sombra en el tren, autobús o coche para trayectos de distancia media (el cristal no protege de los rayos UVA). También es una buena idea poner filtros solares en los cristales del coche (la compañía 3M los fabrica) si sueles ir a trabajar de día. La táctica número uno es evitar el sol, especialmente entre las 10:00 y las 16:00 horas, y evitar superficies reflectantes (arena, agua, nieve). Incluso cuando está nublado, el 80 por ciento de los rayos UV se filtra a través de las nubes.

- **Cubre tu cuerpo.** Sé en lo que estás pensando: ¿Quién en su sano juicio va tapado en la piscina? ¿O dando un paseo? Sé creativa. Cuando estés en la playa y no te estés bañando, envuélvete en un pareo o en una toalla de cintura para abajo, y cúbrete con una camiseta la parte superior, ponte también sombrero y gafas de sol (esto no es negociable, te puedes quemar las córneas ¿y quién quiere patas de gallo?) Para hacer deporte, invierte en algunas prendas ligeras especiales con factor de protección contra los rayos ultravioleta o UPF. Un UPF de 50 significa que sólo pasa un 50 por ciento de los rayos UV a través de él. También puedes utilizar un producto para la ropa con TinosorbFD para aumentar el UPF de tu ropa; te durará varios lavados. (Visita la página www.RealAge.com para más información.)

- **1 cucharadita y 2 vasitos de licor.** La protección solar sólo funciona si utilizas la cantidad correcta. Antes de salir a la calle, ponte 1 cucharadita de crema fotoprotectora con un SPF 30 o más alto en la cara, y ponte al menos 90 g en el cuerpo —2 vasitos de licor—. En los días de playa, suelo bañarme en crema de protección solar cuando estoy desnuda para asegurarme de que estoy protegida antes de enfundarme el traje de baño. No te olvides de las orejas, cuello, manos, pies y labios (usa un bálsamo labial con al menos un SPF 30). P.D.: No es cierto que un bronceado básico te protege de los rayos solares. Un bronceado básico evitará que te quemes porque es el mecanismo de defensa de tu piel contra las quemaduras, pero seguirás estando expuesta a las lesiones producidas por el sol.

- **Ponte la alarma del móvil.** Prográmala para que suene dentro de 3 horas, y vuelve a ponerte protección solar porque ya se te habrá absorbido. Cuando salgas del agua o vayas a practicar algún deporte al aire libre, vuelve a ponerte alguna crema resistente al sudor o al agua.

MI FOTOPROTECTOR FAVORITO

Para la cara prefiero Anthelios XL 50 Fluide Extreme (de La Roche-Posay). Posee 17 ingredientes fotoprotectores aprobados por la FDA. La mayor parte son sustancias químicas que absorben la radiación UV, tardan unos 30 minutos en hacer efecto, y algunos pueden ser irritantes para pieles sensibles. Sin embargo, dos de ellos —óxido de cinc y dióxido de titanio— son bloqueadores físicos que protegen de los rayos UVA y UVB. Actúan al instante y no irritan la piel (por eso son ideales para los niños). Cuando se me acaba la Anthelios, cualquier fotoprotector con cinc o titanio me sirve, pero con la canatidad adecuada. Busco alguno de amplio espectro que contenga al menos un 9 por ciento de cinc o de titanio, como Neutrogena Sensitive Skin Sunscreen. El óxido de cinc micronizado parece ser un filtro UVA más eficiente que el dióxido de titanio micronizado; por lo tanto, si puedes elegir, opta por el zinc.

Para una mejor protección necesitas una crema de protección solar que bloquee los rayos UVA y los UVB. El problema es que en un estudio reciente se ha descubierto que el 18 por ciento de los fotoprotectores que se comercializan en Estados Unidos se quedan cortos en cuanto a protección de los rayos UVA, aunque estén etiquetados como de amplio espectro. Para protegerte de los UVB elige un producto con un SPF 30 o superior, que filtre el 97 por ciento de ellos. Conseguir protección para los UVA es más difícil, porque la FDA acaba de marcar unas normativas para informar a los consumidores sobre la protección contra esta radiación. A partir de mayo de 2009, los fabricantes están obligados a indicar en la etiqueta la potencia de sus productos para proteger de los rayos UVA utilizando un sistema de calificación de cuatro estrellas. El número de SPF de la etiqueta se referirá a los rayos UVB, y las cuatro estrellas a los UVA. La nueva regulación también ha cambiado el límite máximo de SPF de 30+ a 50+. Compra una fórmula de cuatro estrellas (y de al menos 30+).

Seis consejos para fotoprotectores que ignoras

- Si tienes la piel oscura, elige fotoprotectores que contengan cinc y titanio, pues las que tienen una base mineral pueden darte un tono blanquecino.

- Si te escuece o te produce prurito o sarpullidos, posiblemente los culpables sean el PABA, el benzofenona-3 o el octilmetoxicinamato; busca una fórmula que no contenga estos ingredientes. Si eres sensible a alguno de estos productos químicos, cambia a otra crema con óxido de cinc o dióxido de titanio.
- Aplícate la crema en el interior treinta minutos antes de salir y exponerte al sol.
- Olvídate de las promesas «protección para todo el día» y «resistente al agua»: no son de fiar. Vuelve a ponerte protección al menos cada dos o tres horas y después de haber sudado mucho o nadado.
- Los fotoprotectores tienen fecha de caducidad. Revísala y tira los que hayan caducado (la mayoría duran unos dos años).
- No guardes las cremas fotoprotectoras en la guantera del coche, pues el calor las degrada.

No te olvides de protegerte los labios, las manos y la parte superior de las orejas. Son zonas muy comunes para el cáncer de piel de las que la gente se suele olvidar. Hablando de las manos, nada delata mejor tu edad que tus manos, probablemente porque cada día las exponemos a los elementos y nos olvidamos de mimarlas. Una de mis cremas antiedad para las manos favoritas la puedes encontrar con facilidad: Cetaphil Crema para las Manos Terapéutica con manteca de karité. Tiene una textura muy agradable, se absorbe rápidamente y es barata.

POR QUÉ PUEDE SER BUENO TOMAR UN *POCO* EL SOL

No le cojas fobia al sol. Todas estas explicaciones sobre el cáncer de piel y la utilización de fotoprotectores todos los días no es para atemorizarte y que evites exponerte a la luz solar. Aunque mis hijos van a las colonias de verano cargados de cremas de protección solar, saben usarlas con buen criterio; a finales de verano están un poco bronceados, pero sé que no se han quemado. Y ésa es la clave.

Necesitamos que nos dé un poco el sol; de hecho, es vital para nuestra salud y longevidad. Para algunas personas, especialmente las que viven en climas muy fríos donde ven poco el sol, los beneficios para la salud que tiene tomar el sol pueden compensar el riesgo de desarrollar cáncer de piel. Exponerse a la luz natural del sol es una forma segura de levantar el ánimo, quizá porque aumenta los niveles de *serotonina* en el cerebro. La luz solar reduce la necesidad de tomar calmantes para el dolor después de una operación, pues los pacientes que están en habitaciones soleadas sienten menos estrés y dolor después de la cirugía. Y el sol puede ayudar a mejorar ciertos trastornos cutáneos, como la psoriasis.

Quemarse

Entre 1999 y 2004 el número de estadounidenses que sufrió quemaduras solares aumentó del 31,8 por ciento al 33,7 por ciento. Entre las mujeres caucasianas cuya piel blanca las hace en extremo vulnerables a ponerse como langostas, la cifra ascendió de un 35,3 a un 39,6 por ciento. Hay que invertir esta tendencia.

El debate sobre la deficiencia de la vitamina D en la población en general va en aumento. En una serie de estudios se ha observado que cuanto más alto es el nivel de vitamina D, que genera el cuerpo tras la exposición al sol, más protección ofrece contra el desarrollo del cáncer o de otras enfermedades, como el raquitismo, la osteoporosis y la diabetes. También ayuda a que el sistema inmunitario actúe correctamente. Ciertos alimentos y suplementos contienen vitamina D, pero la fuente principal para el cuerpo es el sol. Sólo hace falta tomar el sol entre 10 y 20 minutos unas cuantas veces a la semana para generar suficiente vitamina D. No obstante, si pasas la mayor parte del tiempo en el interior y/o vives en un clima frío, producir suficiente vitamina D puede ser un problema, sobre todo en invierno.

La mejor forma de conciliar estos dos efectos contrarios (los efectos benéficos frente a los perjudiciales) es la sensatez. No espero que mis pacientes se recubran todos los días de los pies a la cabeza con crema de protección. Tampoco pretendo que la gente se oculte del sol y se encierre dentro de las casas, corra las cortinas y se convierta en vampiros. ¿Qué tipo de vida sería esa? Pero sí recomiendo sensatez con tu piel y con el sol. Un poco de sentido común puede dar grandes resultados.

Hay un bronceado perfecto. Aprende a querer la piel en la que has nacido. Yo he aprendido a ser blanca, aunque de adolescente jugaba al voleibol en la playa, estar bronceada era normal y me parecía lo mejor. Desde entonces he estado intentando compensar esas horas de exposición al sol. Sin embargo, muchas personas se gustan más bronceadas. ¡Está bien! Sólo has de asegurarte de que es el bronceado perfecto. Y la única forma de tener un bronceado perfecto —sin tiras del bañador, zonas rojas, sólo bronceado dorado y uniforme— es con un autobronceador. Tanto si te lo aplican profesionales como si te lo haces tú misma en casa, funcionan de maravilla. El ingrediente activo de la mayoría de estos productos que puedes usar en casa es un azúcar no tóxico sencillo denominado dihidroxiacetona (DHA). Recuerda que estos bronceados superficiales no proporcionan protección contra los rayos UV, de modo que tendrás que seguir usando tu crema de protección solar favorita.

El precio del cáncer de piel, y cómo detenerlo

La mayoría de los estadounidenses no se toman muy en serio lo del cáncer de piel, probablemente porque la mayoría de los casos son tratables y curables.

Sin embargo, nos olvidamos de las cicatrices que deja y del precio emocional que pagamos por ello, sobre todo la mujer. Veamos el caso de Kate, una mujer de 55 años muy vital y atractiva, que hace poco vino a mi consulta. Tenía un lunar en la nariz que otro médico le había sacado un par de veces con láser, pero era recurrente. Vino a verme para obtener una segunda opinión y le hice una biopsia, le saqué unas pocas células y las envié a analizar al laboratorio. El lunar resultó ser un melanoma, el tipo de cáncer de piel más peligroso. Era vital que se lo sacara: un cirujano plástico tuvo que sacarle piel de la frente para tapar el agujero (la nariz no tiene mucha piel extra). Kate llevó gafas de sol durante semanas y un sombrero que le cubría bastante la cara. Me dijo que se sentía vulnerable, fea y desfigurada (aunque no era así). Y por primera vez dijo que se sentía vieja.

Ésta es una reacción frecuente al cáncer de piel: incluso en el caso de los carcinomas de células basales y escamosas, que por lo general no son letales, cuando se extraen pueden quedar cicatrices importantes. Tener cáncer de piel es sinónimo de hacerse mayor según la mentalidad de muchas personas y puede dañar profundamente su autoestima. Las pacientes dirán: «La piel era lo mejor que tenía. ¿Qué puedo hacer ahora para que el mundo no se entere de que he tenido un cáncer de piel?». Sentimiento de desconcierto, tristeza porque tu cuerpo se está deteriorando, preocupación por las cicatrices, miedo a recurrencias —o en el caso del melanoma, a la muerte— es lo más común.

El cáncer de piel no discrimina

El pigmento melanina en la piel oscura actúa como una débil pantalla protectora, aunque bloquea más rayos UVB que UVA. Esto no significa que las personas de piel oscura, como las personas de raza negra o de piel morena, sean inmunes al cáncer de piel. No es así, y el filtro protector de su piel apenas es lo bastante fuerte para protegerlas. Esta falsa creencia explica por qué en las personas de piel oscura se diagnostica más cáncer de piel, que además resulta mucho más difícil de curar.

TRATA TU CÁNCER Y TU MENTE

Si te han diagnosticado cáncer de piel, además de un buen especialista necesitas un poco de apoyo moral. Toma tú la iniciativa. Es la mejor forma de contrarrestar el duro golpe que supone para tu autoestima y evitar que esta enfermedad te envejezca. El aspecto positivo de que tengas que tratar tu cáncer es que empezarás a cuidarte mejor en general y a cuidar más toda tu piel. Cuando trato pacientes de 20, 30 o 40 y pico años con carcinomas de células basales, a veces es una bendición disfrazada: una toma de conciencia para que esas personas empiecen a protegerse del sol. A continuación tienes un breve resumen de lo que puedes esperar; tu médico te dará detalles más específicos acerca de tu cáncer de piel.

Si tienes un carcinoma de células basales o escamosas, existen varias formas de eliminarlo:

- Extracción y cauterización (conocido como *legrado* [o *raspado*] y *electrodesecación*), que implica extraer el tumor con un bisturí y luego cauterizar la herida para quemar el resto de células cancerígenas. Esto se utiliza para los carcinomas de células basales y escamosas *in situ*, es decir, para los cánceres que no han evolucionado ni se han desplazado a otra zona. El médico también extraerá un poco de tejido sano para evitar la reaparición.
- Congelar el tumor con nitrógeno líquido (*crioterapia*).
- Y la cirugía, que personalmente creo que es la mejor opción. Eso implica que un laboratorio analizará el tejido extraído para asegurarse de que se han eliminado todas las células cancerosas, y que se han dejado los *márgenes limpios*. Es el método que tiene mayor índice de curación dentro de los cinco años: 95 por ciento o más para las células basales.

Si has elegido la cirugía para tu tipo de cáncer, suponiendo que no esté demasiado extendido, tu dermatólogo probablemente te lo hará en su consulta con anestesia local. Aunque un lunar sea pequeño en la superficie, por debajo puede ser amplio o muy profundo, así que no siempre es posible predecir el tamaño de la escisión. El médico elegirá la mejor opción según tu tipo de cáncer. Con la cirugía, llevarás puntos durante una o dos semanas y te quedará cicatriz. A las 4 a 6 semanas, el médico te volverá a revisar para asegurarse de que tu cuerpo no está fabricando un exceso de colágeno en el lugar de la cicatriz, lo cual podría producir una cicatriz *hipertrófica*, de esas que están abultadas, que pican y son molestas.

Para reducir al máximo la cicatriz y asegurarse de que se ha eliminado el cáncer, hay una técnica que se utiliza en la cara y en las orejas para los carcinomas de células basales y escamosas, que se denomina cirugía micrográfica de Mohs. Ésta elimina el cáncer capa a capa, revisando que los márgenes hayan quedado limpios en cada una de ellas, y ahorrando el máximo tejido posible. Necesita una formación especial y la presencia de un patólogo de laboratorio para analizar todas las capa de tejido extraído, pero se puede hacer en la consulta y con anestesia local. El índice de curaciones transcurridos cinco años asciende al 99 por ciento.

El tiempo todo lo cura, y tanto tu piel como tu autoestima volverán a recomponerse.

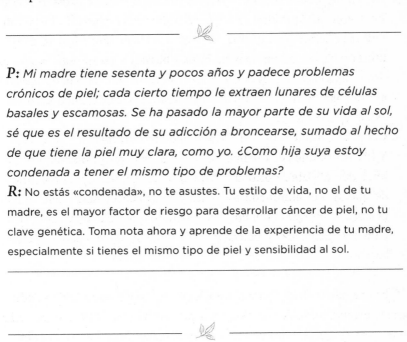

P: *Mi madre tiene sesenta y pocos años y padece problemas crónicos de piel; cada cierto tiempo le extraen lunares de células basales y escamosas. Se ha pasado la mayor parte de su vida al sol, sé que es el resultado de su adicción a broncearse, sumado al hecho de que tiene la piel muy clara, como yo. ¿Como hija suya estoy condenada a tener el mismo tipo de problemas?*

R: No estás «condenada», no te asustes. Tu estilo de vida, no el de tu madre, es el mayor factor de riesgo para desarrollar cáncer de piel, no tu clave genética. Toma nota ahora y aprende de la experiencia de tu madre, especialmente si tienes el mismo tipo de piel y sensibilidad al sol.

Cinco formas de reducir las cicatrices

- **Masaje.** Lo creas o no, si masajeas con suavidad la zona un par de veces al días durante aproximadamente un mes, cuando ya te han sacado los puntos, te ayudará a remodelar el colágeno, rompiendo la formación de colágeno nuevo y ayudando a reducir la cicatriz. No vale la pena que uses cápsulas de vitamina E para que desaparezca la cicatriz, no sirven de nada. Las terapias para cicatrices que he comprobado que dan bastante buen resultado son Curad Scar Therapy y Scarguard. Cualquier lámina adherente de silicona puede ir bastante bien.

- **Presión.** Puedes comprar y aplicar vendas de presión con láminas de gel de silicona que evitan que la cicatriz se desarrolle demasiado.

- **Láser.** Las cicatrices abultadas pueden reducirse a veces con láser. El tamaño es importante: cuanto más pequeñas, mejor.

- **Esteroides.** Las cicatrices que no se curan correctamente y que se hacen grandes y adoptan formas irregulares, se pueden tratar con láser para reducir la rojez, y luego inyectar cada mes un esteroide durante un tiempo mínimo de 2 meses hasta un máximo de 6.

- **Decorarlas.** Las cicatrices feas a veces se pueden mejorar con alguna decoración o tatuaje, si no son demasiado grandes y no están en una zona donde haya mucho movimiento. Las cicatrices en la espalda, por ejemplo, no son muy buenas candidatas porque tienden a estirarse y a ensancharse cuando te mueves.

Nota. Las cicatrices *queloides*, que son abultadas y duras y se extienden hasta la piel normal de los márgenes, y que son más comunes en la piel oscura, requieren tratamiento especial. Si tienes tendencia a hacer queloides, lo cual tiene un componente genético, has de ir con cuidado con los piercings, tatuajes, cirugías y heridas. Hay tratamientos que puede realizar el dermatólogo. Sencillamente, no te las puedes cortar, porque te volverán a salir.

EVITAR LA REAPARICIÓN DEL CÁNCER

Cuando ya has padecido cáncer de piel, el riesgo de recurrencia aumenta. No te limites a cruzar los dedos.

- Empieza a autoexaminarte la piel mensualmente. Si descubres alguna marca en tu cuerpo que no habías visto antes o que te parece extraña, ve al dermatólogo.

- Programa visitas para el cáncer de piel: si has tenido carcinoma de células basales o escamosas, tienes que hacerte revisiones cada seis meses; si has tenido algún melanoma, has de revisarte más a menudo. Tu médico te dirá exactamente la frecuencia que necesitas en tu caso y de acuerdo con el tamaño del melanoma. (Para más información visita la página de la American Cancer Society www.cancer.org.)

- Habla con tu médico respecto a reducir tus posibilidades de recurrencia empezando algún tratamiento con una crema con retinoides, ya sea Retin-A o Tazorac. Estos derivados de la vitamina A actúan en profundidad en la dermis para invertir el deterioro provocado por el sol, y pueden frenar el posible desarrollo de las células basales y escamosas en un cáncer.

Si en alguna de las revisiones te detectan *queratosis actínica* (precáncer de las células escamosas) o alguna zona muy dañada por el sol, asegúrate de que tu médico te comenta todos los tratamientos que te pueden ayudar a dejar la zona totalmente limpia:

- Crema de quimioterapia hecha con el fármaco 5-fluorouracilo, o 5FU, que extermina las hijas de las células cancerígenas.
- Imiquimod (Aldara), que estimula el sistema inmunitario de la piel.
- *Peeling* químico con ácido tricloroacético.
- *Resurfacing* con láser CO_2 (una técnica de rejuvenecimiento facial).
- Terapia fotodinámica (TFD), en la que se utiliza un ácido para atacar los núcleos calientes del cáncer, seguido de una sesión de láser.

Por último, revisa tu rutina de cuidados diarios. ¿Comes muchas frutas, verduras, cereales y proteínas? ¿Dedicas media hora al día a hacer ejercicio y duermes de 7 a 8 horas cada noche? ¿Practicas la respiración profunda y la relajación progresiva para eliminar el estrés? ¿Utilizas una crema de protección solar eficaz y llevas un sombrero que bloquee los rayos ultravioleta? Cuidarte física y psicológicamente nunca ha sido más importante que ahora.

Los principales tipos de cáncer. Aquí tienes un resumen de los principales cánceres de piel. Todos ellos están en auge (y son los más comunes) gracias a un montón de cosas desde la invención de las cámaras de bronceado hasta el calentamiento global, que está reduciendo la protectora capa de ozono. Por fortuna, el diagnóstico de cualquiera de estos cánceres se puede tratar satisfactoriamente si se detecta a tiempo.

Carcinoma de células basales (el más común y el menos peligroso)

- Suele aparecer en el cuello y en la cara, sobre todo en la nariz.
- En qué te has de fijar: en una herida persistente que no se cierra, ése es el signo más común del carcinoma de células basales temprano. Otros signos pueden ser una zona roja o irritada, un bulto brillante, una proliferación rosa o un lunar parecido a una cicatriz de color blanco, amarillo o ceroso.
- Detectados a tiempo, la mayoría se pueden tratar fácilmente y no ponen la vida en peligro.

Carcinoma de células escamosas (menos corriente pero también muy tratable)

- Puede provocarlo la luz solar y las quemaduras graves, como las del agua caliente o las de las chispas de la chimenea.
- Suelen aparecer en la cabeza y el cuello, y también en viejas cicatrices.
- En qué te has de fijar: en *queratosis actínicas* o lunares precancerosos debidos al sol. Los lunares escamosos son gruesos, rugosos, callosos y superficiales cuando se están desarrollando. Puede que descubras que la epidermis no está intacta, pues habrá un margen elevado y una superficie con costra sobre una base granular, elevada y poco uniforme. Cualquier bulto o herida abierta en áreas de lesiones cutáneas inflamatorias crónicas también puede ser un signo de este tipo de cáncer.
- Son de dos a tres veces más frecuentes en hombres que en mujeres.
- La mayoría se pueden tratar sin riesgo a que se extiendan.

Melanoma (el menos común y el más peligroso)

- Los melanomas son negros, irregulares, asimétricos, aumentan de tamaño y tienen un borde desigual. Suelen salir en las piernas de las mujeres, es el segundo cáncer más común en las mujeres entre veinte y veintinueve años. El riesgo aumenta si alguno de los progenitores o hermanos lo ha tenido.

- Entre los afroamericanos y algunos otros grupos étnicos, suelen aparecer en zonas no expuestas al sol: en las palmas de las manos, plantas de los pies, mucosas y debajo de las uñas de las manos y de los pies. (Bob Marley murió de un melanoma que se le había manifestado en la planta del pie y que hizo metástasis hasta el cerebro.) Los melanomas también se pueden formar en el ojo y en el intestino.

- Si se detectan y tratan a tiempo, el índice de supervivencia transcurridos cinco años es del 99 por ciento. Si hace metástasis en otras partes del cuerpo, la mortandad es muy elevada.

Resumiendo: ante la duda, ve al dermatólogo. Aconsejo revisiones anuales en el dermatólogo a partir de los dieciocho años.

P: *¿Cuál es el ABC para identificar el cáncer de piel?*

R: Primero, quiero aclarar que no pretendo que las pacientes tengan la responsabilidad de saber qué es lo que han de buscar. Tomar la iniciativa significa pedir hora al dermatólogo si no has ido nunca y hacerte revisiones regularmente. Dicho esto, aquí tienes lo que has de observar: lunares con formas raras y que cambien de tamaño. El ABCD de lo que has de revisar es:

- **A**simetría: la mitad del lunar no encaja del todo con su otra mitad o tiene unos bordes poco definidos.
- **B**ordes irregulares: desiguales, con surcos o borrosos.
- **C**olor cambiante: es decir de marrón a negro o de rojo a azulado.
- **D**iámetro: cualquier lunar o mancha que supere los 6 milímetros ha de ser revisado, al igual que si aumenta de tamaño.

Independientemente de este ABCD, el mejor consejo es éste: ante la duda, ve al dermatólogo y hazte revisiones anuales para que te examine todo el cuerpo.

10

Tu guía para tratamientos más agresivos

Evalúa tus opciones y elije lo mejor para ti

Randy, profesora de inglés, vive en una casa rodeada de varias hectáreas de terreno en Massachusetts, con dos estanques y parterres de flores; parece tener la vida ideal y nada de qué preocuparse. Tiene una pareja encantadora, dos perros, y le encanta la jardinería, una forma de hacer ejercicio al aire libre que la mantiene en contacto con la tierra y sus ciclos. No obstante, su rostro desvela otra historia, ocultando su estilo de vida actual y haciéndola parecer mayor de lo que es. Esto se debe a que la mayor parte del daño que ha sufrido su piel sucedió hace varios decenios, y ahora se está manifestando, una especie de desafortunado desquite por el tiempo que estuvo extralimitándose. Su edad fisiológica son 59 años, pero la edad de su piel es 65. Es el vivo ejemplo de lo que se puede hacer con un presupuesto para belleza entre los 500 dólares [350 euros] y los 3.000 dólares [2.100 euros], o más.

En su primera visita le dije que el tabaco, el sol, el estrés y la falta de sueño eran todos factores que influían mucho en su salud, y que eso se reflejaba en su piel. Fue muy sincera conmigo y me confesó que había fumado durante 30 años, antes de dejarlo en el año 2000. «Di clases durante ocho años en una escuela en Massachusetts que andaba escasa de personal, y teníamos que trabajar casi todo el día —me dijo—. Lo que me ayudaba a seguir el ritmo era el café, el tabaco, y cinco horas y cuarenta minutos de sueño por la noche.» Tenía muy claro el tiempo que dormía porque su horario laboral no le permitía ni un minuto más. A eso había que añadirle las horas de exposición al sol por su afición a nadar al aire libre y el tiempo que dedicaba a la jardinería, y se podían explicar fácilmente las líneas de expresión y las arrugas, las patas de gallo, la flacidez de la piel y los capilares rotos en su nariz y mejillas. «Mi piel es un indicativo bastante exacto de algunas de mis actividades —me dijo—. He sido fumadora y bebedora, y una persona que ha pasado y que todavía pasa mucho tiempo al aire libre, lo cual no siempre le sienta bien a la cara. Y aunque no tengo mucho estrés, como todas las personas he vivido rupturas, muertes, pérdidas y decepciones, todos esos factores de estrés de nuestra vida personal que, si tenemos la suerte de vivir lo suficiente, todos experimentamos.» Además no ha tenido la suerte de haber heredado una de esas pieles de melocotón. «La piel bonita no es una característica de mi familia, no es uno de nuestros puntos fuertes genéticos», admitió.

Cuando Randy entró en mi consulta un día de 2007, era un lienzo virtual de cosas por retocar. Después de hacerle su historial y examinarla, tenía un montón de buenas noticias: no tenía ningún signo de proliferación sospechosa de cáncer de piel, y parecía haber dejado atrás todos sus hábitos nocivos que sabotean la belleza. Ahora duerme 8 horas y utiliza cremas de protección solar todos los días, aunque tuve que recordarle que se la pusiera en el cogote, área muy vulnerable cuando se hace jardinería. También comprobé que en estos momentos manejaba bien el estrés en su vida; con la experiencia lo hacemos mejor. Era el estrés que había acumulado con anterioridad lo que le estaba pasando factura.

Alerta de belleza
Deberíamos concentrarnos en envejecer *saludablemente*, no en intentar parecer eternas adolescentes.

Empecé con mi pregunta habitual, es decir, preguntándole qué es lo que le gustaría cambiar de su cara, o qué le molestaba especialmente. Me dio carta blanca: «¡Usted es la doctora!». Le puse un espejo delante y la animé a que me dijera qué era lo que no le gustaba cuando se miraba al espejo, y salieron algunas cosillas. «No me gustan estas líneas de marioneta», refiriéndose a los surcos de la boca a la barbilla, «y que ya no tengo esa mirada juvenil con los ojos muy abiertos, quizá porque la piel del párpado superior cae sobre las pestañas, dejándome una mirada un poco bizca. Y tengo un montón de arruguitas finas, que no se ven con poca luz, pero a la luz del día se me ve la cara llena de surcos, como si fuera una tela mal planchada», me dijo.

Para ayudarla a suavizar las arrugas de debajo de los ojos, las líneas horizontales de la frente y las verticales de cara de pocos amigos del entrecejo, decidimos probar con Botox. Esta forma purificada de una sustancia paralizadora del músculo ayuda a frenar los movimientos de expresión que terminan convirtiéndose en líneas y surcos. El Botox también se puede usar para estirar la cara en algunos lugares relajando los músculos subyacentes que estiran la piel hacia abajo, que es como hice mis mejoras. Le inyecté un poco de Botox en los músculos depresores que bajaban los bordes de sus labios; para nivelar sus párpados y hacer simétrica su cara, le inyecté Botox en algunas partes por encima de las cejas. *Todos* tenemos caras asimétricas, con más movimiento en un lado que en otro, así que ajusté la dosis de Botox correspondientemente, para esculpir y corregir mientras aplicaba las inyecciones.

Para suavizar las líneas de expresión y los pliegues de la nariz a la boca y de la boca a la barbilla necesité otra sustancia. Para elevar estos surcos al nivel de la piel, le inyecté un relleno denominado Perlane, que contiene ácido hialurónico, un componente natural de la piel que se va deteriorando con la edad. Y aunque Randy era virgen en el mundo de la cirugía estética, no pestañeaba al ver la aguja y cómo se rellenaban sus líneas. Por supuesto, su piel estaba preparada con un anestésico tópico, una crema con un 30 por ciento de lidocaína que he formulado especialmente para mis pacientes y que me preparan en una farmacia. (La mayor parte de los médicos utilizan una crema anestésica preparada, Emla, que sólo contiene un 4 por ciento de lidocaína.)

Para igualar el tono de su piel y refrescar su textura, le hice un *peeling* suave con ácido salicílico al 20 por ciento, que eliminó la capa superior opaca que obturaba los poros con sus células muertas. Al cabo de 3 minutos de cosquilleo, el ácido se autoneutralizó y la cara de Randy brillaba. Para refrescar su piel le di unas bolsas de hielo al marcharse, le dije que durante el trayecto en tren para regresar a casa se las pusiera en el rostro y que hiciera presión. ¿Se sintió mal por viajar así en un transporte público? «En absoluto —me dijo riéndose—. Le puedo asegurar que se ven muchas cosas raras en los trenes neoyorquinos.»

Aproximadamente a las dos semanas, tras la desaparición de los pequeños morados producidos por el Perlane y de la descamación por el *peeling*, apareció una piel nueva y fresca, y entonces empezó con sus cuidados en casa: una aplicación dos veces a la semana de Renova (crema de tretinoína al 0,2 por ciento) para tratar las líneas finas, las arrugas y las manchas.

A los dos meses, en septiembre, Randy volvió para una revisión. Esta vez me ocupé de la rojez de sus mejillas y nariz y utilicé el láser V-Beam para eliminar las pequeñas arañas vasculares denominadas *telangiesctasias*. A Randy se le pusieron los ojos desorbitados cuando le explicaba lo que iba a suceder —un sonido, un flash y una sensación de calor cada vez que aplicara el láser—, y le di un par de pelotitas blandas antiestrés para que apretara una con cada mano mientras me escuchaba. Le estuve hablando durante todo el proceso, que sólo duró unos pocos minutos.

Cuando hube acabado con el láser, la miré un buen rato y decidí inyectarle un poco más de Perlane en los surcos nasolabiales y un poco más de Botox en las patas de gallo. Esos retoques forman parte del trabajo de artista del dermatólogo, pues siempre es más seguro quedarse corto que excederse. Al cabo de unas pocas semanas, cuando las zonas tratadas con láser ya se habían recuperado, era una mujer nueva con una cara que había mejorado muchísimo y que reforzaba su identidad. «Aunque he envejecido, siempre me he sentido joven, pero últimamente cuando me miro al espejo, pienso: "¡Oh, Dios mío!, pero ¿ésta soy yo? ¡Estoy estupenda! Tengo una cara amable"», y aunque está contenta porque se han suavizado las arruguitas de los párpados inferiores y le ha bajado la rojez, lo que más la entusiasma es que ha desparecido esa mirada triste y un poco bizca. «Es maravilloso, mis ojos se ven más simétricos.» Los efectos son múltiples: como se siente bien con su aspecto, elige mejor la ropa y presta más atención a su pelo. «De pronto, me apetece hacer todo lo posible para cuidar mi aspecto.»

Su pareja también opina que está estupenda, así como sus compañeros de trabajo y alumnos. Están al corriente de toda su transformación, pues a ella no le avergüenza decir que ha recurrido a la cirugía estética, y desde el principio ha estado dispuesta a responder a todas las preguntas de las curiosas. De hecho, se ha encontrado en la situación poco común de ser una autoridad en la dermatología cosmética, al menos en los frondosos confines de su escuela universitaria. «Una de mis compañeras de trabajo quiere saberlo todo —me dice Randy, riéndose—. Me revisa la cara detenidamente todos los días y ve cómo desaparecen las líneas. Y una profesora de arte retirada vino a preguntarme por mis surcos de marioneta y me dijo: "Yo también quiero deshacerme de ellos, ¿qué he de hacer?"».

En busca de tratamientos cutáneos más agresivos

Es un hecho que el paso del tiempo, los daños ocasionados por el sol y los altibajos de la vida transforman nuestra cara día a día, incluso aunque —afortunada tú— esos cambios todavía sean bastante sutiles. Lo que no es tan predecible, y es en lo que ahora nos vamos a concentrar, es en cómo reaccionas ante esos cambios.

Cuando pregunto a las mujeres cómo se sienten respecto a su aspecto, lo que suelen responder es: «Esto no está mal, pero *esto otro* no me gusta». Quizá los lunares que parecen pecas no les preocupan, pero sí las arañas vasculares. Quizá la textura desigual de su piel no les incomoda, pero sí las profundas líneas de expresión del entrecejo. Suele haber una razón. Por ejemplo, las arañas vasculares o las líneas del entrecejo puede que les recuerden a su madre o a su abuela, y «eso equivale a vieja».

Otro ejemplo: también oigo decir a muchas mujeres que no les importa tener patas de gallo en los ojos. «Son las líneas de expresión de mi sonrisa y me sentiría rara sin ellas. Además, se producen por ser feliz. No quiero quitármelas.» Forman parte de lo que yo llamo la historia física de tu cuerpo, que te conecta con tu pasado y con quién eres ahora. Las cicatrices son otro de esos ejemplos. A veces son un recordatorio reconfortante, como un olor o un sonido, de algún momento específico de la infancia, quizá te recuerde el día que tras darte un buen porrazo, aprendiste a montar en bicicleta. Si se trata de un recuerdo importante, estarás apegada a la cicatriz. Forma parte de ti.

En lo que respecta a envejecer, ¿dónde te encuentras en el abanico de la aceptación? Quizá no te importe acumular arrugas y líneas. O quizá quieras hacer todo lo posible para detener el reloj del tiempo. A lo mejor te encuentras entre estas dos actitudes: no te importan las patas de gallo, pero no te gusta mucho el tono opaco y la sequedad de tu piel. Ha llegado el momento de descubrirlo.

¿Cómo te sientes respecto a verte mayor?

Empecemos con esta pregunta crucial y responde con la máxima sinceridad posible: ¿cómo te sientes respecto a parecer mayor de lo que eres? ¿No te preocupa? ¿Desgraciada? ¿Ambivalente? ¿O la respuesta dependerá de cómo te ha ido durante la semana? Nuestros sentimientos respecto a nuestro aspecto son complejos, porque la apariencia está muy vinculada al sentido de identidad. Además, combatir los signos de la edad casi se ha convertido en el pasatiempo nacional. Aunque no hay nada de nuevo en esto, la presión por parecer más joven probablemente sea ahora más intensa que nunca, sobre todo para las mujeres. Los estadounidenses valoran mucho parecer joven y estar en forma. Hasta hemos vuelto a definir la edad cronológica, considerando los 60 actuales como los nuevos 50, los 50 como los 40, y así sucesivamente. En el panorama de la eterna juventud, hasta la fecha ningún miembro de la generación del *baby boom*, hombre o mujer, ha escapado al deseo de dar marcha atrás en el tiempo. Y casi se despierta antes de que empiece el envejecimiento.

- Más del 50 por ciento de las mujeres menores de 30 años que participaron en un estudio dijeron que no estaban satisfechas con su piel, se quejaban de sus bolsas en los ojos, de tener pequeñas arrugas, de pigmentación no uniforme, y de otros signos de envejecimiento.
- En una encuesta realizada en el año 2006 a mujeres entre los 35 y y los 69 años, ¡la mayoría querían parecer 13 años más jóvenes! Un tercio dijo que se quitarían de 6 a 10 años si pudieran, y el 43 por ciento quería sacarse entre 11 y 15 años de encima.

Hemos de admitir que hacerse mayor no es sólo combatir los cambios físicos, como articulaciones más rígidas, retracción de las encías, ralentización del metabolismo o ensanchamiento de la cintura. También hay aspectos psicológicos que resolver, muchos de ellos debidos a los cambios en nuestro aspecto. Ver las primeras canas o darse cuenta de que los surcos de la frente son permanentes. Estos signos que delatan que no serás siempre joven pueden provocar shock, ira, e incluso miedo; las respuestas puede que no estén tan relacionadas con detectar unas pocas arrugas como con la idea de saber que estás envejeciendo.

Éste es un proceso al que todas tendremos que enfrentarnos tarde o temprano, y puede poner a prueba nuestro sentido de identidad. Aunque envejecemos gradualmente, a nadie se le crea una arruga en un día; es bastante habitual mirarse un día en el espejo y pensar: ¿esta soy yo? *¿De verdad tengo este aspecto? ¡Socorro!*

Sin embargo, no todo el mundo ve las arrugas del mismo modo. Para algunas personas, los signos de vejez o no son tan importantes o los consideran con una especie de orgullo. (Habrás oído decir: «¡Éstas son las arrugas de la sabiduría!») Lo cual nos lleva de nuevo a la pregunta decisiva: ¿dónde te encuentras en la gama de reacciones que van desde la de «¡Llama al 112!» o «No es para tanto»? ¿Y estás segura de que eres justa contigo? Para averiguarlo, prueba estos dos tests rápidos:

El test de dibujar tu cara. Cómo te ves ahora

Puede que nunca te hayas considerado una artista, pero no has de ser un Van Gogh para hacer este autorretrato. Es divertido, y quizá te sorprenda lo que descubres. Coge un lápiz, mírate en el espejo y utiliza la cara en blanco de la ilustración para dibujar lo siguiente:

- *Puntos* para problemas en la piel, como poros grandes, rojez, acné, color ceniza y asperezas (y cicatrices, si tienes alguna, aunque no tengan nada que ver con la edad).
- *Líneas* para las arrugas y surcos.

- *Curvas* para cosas ovaladas, como las bolsas en los ojos, bultos en la nariz o papada.
- *Sombra* para el envejecimiento que crees que está relacionado con el estrés, cosas que desaparecen en vacaciones, como ojeras, hinchazón y algunas líneas de expresión finas.

Nota: El hecho de que tengas alguna de estas cosas no significa que sean malas o buenas. Sólo tú sabes cómo te sientes respecto a las huellas del tiempo.

A continuación utiliza la tabla que tienes debajo para evaluar rápidamente los signos con los que estás conforme y las cosas que te preocupan. Puntúa la columna del «No me conformo» del 1 al 5; 1 significa «Bueno, no me gusta pero es llevadero», y 5 «¡No puedo soportarlo y quiero cambiarlo!».

LA TABLA DE PUNTUACIÓN DE TU CARA: QUÉ DESVELA LO QUE HAS DIBUJADO

ENVEJECEDORES DE LA CARA	Me conformo	No me conformo
	Marca con una cruz	Puntua del 1 al 5
1. Líneas finas alrededor de los labios y ojos.	☐	_____
2. Rojez (telangiectasias o pequeños capilares) y/o angiomas como cerezas.	☐	_____
3. Puntos blancos o marrones.	☐	_____
4. Ojeras o bolsas en los párpados inferiores.	☐	_____
5. Párpados superiores caídos.	☐	_____
6. Flacidez en la zona de la mandíbula, cuello arrugado y flácido.	☐	_____
7. Surcos en el entrecejo o en la región nasolabial.	☐	_____
8. Manchas secas y escamosas.	☐	_____
9. Exceso de vello en la cara (sobre el labio superior, en la barbilla, etc.)	☐	_____
10. ¡Cualquier cambio que te recuerde a tu madre o tu abuela!	☐	_____

Primero mira la lista del *No me conformo*; te indicará cuáles son tus prioridades para combatir el envejecimiento. Luego revisa otra vez con lo que estás conforme y con lo que no, para asegurarte. Hay tres comprobaciones interesantes: pregúntate si estás haciendo lo que la autora Nora Ephron llama «aderezo compensatorio», por ejemplo, llevar cuello cisne o pañuelos en el cuello, llevar flequillo para que no se te vean las líneas del entrecejo. Si pudieras cambiar una cosa de tu aspecto, ¿qué cambiarías? ¿Qué mejoraría al momento tu autoestima? Por último, una pregunta de vital importancia: ¿cuántos de los *no me conformo* crees que mejorarían mucho, incluso desaparecerían, si tu vida fuera más tranquila?

¿Sabes qué? Hay una respuesta universal a esta tercera pregunta: exactamente la mitad de los factores de envejecimiento de la lista podrían *desaparecer de golpe*, o al menos mejorar de forma notable, si reduces el estrés. Son las número 1, 4, 5, 7 y 8. ¿Qué pasa con la otra mitad? ¿Qué pasa con lo que no se va de golpe? Para eso necesitas la ayuda de un especialista. Si quieres averiguar exactamente qué tipo de tratamiento elegir y cuánto cuesta, sigue leyendo. Si no estás interesada, deja este libro ahora y vuelve a este capítulo más adelante cuando empieces a ver cosas que no te gustan.

¿Por qué quieres cambiar?

Si todavía estás leyendo, estás pensando seriamente no sólo en eliminar los signos del envejecimiento por estrés de tu cara, sino en ir todavía un poco más lejos: invertir tiempo y dinero en lociones que te recete el dermatólogo y en seguir algún tratamiento en la consulta para erradicar uno o más de esos monstruos envejecedores. La pregunta es *por qué*. No es una pregunta tonta. Además de eliminar esta o aquella arruga, suavizar algunas zonas rugosas o simplemente parecer de la edad que tienes (en lugar de parecer mayor), es importante descubrir la *razón*, porque algunas razones son más saludables que otras desde un punto de vista psicológico; por ejemplo, estas tres:

- Quiero volver a ser yo cuando me mire en el espejo.
- Quiero que mi cara refleje cómo me siento: en forma, sana, y más joven de lo que soy.

- Estoy en trámites de divorcio y necesito mejorar mi imagen. (Por experiencia sé que mejorar tu aspecto es una de las cosas más positivas que puedes hacer para superar el trauma del divorcio; puede ser un buen primer cambio que a menudo conduce a otros.)

Aquí hay algunas razones que pueden conducirte a la decepción, aunque no siempre: algunas pueden tener un doble efecto.

- Mi pareja quiere que parezca más joven.
- He de cambiar toda mi forma de vida y mi cara es el primer paso. (A esto lo llamo el complejo de Cenicienta: «Cuando me deshaga de estas arrugas me ascenderán, me tocará la lotería, salvaré mi matrimonio». Mejorar la autoestima es una cosa que puede dar grandes beneficios. Pero pensar que arreglarás tu vida arreglando tu cara, pues la verdad es que no.)
- Necesito un milagro. He fumado y me he bronceado durante catorce años, pero ahora lamento cada bocanada y cada rayo de sol, y, ¡vaya, voy a una reunión dentro de dos semanas y he de estar fabulosa! (Este tipo de motivador externo —una reunión, una boda, querer tener tu mejor aspecto para algo especial— puede ser bueno, pero combinarlo con la exigencia de que la reparación ha de dar resultado al instante, es una vía segura hacia el fracaso. Puedes hacer varias cosas que te ayuden, pero no se borran catorce años de maltrato a la piel en dos semanas. ¡Ojalá fuera tan sencillo!)
- Me deprimo cada vez que leo la revista *Vogue* o veo alguna entrega de premios en Hollywood, y quiero hacer algo al respecto. (La idea de que la mayoría de nosotras podemos llegar a parecer una *top model* o una estrella de cine es errónea. Sinceramente, en la vida real, sin la magia de las luces, cámaras e incluso del Photoshop, la mayoría de las modelos y estrellas no tienen tan buen aspecto.)
- Cinco dermatólogos me han rellenado este surco o eliminado este bulto, y ninguno lo ha hecho bien, pero sé que usted sí lo conseguirá. (A veces, las personas están obsesionadas por algo que consideran un gran problema que nadie nota. Es muy común y suele empezar en la adolescencia. Luego puede aparecer y desaparecer, según el grado de estrés:

una ruptura, una gran mudanza, un trabajo nuevo. Pueden tratarle el problema varias veces, pero nunca estará contenta. Esto tiene un nombre: trastorno corporal dismórfico. Es una enfermedad que suele requerir psicoterapia, porque es un trastorno mental en que la persona está excesivamente preocupada por un pequeño defecto físico. El problema también puede ser imaginario. Sin la terapia adecuada, la gente que padece este desorden sufre un estrés psicológico que les impide cuidarse de modo apropiado.

Sé realista

No es fácil tener expectativas saludables cuando lo único que haces es mirar la televisión durante dos horas y empezar a sentirte mal por tu aspecto. Hasta los *reality show* están llenos de mujeres jóvenes, en forma, que de algún modo se las arreglan para tener buen aspecto, incluso después de que las haya picado un mosquito, no haber dormido en cuatro días y estar comiendo larvas y cocos. No está mal que te inspiren las mujeres que ves en la televisión o en las revistas, pero la mayoría no vamos a tener ese aspecto por más que lo intentemos o lo intente un cirujano famoso. Lo que ves en los medios está manipulado con muchas técnicas engañosas.

Otra observación: es muy legítimo querer parecer más joven si tienes una profesión en la que eso importa, como ser dermatóloga… Ciertas carreras (trabajar como modelo o ante las cámaras son dos de las clásicas) casi requieren un aspecto juvenil y lleno de energía. No tienen nada que ver con la enseñanza o la abogacía, donde el aspecto maduro es una ventaja. Asimismo, si tener un aspecto juvenil es importante para tu negocio, está bien, siempre y cuando *tú* también lo desees y sea *tu* estrategia para el éxito lo que decide. Si tu meta te la has propuesto debido a la influencia de otra persona o se trata de un intento de resolver un problema completamente diferente, ahórrate tu dinero y evita la decepción. Mejor aún: busca alguna terapia psicológica que te ayude a resolver estos temas antes de hacer ninguna otra cosa.

Ésta es otra razón saludable para querer actualizar tu rostro: que no esté inducida por tu estado emocional. Supongamos, por ejemplo, que eres tan optimista y enérgica como el conejito de las pilas Duracell, pero unos genes desafortunados o demasiado tiempo en la playa te dan un aspecto de estar siempre cansada (ojeras o párpados caídos), o triste e irritable (las comisuras de los labios hacia abajo, profundos surcos en el entrecejo). La gente puede evitarte socialmente porque piensa que estás cansada, deprimida o enfadada, cuando en realidad no hay nada de esto. ¿Será el momento de pensar en el Botox, en rellenadores y reductores de las arrugas? ¿Por qué no?

Por último, tengo otras tres buenas razones para que cambies tu aspecto.

- **Eliminar un poco tus signos de envejecimiento puede aumentar tu confianza social.** Ya lo sabes por instinto, pero los científicos lo han demostrado: las mujeres de un estudio que parecían mayores por su exposición a los rayos solares, tenían más ansiedad y enfermaban con facilidad. Tras algunos tratamientos de rejuvenecimiento cutáneo, esas inseguridades desaparecieron.

- **Puede que la gente te trate de forma diferente.** Hay muchos estudios que demuestran que las personas atractivas encuentran trabajo, las ascienden y les suben el sueldo con más facilidad. Se supone que son más inteligentes y competentes. Incluso pueden recibir mejores tratamientos médicos: ¡las encuestas demuestran que, consciente o inconscientemente, los médicos y psiquiatras prefieren tratar a pacientes atractivas!

- **Puede tener un efecto dominó positivo en tu salud.** Cuando te sientes mejor con tu aspecto, sube tu autoestima, lo que hace que aumente tu vida social. No me refiero a que te pongas a bailar encima de una mesa, ni tampoco has de convertirte de pronto en la estrella de la fiesta. Sin embargo, cuantas más conexiones sociales estableces y más buenas relaciones tienes, más sana estarás, física y psicológicamente. Y eso puede ser un poderoso motivo para que hagas cosas como comer mejor y hacer más ejercicio.

Revisa nuevamente la lista del *No me conformo*, pero esta vez céntrate en tus razones. Pon un asterisco al lado de las que de verdad harían que te sintieras mejor. Pon una aspa × cerca de las que has mencionado porque alguien te ha obligado a hacerlo o porque piensas que te ayudaría a resolver problemas mayores en tu casa o trabajo (no es verdad). Sé despiadadamente sincera. Cambiar tus facciones no es una cura para todo durante el resto de tu vida, pero sí es una gran forma de sentirte mejor contigo misma.

Lo que puedes hacer con lo que no está bien

El programa de 9 días rejuvenecerá tu piel e invertirá muchos de los signos que te preocupan cuando te miras en el espejo. ¿Qué pasa con las otras cosas de la lista del *No me conformo* que quieres cambiar y que sabes que ni todo el té verde y horas de sueño del mundo pueden arreglar? Ahí es donde entra en juego la medicina moderna, desde las cremas hidratantes de alta tecnología hasta el láser.

Existen muchas soluciones, algunas baratas y sencillas, otras no tanto. Estoy segura de que habrás oído hablar de algunas de ellas, pero puede que también tengas algunas ideas equivocadas. Mi intención es aclararte las cosas para que sepas lo que vale la pena y lo que no. Primero, veamos esas cosas que te preocupan y que pueden estar frenándote.

¿Quieres hacerte un tatuaje?

Casi el 24 por ciento de los estadounidenses tiene al menos un tatuaje, y se calcula que hasta un 50 por ciento intentarán sacárselo/os algún día. Acaba de salir una nueva tecnología en el mercado que vale la pena tener en cuenta si estás pensando en hacerte un tatuaje y no estás segura de si lo querrás para siempre. Hay una nueva técnica (busca Freedom2Inc.com para más información) en la que se utiliza tinta que está encapsulada en microesferas, de este modo el tatuaje se puede quitar fácilmente con un tratamiento láser, a diferencia de las técnicas de eliminación actuales como la dermoabrasión, escisión quirúrgica y cirugía láser.

¿Qué te detiene?
Los 9 factores principales del miedo

Si lo único que te has hecho en la cara es ponerte crema hidratante, maquillaje, o embadurnarte con crema de protección solar, puede que te cause un poco de respeto inyectarte Botox, mucho más hacer cualquier otra cosa. Pero no ha de ser el miedo lo que te detenga. Gran parte de las ansiedades se deben al miedo a lo desconocido, desde «¿Duele?» hasta «¿Cuánto cuesta?». Vamos a dejar las cosas bien claras. El conocimiento te otorgará el poder para decidir.

Te da miedo inyectarte algún cuerpo extraño

¿Puede envenenarme el Botox? ¿Me provocarán migraña los rellenadores de arrugas? ¿Puede provocar cáncer el láser? Las respuestas a estas preocupaciones y a otras más es no. Pero en este caso me temo que no basta un simple no, y, sinceramente, creo que tienes razón.

- **Botox.** Está hecho de un desagradable material: botulina, una toxina nerviosa que es la sustancia natural más venenosa que se conoce y que provoca el letal botulismo (enfermedad que te paraliza hasta morir). El sambenito que le han cargado al Botox en los medios no es justo. El Botox está extrapurificado, y hace más de cuarenta años que se está utilizando para tratar problemas neurológicos y oftalmológicos. Relaja los músculos que reaccionan de forma exagerada (esto es lo que hace que desaparezcan las líneas del entrecejo). También devuelve el equilibrio a los músculos, y hace que las arrugas (grietas en la dermis) se curen al evitar que los músculos se contraigan con la misma fuerza sobre ellas. Se ha de repetir cada 4 a 6 meses, aunque en la mayoría de personas sus efectos se van alargando gradualmente.

- **Rellenos de ácido hialurónico.** El ácido hialurónico (AH) es el material de rellenadores como Restylane, Perlane y Juvederm, pero también se encuentra de forma natural en nuestro cuerpo. El AH engrasa nuestras articulaciones. El rellenado suele durar entre 4 y 8 meses, de modo tendrán que volvértelo a inyectar. La preocupación de que se mueva, que lo inyecten en una arruga y que acabe en otro lugar formando un bulto, no tiene mucho fundamento. Los bultos desaparecen con el masaje.

Puede haber alguna rara excepción si se inyecta demasiado de golpe, que es la razón por la que llenar una arruga muy profunda suele hacerse en dos veces, si hay presión sobre el material (por ejemplo, una arruga muy profunda debajo de una mejilla muy grande que ejerce presión hacia abajo). Entonces sí puede haber problemas de desplazamiento, pero son casos excepcionales, y los dermatólogos experimentados saben cómo evitarlos. Aunque se desplace, no es de manera permanente. Las inyecciones de AH sólo duran de 4 a 6 meses.

- **Láser**. Hay montones de variedades de láser que pueden hacer todo tipo de cosas por tu piel, desde vaporizar vasos sanguíneos innecesarios y eliminar el vello indeseado de la cara hasta un *resurfacing*. Afortunadamente, lo que no pueden hacer es desencadenar una proliferación de células descontroladas, es decir, provocar cáncer.

- **Inyecciones de colágeno**. Como una parte, no todo, del colágeno procede de las vacas, de vez en cuando aparecen en internet historias de terror sobre el riesgo de contraer la enfermedad de la fiebre aftosa o la de las vacas locas por recibir inyecciones de colágeno bovino. No obstante, no sólo no hay una base científica para estas afirmaciones, sino que las normativas de la FDA exigen que el colágeno bovino que se utilice en las inyecciones provenga de países donde no haya dicha enfermedad. El único gran inconveniente del colágeno bovino es que se necesita todo un mes de pruebas de alergia antes de ser inyectado. Afortunadamente, ahora existen otros tipos de colágeno que contienen colágeno natural humano —Cosmoderm y Cosmoplast— y como tales, no requieren pruebas para la alergia. Estas opciones proceden de tejido dermal purificado cultivado bajo condiciones de laboratorio controladas. El Cosmoderm suele utilizarse para líneas de expresión finas como las patas de gallo y las líneas de los labios, mientras que el Cosmoplast se usa para tratar líneas más profundas y aumentar el tamaño de los labios o la cara.

- **Silicona.** Aunque todavía no está aprobado por la FDA para las arrugas, la silicona de calidad médica se puede usar «extraoficialmente» y se está poniendo de moda como rellenador debido a su permanencia: rellenaría una arruga de una vez por todas. Hay que valorar ese beneficio respecto a sus efectos secundarios: puede provocar rojez crónica, bultos inflamados, y, como es permanente, si no te gusta el efecto, mala suerte. Yo prefiero la silicona para las cicatrices —es fantástico que se vayan de una forma definitiva—, pero no para las arrugas. Para mí hay otras opciones más sencillas y seguras. Si te gusta la idea, ve a un especialista en silicona, un médico a quien le encante este material y que lo use mucho, porque requiere una inyección con la técnica de la microgota, que requiere mucha experiencia.

Una confirmación final: los dermatólogos generalmente usamos casi todos los tratamientos disponibles, no sólo en nosotros mismos, sino en nuestras amistades y familiares, en personas cuyas facciones y salud nunca pondríamos en peligro. Si estás indecisa sobre un tratamiento inyectable que te sugiere un médico, pregúntale si lo utilizaría consigo mismo.

CREES QUE DOLERÁ MUCHO

La realidad es que algunos tratamientos sí duelen: las inyecciones para aumentar el volumen de los labios, por ejemplo, a veces hacen que aprietes los nudillos. El miedo puede empeorar las cosas, lo cual explica las muchas variaciones que existen respecto al dolor que sienten las personas. Si realmente quieres probar algo y tienes pánico, prueba a aprender algunas técnicas de autohipnosis. (Un sitio de internet que te enseñará lo básico, te conducirá a otros temas relacionados y te recomendará lecturas, es www.About.com; luego busca «self-hypnosis».) Sin embargo, existen un montón de formas para no sufrir más sencillas.

- En primer lugar, el umbral del dolor es diferente cada día, sobre todo en las mujeres. Normalmente, somos más sensibles cuando nos toca la menstruación. Así que no programes ningún tratamiento justo antes de y durante tu menstruación.

- Cuando programes una visita, pregunta si puedes tomar algún calmante. Explica que eres sensible y que estás asustada. Puede que te recomienden tomar acetaminofeno media hora antes de la intervención (pero no tomes aspirina ni otro AINE [fármaco antiinflamatorio no esteroideo], pues te provocarían más morados).
- Cuando llegues, pide algún tipo de anestesia local. Desde unas sencillas bolsas de hielo hasta anestesia en spray, crema anestésica o lidocaína entre otros. Existen muchas opciones.
- ¡Busca distracciones! Te pueden ayudar más de lo que piensas. Eso depende de cada persona, pero yo a veces doy una o dos pelotitas para el estrés para que las estrujen, le digo a mi ayudante que les coja la mano, que utilice «charlanestesia»: que cuente historias, chistes, pregunte por su trabajo, hijos, o cualquier cosa que la ayude a apartar la atención del tratamiento.

Por supuesto, si te están haciendo algo bastante intenso, desde un *resurfacing* con láser a toda la cara hasta rellenar múltiples surcos profundos, necesitarás un tratamiento más intenso para el dolor. Esto puede suponer una combinación de crema anestésica, anestesia local y un tranquilizante (con frecuencia Valium o Activan) para calmar el dolor. También utilizo luces suaves y música tranquila para que la sala de tratamiento resulte relajante.

Esto es lo que has de saber: todo funciona. Durante el procedimiento, has de notar un dolor muy leve o nada, quizás un pinchacito, una sensación de calor o frío o el rápido toque del láser. Después, estarás un poco dolorida y amoratada durante un par de días. Si leer esto te frena, ¡atenta! Acabas de responderte a una pregunta sobre ti: un poco de retoque facial, despacito y con buena letra te puede funcionar, pero mucho de golpe probablemente no.

TE ATERRAN LAS AGUJAS

Aunque a nadie le gustan las agujas de las jeringuillas, la mayoría de las personas las toleramos, pero no todo el mundo. Si te asustas sólo con ver la jeringuilla, es un temor que vale la pena intentar superar y no sólo para terminar con algunas arrugas. La vida está llena de inyecciones para la gripe, vacunas para los viajes, contra el tétanos, etcétera, de modo que aprender a afrontarlo puede facilitar estos inevitables encuentros. Repito, la clave es comentárselo a tu médico para que pueda hacer algo, como, por ejemplo, utilizar la aguja más fina que tenga (es más sencillo y entran con más facilidad).

- Una musculatura tensa hace que los pinchazos duelan más, así que mientras el médico está preparando las cosas, deja colgar el brazo, sacúdelo y relájalo todo lo que puedas. Hacer esto es una gran ayuda, ¡yo también lo hago! También puedes probar una relajación progresiva: tensar y relajar todas las partes del cuerpo sucesivamente, desde la cabeza hasta los pies. Prueba los ejercicios de respiración profunda (véase la página 121 para recordar cómo hacerlo). Relajar los músculos tranquiliza los nervios y disminuye el factor dolor.
- Distráete. Llévate un iPod y escucha tu música favorita; cierra los ojos (así no verás la aguja) y piensa en algo que realmente te haga feliz; habla sobre el viaje que vas a hacer, la nueva gracia de tu mascota o de un restaurante que te guste.
- Llévate un vibrador de masaje si tienes uno, ¡en serio! O pregúntale a tu médico si tiene uno. Aplicarlo durante 2 o 3 segundos antes de la inyección, a unos 3-5 centímetros de la zona, está demostrado que reduce el dolor del pinchazo.

TE PREOCUPA NO VOLVER A SER TÚ

Nadie quiere que le dejen labios de pato (demasiado gruesos) o un rostro congelado e inexpresivo (demasiado Botox). No cabe duda de que siempre hay malos profesionales, y que, incluso estando en las mejores manos, puede haber complicaciones… pero es mucho menos probable que suceda cuando acudes a un médico con mucha experiencia. Asimismo, un buen médico no te dejará con el aspecto de otra persona. Todo lo contrario, serás más tú, pero más joven.

- Encontrar a un profesional en quien puedas confiar eliminará al instante gran parte de esos temores, así que manos a la obra. Has de buscar a un médico licenciado en dermatología o cirugía plástica. Encontrarás cirujanos maxilofaciales, otorrinos especializados en cirugía plástica, así como algunos oftalmólogos que realizan blefaroplastias (operación de los párpados superiores e inferiores).

• Programa una visita, y cuando acudas, pídele que te enseñe fotos de otros pacientes de antes y de después para comprobar si el sentido estético del médico coincide con el tuyo.

• Tómatelo con calma. Explica lo que quieres, y que te lo hagan poco a poco; por ejemplo, un *peeling* con ácido suave, o tratamientos locales con láser para eliminar las arañas vasculares o el vello facial oscuro. No es como hacerse un implante de mama, que de la noche a la mañana pasas de la talla 80 a la 95. Puedes hacerte una parte un día, y si te gusta, regresar al cabo de unas semanas y hacerte un poco más. Hazlo también de manera que no interfiera con tu estilo de vida. Si no tienes tiempo de volver al médico (o simplemente no quieres), pídele que te haga más tratamientos de golpe, o alarga el período entre las visitas.

TIENES MIEDO DE QUE LOS DEMÁS LO NOTEN

¿Qué es lo peor que te podría pasar? ¿Que digan que eres superficial porque te has puesto Botox en las cejas? ¿Te sientes culpable porque tienes una amiga que quiere hacer lo mismo pero no se lo puede costear? ¿Te hacen cumplidos y *eso* te incomoda?

• Primero, todo se olvidará al poco tiempo, pues la gente busca cosas nuevas a las que dirigir la vista.

• Segundo, tan sólo estás mejorando tu aspecto y eso es un acto positivo y de amor a la vida. Por otra parte, si tienes 45 años pero has tenido una infancia en la que tomabas el sol indiscriminadamente (nadie te lo advirtió), lo que ha hecho que tu piel aparente 50 años, ¿qué tiene de malo aparentar la edad que realmente tienes?

• Tercero, te sorprenderá cuántas personas hay que no notan nada. El efecto de ponerte un poco de Botox aquí y un poco de relleno allá a ti puede parecerte extraordinario (bien), pero es difícil definir hasta dónde ha cambiado el criterio estético general (lo cual también es bueno). La gente sólo verá que tienes mejor aspecto y supondrá que has estado de vacaciones, que has dominado tu estrés laboral, que has perdido algunos kilos o que te has cortado el pelo. De hecho, he oído que algunos cirujanos plásticos les aconsejan a las pacientes acomplejadas que se cambien de peinado y de color de pelo porque de ese modo la gente enseguida atribuirá la mejora a ese cambio.

TE DA MIEDO EL COSTE

No todos los retoques te dejarán en bancarrota. Un tubo de Retin-A reafirmante para las arrugas puede costar unos 75 dólares [50 euros], por ejemplo, y fácilmente te durará de 3 a 4 meses. Esa cantidad la pueden pagar la mayoría de las personas, y aunque hayan de pasar 2 o 3 meses para ver sus efectos, la paciencia es tu otra inversión. Por otra parte, algunos tratamientos para la piel son caros y lentos. El *resurfacing* con láser puede costar miles de dólares, y tarda unos 3 meses en cicatrizar (aunque puedes salir a la calle en una semana o dos con la ayuda de un buen maquillaje), pero el efecto dura años. No obstante, sea cual sea tu presupuesto, decidir cómo gastarlo puede producirte malestar.

- **Haz cuentas.** Divide el precio del tratamiento teniendo en cuenta el número de días que durará, a fin de saber lo que te cuesta al día. Por ejemplo, el coste de rellenar las arrugas suele calcularse por jeringa (porque su contenido no se puede dividir). Una jeringa llena de Restylane (ácido hialurónico) cuesta unos 700 dólares [500 euros] y dura al menos 4 meses, unos 120 días. Divide 700 [500] por 120 y te dará 5,84 dólares [4,16 euros] al día. Ahora bien, ¿con qué compararlo? ¿Con tu ración diaria de cafés con leche? Hacer un cálculo del coste diario te da una perspectiva diferente.

- **Sé una compradora inteligente.** Esto es sencillo, pero importante. Vuelve a la lista del *No me conformo* de la página 268. Utilízala para asegurarte de que tanto tu médico como tú estáis de acuerdo en qué es lo que más te molesta, luego explícale cuál es tu presupuesto y decide si quieres ahorrar o gastar.

• **Aplázalo.** Hoy en día casi todos los dermatólogos aceptan tarjetas de crédito, y aunque esto te sorprenda, también hay entidades financieras que ofrecen créditos para tratamientos de estética. ¡Vaya! Sí, estás invirtiendo en ti, pero a menos que seas muy disciplinada, fácilmente puedes estar años pagando y con intereses muy elevados. ¿Vale la pena pagar de más, y, sí el estrés que eso conlleva? Reflexiona sobre esto.

La cuestión es: no tengas miedo de los costes, pero ten las cuentas muy claras. Para detalles más específicos, véase «Dinero y sensatez: ¿cuánto cuesta una arruga?» en la página 286.

TE PREOCUPA TENER MAL ASPECTO DURANTE UNAS HORAS/DÍAS/SEMANAS

Todo el mundo quiere resultados instantáneos y sin tiempo de reposo, pero las arrugas no se hacen de la noche a la mañana, y tampoco desaparecen con esa rapidez. Dicho esto, espera cualquier cosa, desde un color rosado (un *peeling* suave y rápido o el Botox) hasta un poco de hinchazón, morados y marcas de los pinchazos (una buena dosis de relleno para las arrugas y para dar volumen).

• Programa bien la intervención. No programes una sesión para rellenar arrugas la semana que tengas algún evento especial. Tendrás algunos morados (la cantidad dependerá de la persona), y el corrector tiene un efecto limitado. Programa tu sesión al final del día para que después te vayas directamente a casa y puedas aplicarte paquetes de hielo para reducir la hinchazón y la inflamación. Mejor aún: hazlo un viernes y así tendrás todo el fin de semana para recuperarte.

• Para reducir los morados, desde 7 a 10 días antes y 2 días después, evita tomar:

   • aspirina, ibuprofeno y otros antiinflamatorios (para un dolor leve, utiliza *sólo* acetaminofeno). Si tomas aspirina infantil a diario para el corazón (o Coumadina, Plavix o Heparina), pon en contacto a tu cardiólogo y a tu dermatólogo para que te receten lo más apropiado para esta situación;

- cualquier vitamina, incluidas las dosis diarias de vitamina E y C, porque pueden licuar la sangre y provocar más morados (se puede tomar un complejo vitamínico o mineral);
- hierbas, especialmente ajo, gingko biloba, ginseng y hierba de San Juan (hipérico).

Esta lista es un poco exagerada, pero vale más prevenir que curar. Además, se trata de tu rostro.

- Cómprate un buen corrector para ocultar los morados. Secret Camouflage de Laura Mercier es estupendo para los pequeños morados.

- Algunos tratamientos con láser provocan morados de color berenjena, y lo único que los cubrirá es DermaBlend (www.dermablend.com). Hace muchos años que se comercializa porque es estupendo. Cómpratelo con tiempo y practica un par de veces para cogerle el truco.

- Si es muy probable que el tratamiento al que vas a someterte te produzca rojez (pregúntale a tu médico), ve a cualquier perfumería y compra un corrector de tono verdoso; anula el rojo.

- Para reducir al máximo los efectos secundarios como la hinchazón y los morados, haz lo siguiente:
  - procura no hacer esfuerzos durante uno o dos días a menos que lleves puntos (por ejemplo, cuando te han sacado un lunar), en cuyo caso deberás preguntarle a tu médico;
  - no bebas vino, cerveza ni licor esa noche para evitar sofocos y que se licue levemente la sangre (lo cual podría aumentar los morados); subraya esto si estás tomando calmantes; no te interesa que se mezclen con el alcohol;
  - duerme con la cabeza levantada durante una o dos noches;
  - aplícate con rigor la protección solar, pero utiliza una fórmula con una base mineral de titanio o de cinc para evitar la irritación que provocan las sustancias químicas que se utilizan en las cremas de fotoprotección;

- si vas a hacerte algún tipo de *resurfacing* en la piel, un *peeling* suave con ácido o algún tratamiento con láser (pregúntale a tu médico), deja de usar productos que contengan retinoides, alfahidroxiácidos (AHA) y ácidos glicólicos el día antes y uno o dos días después. En este caso, de nuevo te recomiendo que le preguntes a tu médico para que te dé las directrices adecuadas.

Consejo para el tratamiento

Si tienes el virus herpes y a veces te salen herpes labiales, díselo a tu dermatólogo para que pueda planificar tu tratamiento a fin de evitar un posible brote. Es fácil que te aconseje que tomes el antiviral valaciclovil (Valtrex) unos días antes, o si ya te está saliendo uno, tendrá que reprogramar la sesión.

TIENES PÁNICO DE QUE ALGO SALGA MAL

Todos hemos oído historias de terror sobre quemaduras, cicatrices y terribles dolores. Las complicaciones más comunes, según recientes investigaciones médicas, proceden de la depilación con láser, *peelings* químicos y de las inyecciones para rellenar las arrugas. ¿Cuál es la causa más común? Médicos no cualificados y sin experiencia. Una gran parte de las intervenciones de los dermatólogos cualificados consiste en corregir los errores de otros.

- Lo más importante que puedes hacer para asegurarte de que el especialista al que acudes está debidamente cualificado (véase «Te preocupa no volver a ser tú», página 278). No te dejes influir por las credenciales de una página web, ni tampoco por las que cuelgan en una pared. Averiguar si un profesional está cualificado en esa especialidad es fácil y gratis. Entra en la web del Colegio de Médicos de tu país y consulta los colegiados en la especialidad de dermatología o cirugía plástica (o neurología, o cualquier otra especialidad que exista).
- Hay otras páginas donde puedes buscar información específica sobre

médicos, a veces gratuitamente (www.comparehealth.com), a veces pagando una cuota (www.healthgrades.com). Sin embargo, desconfío de la mayoría. Es demasiado fácil publicar información engañosa; por ejemplo, healthgrades.com sólo te dice si el profesional ha tenido algún juicio por negligencia, pero no si lo ha ganado o perdido. ¡Imagina que te hayan denunciado sin razón y que la única información que dan sobre ti es que te han denunciado!

Francamente, me preocupa más ver los consultorios de los cirujanos plásticos que están en los centros comerciales y que te venden un *peeling* con ácido o una inyección de Botox como si te estuvieran vendiendo la camiseta de la tienda de al lado. ¡No es así de fácil! No creo que pincharle a alguien en la cara se pueda vender de ese modo.

- Por último, no te dejes engañar por los precios excepcionalmente bajos; es muy probable que sean demasiado bonitos para ser fiables.

TIENES MIEDO DE QUE TU ESPOSO O PAREJA LO DESCUBRA Y TENGÁIS UNA DISCUSIÓN

A decir verdad, muchas veces los hombres no lo entienden. Algunos ven los tratamientos antiedad como algo frívolo, excesivo, o incluso absurdo. «Ya estás bien así», te dirán. Otros se preocupan por los efectos secundarios o complicaciones y creen que es peligroso lo que vas a hacer. Otros piensan que es una actuación puntual y no como un buen corte de pelo que se ha de ir manteniendo. Por último, algunos están francamente desconcertados. Si cualquiera de estos ejemplos coincide con tu situación, programa una visita con el médico para recopilar información, saber bien de lo que estás hablando, y luego decidir lo que vas a hacer.

- Si tu pareja es de las que piensan que es una frivolidad, puedes seguir adelante y no decirle nada. (¡Pero no lo pagues usando una cuenta bancaria conjunta!)
- Si es de los que se preocupan, también puedes seguir adelante sin decirle nada, y a ver si luego te hace algún comentario favorable como:

«¡Cariño, estás estupenda!». Es el momento de reconocerlo, y con suerte oirás: «Bueno, no está mal, tienes buen aspecto».

- Si tu pareja está desconcertada, intenta hablar con él. Explica por qué lo haces, por qué es importante para ti, por qué necesitas su apoyo, aunque sólo sea para ponerte las bolsas de hielo en las zonas doloridas e inflamadas. Vuelve a la Tabla de puntuación de tu cara y revisa tus razones para lo que vas a hacer. Cuanto mejor se lo puedas explicar a tu pareja, más fácil te será involucrarla.
- Si la sinceridad es lo primero y los dos sois cristalinos, espérate un poco y vuelve al tema más adelante. En otro momento, quizá los dos estéis menos tensos y ya no os parezca algo tan importante.

Lo primordial es que se trata de tu cara, y, en última instancia, la decisión es tuya y te has de sentir cómoda con ella. Sólo tú sabes con lo que puedes y con lo que no puedes vivir, y eso incluye el estrés de hablar, de no hablar, o de decidir olvidarte de tus planes de rejuvenecimiento.

Encontrar al médico adecuado. Es bastante útil empezar con recomendaciones de amigos y familiares, si no conoces a ningún dermatólogo/a. También le puedes preguntar a tu médico de familia. Lo que debes evitar es ir a ver a varios dermatólogos a la vez y gastar dinero en las consultas, de modo que intenta conseguir la mayor información posible por teléfono antes de programar la visita. Una de las primeras cosas que has de preguntar es cuál es la especialidad del médico. Aunque el consejo general es que puedes acudir a cualquier profesional especializado en dermatología, cirugía plástica o cirugía maxilofacial (cirujano maxilofacial, otorrinolaringólogo, u oftalmólogo con subespecialidad en cirugía estética), te recomiendo un dermatólogo especializado en medicina estética; es decir, alguien con amplia experiencia en este campo y no alguien que tan sólo se dedique a hacer *peelings* químicos o a inyectar algún producto para rellenar arrugas como trabajo extra. En caso de que necesites la ayuda de otras especialidades como la cirugía plástica, el dermatólogo puede guiarte en la dirección correcta, o trabajar conjuntamente con ese otro especialista.

También has de averiguar en qué hospital opera el médico. Además ha de estar colegiado.

Otras preguntas que has de hacer son:

- ¿Cuántos años de experiencia tiene y si ha realizado otros tratamientos como el tuyo? Sé lo más concreta posible; si estás interesada en un rellenador de arrugas o en el Botox, pregunta cuántos tratamientos ha realizado, así como cuántos realiza diariamente. Lo recomendable es alguien que tenga al menos 2 o 3 años de experiencia y que realice estos tratamientos con frecuencia. Algunos dermatólogos no tienen mucha práctica en medicina estética.
- ¿Qué tratamientos puede ofrecerte? Asegúrate de que tienes varias opciones, y que el médico trabaja con diversos tipos de materiales. No tienes que estar limitada.

También has de aclarar los honorarios y las opciones de pago. Como ya sabrás, estos tratamientos no los cubren ni la salud pública ni las mutuas médicas privadas.

Dinero y sensatez: ¿cuánto cuesta una arruga?

¿Recuerdas la vida antes que hubiera Botox? No hace falta que retrocedas mucho en el tiempo, cuando la técnica más común de rejuvenecimiento era un *lifting* facial que estiraba la piel lo suficiente como para planchar los pliegues y arrugas. Por desgracia, el resultado a menudo era como estar atrapado en un túnel de viento. La medicina cosmética ha realizado una larga trayectoria. Actualmente, los médicos tienen instrumentos para mejorar el aspecto de las personas sin utilizar nada parecido a un bisturí. Estos instrumentos mágicos se clasifican en tres categorías:

- las cosas que nosotros (y a menudo tú) podemos ponernos en la piel (Retin-A, *peeling* químico);
- las que puedes inyectarte bajo la piel (Botox, rellenadores de arrugas);

- las que pueden crear una piel nueva por completo, eliminando problemas que los dos primeros métodos no pueden solventar (láser y otros instrumentos).

Al igual que la mayoría de los dermatólogos, he desarrollado mis propias opiniones respecto a los tratamientos que me parecen mejores, pero mi visión se modifica continuamente para favorecer a cada paciente (según el tipo de piel, lista de objetivos, presupuesto, emociones, tiempo disponible y otros factores).

Las tres indicaciones que expongo a continuación te darán una visión rápida de la categoría de los tratamientos, que los médicos llaman *tópicos, inyectables y resurfacers*, desde lo mejor que pueden hacer por ti hasta cuánto te van a costar. También he incluido algunos consejos para cada situación en particular. Ten presente que cada uno es diferente, y que los tratamientos se han de adaptar a tu caso. De modo que si estás pensando en realizar alguno de ellos, utiliza estas pautas, como apuntes antes de hablar con uno o dos dermatólogos para averiguar lo que te puede ir mejor. ¡Tendrás una idea más clara de lo que están hablando! Recuerda que la información de las tablas que vienen a continuación puede cambiar muy deprisa, puesto que aparecen productos nuevos y los viejos cambian de fórmula. Este tipo de datos también puede depender de otros factores. Los «Efectos duraderos», por ejemplo, pueden variar mucho según la persona. El precio también puede variar mucho. Utiliza estas tablas como guía general. Son para que te hagas una idea aproximada con la información básica sobre estas opciones. Para más detalles, habla con tu dermatólogo.

LAS COSAS QUE TE PONES EN LA PIEL: CON RECETA Y SIN RECETA

Cuanto más saben los investigadores sobre las sustancias (humedad, colágenos, ácidos) que pierde la piel con el tiempo —debido al estrés, el sol, contaminantes y otros factores—, mejores productos químicos cosméticos fabrican para sustituir estos ingredientes. Cada pocos meses aparece una nueva pócima hidratante, suavizante, reafirmante y abrillantadora. Los efectos más espectaculares proceden de los productos con receta que aceleran la renovación celular. También hay algunos tratamientos que se venden sin receta y que pueden ser muy eficaces. A continuación cito mis favoritos; los reconocerás porque ya he hablado de ellos en otras partes de este libro.

PROBLEMA	TRATAMIENTO	CÓMO ACTÚA
Acné Granos Puntos blancos Puntos negros	**Peróxido de benzoilo** (PB)	**Mata** las bacterias que provocan el acné; ayuda a controlar la grasa.
Acné Granos Puntos blancos Puntos negros	**Ácido salicílico** (también conocido como betahidroxiácido o BHA).	**Exfolia** las células muertas y secas de la piel que pueden obturar los poros y desencadenar brotes. **Calma** la inflamación.
Problemas de color o de textura Piel apagada, descamada, grasa o roja **Problemas de textura** Piel seca Piel apagada	**Alfahidroxiácidos** (AHA), como el ácido glicólico.	**Exfolia** las células muertas y secas de la piel suavizando y dando luminosidad a la piel. **Potencia** la penetración de otros tratamientos.

CÓMO USARLO	PARA LOS MEJORES RESULTADOS	PRODUCTOS QUE ME GUSTAN
Si la mayor parte de tu rostro tiene una erupción, lávatela con un limpiador que tenga PB una vez al día (por la mañana, por la noche o después de hacer ejercicio).	**Con los limpiadores**, utiliza la concentración más alta (hasta un 10%) que puedas tolerar sin que te reseque.	**Productos sin receta** Limpiadores genéricos con PB (2,5%-10%)
	Aclara bien los limpiadores, puesto que los residuos pueden desteñir los tejidos (ropa, sábanas, toallas).	Neutrogena Clear Pore Cleanser/ Mask (3,5%)
		Topix Benzoyl Peroxide (5%) Wash
Si se trata de un grano ocasional, trátalo localmente con una crema o gel que contenga PB en la menor concentración posible. Los tratamientos locales son demasiado secantes e irritantes para aplicarlos a todo el rostro.	**Para potenciar los efectos de un limpiador**, intenta usar un tónico o limpiador (véase más abajo) con ácido salicílico en otro momento del día.	Clinique Acne Solutions System Neutrogena On-the-Spot Acne Treatment, Vanishing Formula (2,5)
	Para tratamientos locales, que resecan e irritan mucho más porque se dejan puestos, empieza con la menor concentración (2,5%) y ve aumentándola sólo si es necesario.	**Con receta** Limpiador líquido Triaz (6%)
		Toallitas Triaz (3%, 6%, 9%)
		Jabón cremoso Brevoxyl (4%, 8%)
		Duac gel (5% con 1% de Clindamicina)
En casa, usa un producto o tónico con ácido salicílico una vez al día.	**Empieza con un limpiador o tónico al 2%**, que en realidad es bastante suave. En el caso del acné, si al cabo de 3 semanas no da resultado, prueba utilizar un limpiador con PB (véase más arriba) en otro momento del día.	**Productos sin receta** DDF Salicylic Wash (2%)
En la consulta del médico, un *peeling* suave con ácido salicílico (20%-30%) se puede hacer cada 2 a 4 semanas.		L'Oreal Skin Clearing Foaming Cleanser (2%)
	El *peeling* puede provocar sensibilidad al sol, lo que hace que sea todavía más imprescindible usar un SPF alto.	Clean and Clear Oil Free Continuous Control Acne Wash (2%)
		Skin Medica Acne Toner (2%)
		Stridex pads (2%)
		Clean and Clear Advantage Acne Spot Treatment (2%)
En casa, usa productos que contengan entre un 5 y un 12% de ácido glicólico una vez al día.	**Los productos que contienen AHA pueden ser irritantes**, aunque con frecuencia se añaden a las cremas hidratantes.	**Productos sin receta** Topix Gly Sal 5-2 Pads (ácido glicólico al 5%, ácido salicílico al 2%)
En la consulta del médico, un *peeling* con ácido glicólico que se puede realizar cada 2 a 4 semanas, donde se utilizarán concentraciones mucho más altas (30% o más).	**Empieza** con una concentración baja y auméntala con el tiempo.	NeoStrata (dispensada por el médico)
	Si estás usando limpiadores para el acné, una crema hidratante con AHA puede resecarte demasiado.	
	Los tratamientos con AHA y el *peeling* aumentan la sensibilidad al sol, sé diligente con la protección solar.	

PROBLEMA	TRATAMIENTO	CÓMO ACTÚA
Acné Granos Puntos blancos Puntos negros **Problemas de color o de textura** Piel apagada, descamada, grasa o roja Manchas marrones Pequeñas líneas	**Retinol,** tratamiento basado en la vitamina A.	**Exfolia** las células muertas y secas de la piel, incluidas las que se encuentran dentro de los poros, que pueden darles un aspecto más pequeño.
Acné Granos Puntos blancos Puntos negros **Lesiones solares** Pequeñas líneas Textura áspera **Prevención del cáncer de piel** Células basales y escamosas	**Tretinoína,** derivado de la vitamina A con una concentración que sólo se vende con receta.	**Tiene múltiples beneficios:** se cree que aumenta la producción de colágeno y reduce su ruptura para suavizar la piel y reducir las pequeñas arrugas. También combate el cáncer de piel que no es melanoma y el acné.
Acné Granos Puntos blancos Puntos negros **Lesiones solares** Pequeñas líneas Textura áspera	**Tazaroteno,** otro derivado de la vitamina A con una concentración que sólo se vende con receta.	**Promueve la diferenciación saludable de las células** (previniendo de ese modo algunos cánceres de piel); trata las manchas marrones superficiales; ayuda a eliminar las células muertas que pueden provocar acné; tiene efecto antiinflamatorio (por lo que previene los brotes). Reduce las pequeñas arrugas.
Brotes de acné Granos Puntos blancos Puntos negros	**Adapaleno,** retinoide tópico más suave que otros.	**Exfolia** las células muertas y secas de la piel que pueden obturar los poros y desencadenar brotes.

CÓMO USARLO	PARA LOS MEJORES RESULTADOS	PRODUCTOS QUE ME GUSTAN
Aplicarlo sobre la piel recién limpiada una vez al día en serum o crema.	**Los derivados de la vitamina A** pueden ser difíciles de estabilizar, por lo que no todos los productos son eficaces. **No lo combines** con productos con AHA: la doble acción exfoliante puede irritar la piel. **Ten paciencia**; puedes tardar hasta 6 meses en ver los resultados. Aumenta **lentamente** la sensibilidad al sol.	**Productos sin receta** Topix Replenix Retinol Smooth Serum 2X, 3X y 10X (también contiene polifenoles del té verde) Replenix Retinol Plus
Empieza usándola dos veces a la semana por la noche; aumenta la frecuencia gradualmente hasta usarla a diario. **Aplícatela** inmediatamente después de haberte limpiado la piel; luego, transcurridos entre 5 y 15 minutos, ponte la hidratante. **No lo fuerces:** la piel puede enrojecerse un poco y estar irritada durante unos días o semanas antes de mejorar.	**Ten paciencia:** las mejoras se van produciendo a lo largo de muchos meses. **Aumenta mucho** la sensibilidad al sol; imprescindible usar cremas fotoprotectoras. **Protege** la piel del viento y del frío.	**Sólo con receta** Renova (0,02% crema) aprobada para las pequeñas arrugas Retin-A y Retin-A Microfel (del 0,04% al 0,1%) aprobados para tratar el acné.
Empieza usándola dos veces a la semana por la noche, aumenta de forma progresiva la frecuencia hasta usarla a diario. **Aplícatela** inmediatamente después de haberte limpiado la piel; luego, transcurridos entre 5 y 15 minutos, ponte la hidratante. **No lo fuerces:** la piel puede enrojecerse un poco y estar irritada durante unos días o semanas antes de mejorar.	**Disponible** en gel y en crema (0,05%-0,1%), pero las personas con pieles secas o sensibles han de elegir cremas que contengan factores hidratantes. Aumenta **mucho** la sensibilidad al sol; imprescindible usar cremas fotoprotectoras. **Protege** la piel del viento y del frío.	**Sólo con receta** Tazorac Avage
Aplícatela después de haberte limpiado la piel una vez al día.	**Ayuda** a los preadolescentes que sufren acné prematuro. **Ayuda** a preparar la piel para tolerar la tretinoína. **Aumenta** la sensibilidad al sol; imprescindible usar cremas fotoprotectoras.	**Sólo con receta** Differin Gel (0,1 %, 0,3%) Differin (0,1%)

PROBLEMA	TRATAMIENTO	CÓMO ACTÚA
Lesiones solares Pequeñas líneas Pigmentación irregular	**Serum o crema facial** que contengan polifenoles u otros antioxidantes protectores de la piel, derivados del té verde o de las bayas del café.	**De dos formas:** los antioxidantes terminan con los radicales libres que dañan las estructuras celulares de la piel y parecen estimular los fibroblastos productores de colágeno, reduciendo las arrugas. También pueden *evitar* las lesiones solares.
Lesiones solares Lentigo solar Manchas de hiperpigmentación (melasma)	**Hidroquinona**, un derivado del benceno que hace desaparecer las manchas oscuras.	**Blanquea** las zonas oscurecidas evitando la formación de melanina.
Sequedad	**Glicerina**, un ingrediente hidratante común.	**Atrae el agua** y la retiene en la piel.

CÓMO USARLO	PARA LOS MEJORES RESULTADOS	PRODUCTOS QUE ME GUSTAN
Póntelas por la noche. Se pueden encontrar solas o combinadas con otros ingredientes, como la cafeína, que puede potenciar la absorción.	**Apunta alto:** se necesitan muchos polifenoles para conseguir algún efecto: busca productos donde la etiqueta diga que hay un 90% de polifenoles.	**Productos sin receta** Topix Replenix CF Cream o Serum (contiene polifenoles del té verde) Revale Skin Night Cream (contiene bayas del café)
Aplicar dos veces al día y sólo en la zona hiperpigmentada. **Se puede** combinar con productos que contengan AHA o ácido salicílico.	**Ten paciencia:** puedes tardar entre 4 y 8 semanas en ver los resultados. **Interrumpe** inmediatamente el tratamiento si la zona empieza a oscurecerse. **Imprescindible** la protección solar para evitar el efecto contrario al que deseas conseguir. **Concede** a las fórmulas sin receta 2 meses para que actúen; si no son eficaces, cambia a concentraciones que requieran receta médica.	**Productos sin receta** La Roche-Posay Biomedic Conditioning Gel (2%) **Con receta** Hidroquinona genérica (4%) Tri-Luma (4% hidroquinona, 0,05% tretinoína y un esteroide para contrarrestar la irritación) EpiQuin Micro (4% hidroquinona y retinol) Lustra (4%) o Lustra-Ultra (retinol y protección solar)
Aplicar dos veces al día después de limpiarse la cara y/o usar productos como la tretinoína, ácido salicílico o AHA.	**Busca un** producto que también contenga silicona para conseguir una suavidad extra.	**Productos sin receta** **El aceite de cártamo** es un sustituto eficaz si no tienes problemas de acné Cetaphil Moisturizing Lotion (también se encuentra en *muchas* cremas hidratantes para la cara y el cuerpo)

INYECCIONES: PRODUCTOS QUE TE INYECTAN EN LA PIEL

Los relajantes musculares inyectables como el Botox y rellenadores de varios tipos pueden retrasar un *lifting* facial, incluso conseguir que sea totalmente innecesario, según tu preferencia. Los rellenadores pueden mejorar muchísimo el aspecto de las cicatrices del acné o de cualquier otra índole. Hay una lista de opciones seguras —naturales o sintéticas, semipermanentes (la mayoría) y permanentes—, y nuevos materiales inyectables que aparecen cada año en el mercado.

Actualmente hay dos tipos básicos de inyectables.

- Relajantes musculares (el Botox domina el mercado), que se utiliza principalmente para evitar que las líneas del entrecejo y las patas de gallo se acentúen.

INYECTABLE	NOMBRE COMERCIAL		COSTE
RELAJANTE MUSCULAR/SUAVIZANTE DE LAS ARRUGAS			
Toxina botulina	Botox		$400 US [300 €] por zona, pero los precios pueden variar considerablemente según las ciudades.
	Reloxin		
RELLENADOR DE ARRUGAS			
Ácido hialurónico	Restylane	JuvedermUltra	$500-$850 US [350-600 €] por jeringuilla, según la zona en la que vivas.
	Perlane	Juvederm Ultra	
	Hylaform	Plus	
	Hylaform Plus	Elevess	
Colágeno	Captique	Cosmoplast	Más de $400 US [300 €] por jeringuilla.
	Zyderm	Fascian	
	Zyplast	Cymetra	
	Cosmoderm	Fat	
Rellenos sintéticos	Radiesse		$850 US [600 €] por jeringuilla.
	Sculptra		
	Artefill		

- Los rellenadores de arrugas (existen varios, cada año aparecen nuevos), que rellenan y suavizan los pliegues profundos y surcos. Los rellenadores mejoran notablemente las cicatrices del acné o de cualquier otra índole.

Qué rellenador de arrugas conviene utilizar y con qué frecuencia se ha de renovar depende de la zona del pliegue, del surco o de la arruga que te disgusta; el efecto que deseas y el estado de tu bolsillo, puesto que no son baratos. Los médicos casi siempre son los que toman esta decisión —a fin de cuentas, pagas por su experiencia, maestría y habilidad— pero vale más saber con antelación en lo que te estás metiendo.

DURACIÓN	CONSEJOS EXTRAS
De 3 a 6 meses; con el tiempo se necesita menos para mantener el efecto suavizante.	Después de la inyección puedes tener dolor de cabeza; toma aspirina o algún antiinflamatorio no esteroideo (AINE) para calmarlo. Date una inyección de seguimiento antes de que desaparezcan los efectos.
Normalmente dura hasta 6 meses.	Intenta evitar la aspirina, los AINE, gingko biloba, vitamina E o cualquier otro agente que licue la sangre durante las 2 semanas anteriores al tratamiento. La hinchazón y los morados son impredecibles, así que evita hacerte el tratamiento la semana que tengas algún evento social.
De 2 semanas a 6 meses.	Para reducir la hinchazón y los morados, aplica hielo en la zona inmediatamente después de la inyección; repítelo cada 5 a 10 minutos durante las primeras 24 horas, según la necesidad. Masajea las zonas rellenadas durante unos minutos varias veces al día para evitar que se te hagan bultos.
Radiesse, 1 año o más; Sculptra puede durar hasta 2 años; Artefill es permanente.	Sculptra dura más que otros rellenadores, pero puedes tardar entre 10 y 12 semanas en ver los resultados. Los rellenadores permanentes son muy difíciles de eliminar.

Sustitución de tu funda facial: láser y otros tipos de *resurfacing*

Piensa en tu piel como si fuera una funda cada vez más gastada. Aunque la hayas cuidado bien, la vida sigue su curso: la textura será más rugosa, el color más desigual, y toda ella se verá más apagada y monótona. Con franqueza, necesita ser sustituida.

Eso es justamente lo que hacen las técnicas de *resurfacing*. Eliminan las capas superficiales viejas y gastadas y el proceso de curación la sustituye con otra nueva capa de piel tersa. La piel se elimina mediante potentes láseres, sustancias químicas, o una rotación rápida con un cepillo metálico.

TRATAMIENTO	QUÉ HACE	INDICADO PARA	COSTE MEDIO
Técnicas ablativas	Elimina la capa superficial de la piel. Estimula una nueva generación de colágeno en la capa media.	Eliminar los problemas localizados en la superficie, como cambios de pigmentación, cicatrices y pequeñas arrugas. El colágeno nuevo crea un efecto tersura y mejora las arrugas más profundas.	Honorarios promedio de un cirujano o especialista por tratamiento: $2.341 US [1.640 €]-ASAPS* $2.236 US [1.565 €]-AAFPRS** $2.160 US [1.512 €]-ASPS3***
Peeling **químico**	La profundidad del *peeling* varía desde superficial a profunda, según la concentración, tipo y aplicación del ácido.	El *peeling* superficial corrige pequeñas irregularidades de pigmentación y elimina células muertas y secas de la piel. El *peeling* de intensidad media mejora la textura y elimina áreas de hiperpigmentación, pecas y manchas solares. El *peeling* profundo mejora las arrugas, pliegues, lesiones e irregularidades pigmentarias.	Más de $100 US [70 €] por tratamiento para un *peeling* superficial; más de $1.000 US [700 €] para uno de intensidad media; más de $2.000 US [1.400 €] para uno profundo.

*American Society for Aesthetic Plastic Surgery.
**American Academy of Facial Plastic and Reconstructive Surgery.
***American Society of Plastic Surgeons.

Es un proceso delicado, así que has de buscar a un experto en el método que se adapte a tus necesidades (consulta al menos a dos). El tiempo de recuperación dependerá del tamaño y la profundidad de la zona tratada. Si te has hecho toda la cara, la rojez puede tardar varias semanas en desaparecer, incluso aunque ya te haya salido la piel nueva, pero el efecto será notable.

Hacerte un *resurfacing* en toda la cara no siempre es necesario y los tratamientos locales también pueden ser muy eficaces. Quizá lo único que necesites sea un láser que te iguale las irregularidades de color, o que sutilmente estire y refresque la capa superficial. Existen muchas opciones.

NÚMERO DE SESIONES	RIESGOS Y TIEMPO DE RECUPERACIÓN	CONSEJOS EXTRA
	El tiempo de curación varía según la técnica y la profundidad, pero normalmente las costras tardan unos 10 días en caerse y en que se forme la nueva capa superior de la piel.	No subestimes el tiempo que te han dicho de recuperación o los cuidados que te han recomendado durante la primera semana cuando la piel está áspera y ha de mantener la humedad. Evitar la exposición al sol, o al menos utilizar protección solar con un SPF alto y de amplio espectro, así como un sombrero de alas, durante varios meses según el tratamiento.
	La rojez puede tardar meses en desaparecer por completo. Existe cierto riesgo de infección, de cambios de pigmentación y de que queden cicatrices.	
El *peeling* superficial da mejor resultado cuando se repite cada pocas semanas. El de intensidad media se puede repetir cada 6 meses.	El *peeling* superficial no necesita tiempo de curación, aunque la piel pueda estar muy roja y picar durante 48 horas. El de intensidad media provoca enrojecimiento e hinchazón durante aproximadamente 1 semana. El profundo genera costras, así que ve con cuidado y cúrate bien las heridas sobre todo durante la primera semana.	El *peeling* de intensidad media o profunda ya casi no se hace debido al riesgo de que queden cicatrices. El *peeling* del labio superior puede dejar una marca blanca en la zona sobre el labio.
El profundo se suele hacer una sola vez, pero se puede repetir transcurridos algunos años.	Se suele recetar antibióticos, analgésicos y antivirales para el *peeling* de intensidad media y profunda.	
	Puede quedar un color rosado durante meses. Los *peelings* de intensidad media y profunda pueden provocar irregularidades en la pigmentación y cicatrices.	
	Puede haber infecciones después de un *peeling* de intensidad media o profunda, si no se curan bien las heridas.	

TRATAMIENTO	QUÉ HACE	INDICADO PARA	COSTE MEDIO
Dermoabrasión	Un cepillo de metal elimina las capas de piel desde la superficie hasta capas más profundas. Requiere un dermatólogo cirujano muy experimentado.	Elimina arrugas superficiales y profundas, irregularidades en la textura, cicatrices, manchas solares y demás. Algunos problemas, como cicatrices profundas, se pueden eliminar selectivamente sin raspar a fondo toda la cara.	$1.000-$4.000 US [700-2.800 €]
Láser ablativo	La energía de los rayos del láser vaporiza las capas superficiales de la piel, y calienta capas más profundas para estimular el crecimiento de colágeno nuevo.	Elimina las arrugas superficiales, cicatrices, irregularidades de pigmentación, manchas solares y demás. La generación de colágeno nuevo tiene un efecto reafirmante muy profundo en las arrugas y la flacidez. La profundidad del *resurfacing* se puede controlar, según el grado de penetración desde superficial a profundo.	$1.500-$6.000 US [1.050-4.200 €] por tratamiento
Tratamiento no ablativo	Varía según la técnica empleada.	Elimina arrugas leves o moderadas, cicatrices superficiales e irregularidades de pigmentación.	Desde $500 US [350 €] por tratamiento hasta varios miles
Láser no ablativo	La energía de los rayos láser calienta las capas medias de la piel, dejando la capa superficial intacta, lo que estimula el crecimiento de colágeno.	Mejora arrugas entre leves y moderadas, textura áspera e irregularidades de pigmentación superficiales.	Más de $850 US [600 €] por tratamiento

NÚMERO DE SESIONES	RIESGOS Y TIEMPO DE RECUPERACIÓN	CONSEJOS EXTRA
Un tratamiento suele bastar para toda la cara. Se puede repetir en zonas más pequeñas, por ejemplo, si hay cicatrices en las mejillas, una vez que te has recuperado por completo del tratamiento inicial.	Según la profundidad del *peeling*, que puede variar de una zona a otra de la cara, puedes tardar hasta 10 días en que se te caigan las costras. Hay que cuidar bien las heridas, tomar antibióticos, analgésicos y antivirales después de la cirugía. El enrojecimiento primero, y luego el color rosado, pueden durar semanas o meses. Existe cierto riesgo de quemaduras, cicatrices, infecciones y cambios de pigmentación.	No es muy común debido al alto grado de habilidad requerido para realizar esta técnica. Puesto que este procedimiento es bastante sangriento, muchos médicos prefieren no arriesgarse a contraer el sida de pacientes infectadas con él. Doloroso, por lo que se utiliza anestesia general o sedación con anestesia local. Puede ser lo más indicado para las cicatrices de un acné muy agresivo.
Una	El tiempo de recuperación varía según la profundidad de la penetración del láser. Se han de curar bien las heridas, tomar antibióticos, analgésicos y antivirales después de la cirugía. Normalmente, a los 10 días ya está todo bastante cicatrizado, pero el enrojecimiento puede durar semanas, y el color rosado, meses. Transcurridas dos semanas puedes usar maquillaje. Pueden aparecer milia (pequeños granitos blancos) durante la curación. Existe cierto riesgo de quemaduras, cicatrices, infección y cambios de pigmentación. Puede haber sensibilidad al maquillaje hasta que la curación no sea completa.	No recomendado para las pieles oscuras debido al riesgo de hiperpigmentación. Requiere anestesia. Los resultados finales pueden tardar meses.
La mayoría de estas técnicas requieren múltiples tratamientos.	Nada serio entre sesiones, pero puede haber varios efectos secundarios como morados, hinchazón e inflamación, que pueden hacer que sea necesaria la utilización de un buen corrector durante unos cuantos días. Puesto que no están implicadas las capas más profundas de la piel, el riesgo de cicatrices, problemas de pigmentación e infección es mínimo.	La cantidad de anestesia varía según el procedimiento y el umbral de dolor de cada persona. Algunas necesitan anestesia tópica o local.
Entre 3 y 4 tratamientos a lo largo de 2 a 3 meses.	El enrojecimiento y la hinchazón pueden durar algunos días. Las lesiones como manchas solares pueden formar costras oscuras antes de desaparecer por completo.	Anestesia tópica o local para aliviar la sensación punzante.

TRATAMIENTO	QUÉ HACE	INDICADO PARA	COSTE MEDIO
Impulsos de luz intensos (fotorrejuvenecimiento)	Impulsos de luz no láser de distintas longitudes de onda alcanzan las células cutáneas pigmentadas debajo de la capa superficial de la piel.	Zonas superficiales de pigmentación irregular, pecas, manchas solares y acné.	$300-$600 US [210 a 420 €] por tratamiento
Resurfacing **fraccional (FRAXEL)**	Un rayo láser dividido en miles de fracciones localizadas, que vaporizan las capas superficiales y profundas de la piel, en puntitos microscópicos, denominados zonas microtérmicas de tratamiento. La piel entre zonas permanece intacta, lo cual se cree que acelera la recuperación.	Pequeñas y grandes arrugas, hiperpigmentación y cicatrices. Se puede usar en el cuello, pecho y manos, así como en la cara.	$1.000 US [700 €] por tratamiento
Regeneración cutánea con plasma (Portrait)	Impulsos de energía térmica dirigida a las capas superficial y profunda de la piel, donde promueve la producción de colágeno nuevo.	Despigmentaciones, mejorar las pequeñas arrugas, arrugas profundas y flacidez.	Más de $1.000 US [700 €] por tratamiento
Terapia fotodinámica (LED, Diodos Emisores de Luz)	Luz visible de diferentes longitudes de onda de color dirigidas a la capa superficial de la piel.	Según la luz (roja, azul, amarilla, o una combinación) se dice que mejora el acné, las líneas de expresión y arrugas profundas, acelera la curación, estimula el crecimiento de colágeno nuevo, mejora la pigmentación y la textura.	$100 US [70 €] por tratamiento
Sistema de inducción térmica selectiva por radiofrecuencia (thermage)	Energía por radiofrecuencia que calienta el colágeno de la piel para estimular su producción.	Pequeñas y grandes arrugas y flacidez.	$2.500-$5.000 US [1750-3500 €] por tratamiento

NÚMERO DE SESIONES	RIESGOS Y TIEMPO DE RECUPERACIÓN	CONSEJOS EXTRA
De 4 a 6 sesiones, dejando al menos 3 semanas entre cada una.	Enrojecimiento e hinchazón inmediatamente después del tratamiento. Problemas de pigmentación, como manchas solares y pecas, se oscurecerán bastante antes de desaparecer, por lo general al cabo de una semana.	Anestesia tópica que reduzca el malestar producido por el calor y los chasquidos de los impulsos de luz.
De 3 a 5 sesiones, dejando al menos 4 días entre cada una.	Tinte de ligero bronceado inmediatamente después del tratamiento, y color rosado que durará una semana. Hinchazón durante 2 o 3 días. Un poco de descamación y quizá algunas costras durante la recuperación. El resultado final se puede observar al cabo de 1 a 3 meses. Existe cierto riesgo de problemas de pigmentación.	Anestesia tópica para aliviar la sensación de pinchazos. Se puede utilizar en tipos de piel más oscura. Los resultados no son tan espectaculares como los del láser ablativo.
Dependerá de la cantidad de energía utilizada: un tratamiento con alta energía, o varios con una intensidad media o baja.	Los tratamientos con baja energía requieren poco tiempo de recuperación, aunque el enrojecimiento puede durar varios días. La piel se puede oscurecer y descamar durante 10 días. Un tratamiento con una intensidad alta puede requerir una semana de curación, durante la cual puede haber hinchazón, descamación y costras. Cierto riesgo de problemas de pigmentación temporales.	La curación es progresiva, de modo que la piel puede continuar mejorando durante un año según el tratamiento. Las primeras horas después del tratamiento pueden ser desagradables. La tensión inicial y la sensibilidad son molestas.
De 8 a 10 (1 o 2 tratamientos por semana)	Ninguno.	Indoloro, pero los resultados no son nada del otro mundo y las pruebas clínicas no son muy convincentes.
De 1 a 3 tratamientos cada 4 a 6 semanas.	Enrojecimiento, dolor, cosquilleo e hinchazón, que pueden durar de 2 días a varias semanas según el tratamiento. Cierto riesgo de quemaduras, ampollas y dolor en la mandíbula, así como cicatrices.	La anestesia tópica puede no ser suficiente. La mejora es mediocre e impredecible. El estiramiento de la piel puede que no sea visible hasta transcurridos 6 meses.

No estás sola en esto

Decidir si vas a utilizar un método más agresivo es una opción personal y que requiere una intensa búsqueda de información. Detallar cada una de las opciones que he mencionado no es el objetivo de este libro. Te animo a que consultes a un médico de confianza de tu zona para que puedas hablar sinceramente sobre lo que quieres hacer.

También puedes recurrir a RealAge.com para que te ayude en tu decisión y te ofrezca información y guía *online* a fin de tener elementos de juicio cuando acudas a tu médico. Cuanta más información, mejores decisiones y más tranquilidad.

No olvides registrarte en RealAge.com para acceder a todo tipo de recursos útiles (¡y divertidos!). Allí podrás convertirte en un miembro de nuestra creciente comunidad y descargar tu foto de *antes*. Además, este sitio puede ayudarte a:

- Determinar los temas emocionales que te hacen envejecer.
- Encontrar a un compañero/a de estrés o belleza.
- Seguir tus progresos.
- Volver a hacer el test Happy Skin cuando te sientas preparada.
- Volver a calcular la edad de tu piel cuando sea el momento.
- Colgar tus logros *posteriores*.

Además, puedes ponerte en contacto conmigo en los tablones de anuncios de RealAge/SkinAge cada semana para responder a tus preguntas.

NOTA FINAL

Estoy segura de que ahora no sólo tienes mucha información sobre cómo mejorar tus facciones y tu autoestima, sino también un mayor aprecio por tu salud y felicidad, así como del papel de tu mente para sacar lo mejor de ti. Tu belleza *no* es superficial. Además, te aplaudo en tu decisión de cuidarte mejor; por pequeños que sean los pasos que vas a dar, empieza hoy mismo. ¡El mero hecho de haber elegido este libro suma puntos a tu favor! Como no cabe duda de que sabrás por experiencia personal, tu aspecto dice mucho de ti, de tu confianza en ti misma y en el mundo, de tu valor y carácter.

Nuestro conocimiento sobre este sorprendente vínculo entre nuestro cerebro y la belleza va a seguir ampliándose. Es probable que lo que descubramos en el futuro refuerce la necesidad de hacer hincapié en técnicas probadas para reducir y controlar el estrés, y elegir mejores formas de vida que nos conducirán a una mayor longevidad. Recuerda que queremos vivir saludablemente el máximo tiempo posible. Buscar una belleza natural en estos últimos años tampoco está mal.

Tu dedicación a nutrir tu cuerpo y tu piel desde dentro dará fruto de muchas formas fantásticas, no sólo hoy, sino todos los días durante el resto de tu vida. Te deseo lo mejor en tu viaje y te animo a que retomes este libro cuando necesites recordar algo sobre la salud de tu piel y vivir de una forma más relajada. Puedes repetir el programa de 9 días siempre que lo desees. Puede serte útil antes de tu próxima reunión. Recuerda visitar www.RealAge.com para obtener apoyo continuado.

APÉNDICE A

Los pros y los contras del paso de los años

Lo que puedes hacer ahora para hacer menos después

Con el paso del tiempo el efecto del estrés, del sol y de los hábitos poco saludables pasará factura a tu piel. Ten por seguro que nunca es demasiado tarde para revitalizar tu aspecto y empezar a dar los pasos necesarios para sacar lo mejor de ti.

Voy a ofrecerte la guía década a década para cuidarte mejor, a fin de que cuando llegues a la joven edad de 60 o 70 u 80, puedas engañar a tus amistades porque parecerás más joven. Las ideas de este Apéndice refuerzan los conceptos y recomendaciones que ya he dado antes.

En tus flamantes veinte

Al igual que cualquier inversión, empezar pronto y ser constante es lo que da los mejores resultados. Ha llegado el momento de desarrollar buenas costumbres que protejan tu piel durante toda tu vida.

En la década de los veinte, te enfrentas a la triste realidad de que ha llegado el momento de crecer. Este período puede acarrearte mucho estrés, desde terminar los estudios hasta empezar a trabajar, aportar a la economía familiar, casarte y tener descendencia. Del modo en que te enfrentes a ello dependerá la buena salud y aspecto de tu piel, porque es cuando has de sentar las bases para controlar el estrés y reforzar tus habilidades para conseguirlo durante el resto de tu vida. También es esencial que te cuides y tengas hábitos saludables, porque no vas a tener siempre detrás a tu padre o a tu madre para aconsejarte y decirte lo que has de hacer cada día.

No sucumbas a la presión de las compañeras

En un reciente estudio estatal se confirmó que aproximadamente un tercio de las jóvenes entre 18 y 24 años fumaba y bebía alcohol cada mes. Aunque esto no es ningún dato sorprendente, cuando a esto le añades el bronceado, con frecuencia una conducta de grupo aprendida en esta década, estos tres vicios pueden afectar mucho a tu piel.

Ya sabes cómo te puede perjudicar el sol. Beber y fumar te deshidrata. La nicotina actúa como diurético. El tabaco reseca la piel, arrugándola y apagándola, a la vez que aumenta tu riesgo de desarrollar cáncer de piel. Cada década que fumas, tu piel envejece 14 años, pero no sólo en tu rostro sino en todo tu cuerpo. Incluso aunque seas fumadora pasiva, el humo se acumula en los pulmones y en la piel, así que ve con cuidado con los bares llenos de humo.

Forja tu círculo social

No te estoy diciendo que no salgas y te diviertas con tus amigos, pero en vez de seguir al rebaño del sábado noche en los locales nocturnos de tu zona todas las semanas, procura realizar actividades que te *beneficien*. Practica deportes y actividades en clubes de tu zona, eso te ofrecerá otras opciones aparte de salir a beber. Elige todo lo que te guste, desde salir a pasear por la montaña hasta bicicleta estática.

Cuanto más amplíes tus horizontes sociales, más opciones tendrás. Cuantas más amistades, menos caerás en las rutinas de esos que siempre fuman y beben. Es más, tener una sólida red social te ayuda a hacer frente a tus períodos de estrés. Los sistemas de apoyo son tremendamente importantes en nuestras vidas, nos ayudan a enfrentarnos a algunas de las situaciones más graves de nuestra vida. Es importante tener una amplia variedad de sistemas de apoyo, desde tus compañeros de la escuela o de estudios hasta compañeros de trabajo, vida religiosa (si es que eres religiosa), o cualquier otro grupo o comunidad con los que compartas intereses.

Crea buenos hábitos ahora

Tanto si tienes hábitos como fumar, broncearte o beber como si no, adoptar ahora unas buenas costumbres te compensará durante el resto de tu vida.

Esto incluye hábitos como limpiarte diariamente la piel y los que cito en el capítulo 4.

Ha llegado el momento de empezar a comer más frutas y verduras. (¿Qué te parece comerte una manzana, una naranja o una ración de espinacas por cada cerveza que te tomas durante el fin de semana?)

Aunque tu metabolismo esté siempre activo, debes pensar en lo que comes, y procurar ceñirte a alimentos y bebidas integrales y ricos en nutrientes.

Cuando salgas, no te olvides la crema fotoprotectora, aunque todavía no veas ningún efecto sobre tu piel. Y sigue moviéndote; los beneficios de hacer ejercicio están más que bien documentados, y tu cuerpo está en su mejor momento para afrontar todo tipo de gimnasia. Hacer algo para estar en forma puede ser estupendo, especialmente si encuentras lo que te gusta y disfrutas haciéndolo. No es necesario que te pases el día en el gimnasio o que hagas maratones. Simplemente pon un pie delante de otro y anda, anda, anda, aunque no hagas otra cosa.

EMPIEZA A BUSCAR UN BUEN DERMATÓLOGO

La próxima vez que vayas a tu médico de familia o internista para una revisión, pídele referencias para que te recomiende a un dermatólogo, y empieza a hacer tus deberes. Toma la iniciativa, sobre todo si has sido una adoradora del sol y crees que estás en zona peligrosa, y programa tu visita con un buen especialista.

EMPIEZA UN PLAN DE AHORRRO

Ahorra regularmente cada mes (sobre todo si puedes hacerlo de forma automática) para tener un cojín en caso de que algún día tengas alguna emergencia. Incluso puedes ahorrar para el futuro (p. ej. para tu jubilación, la educación de tus hijos o para montar tu propio restaurante); esto puede reducir tu estrés durante el resto de tu vida. Los problemas económicos afectan a muchas personas, sobre todo en la década de los veinte, cuando tienen que pagar los préstamos de estudios. Reservar una pequeña cantidad para ti, a pesar de tus otras obligaciones, puede suponer una gran ayuda psicológica.

En tus complicados treinta

Irónicamente, ésta se ha convertido en la década de los granos y de las arrugas para muchas mujeres. El estrés, el exceso de trabajo, los embarazos, la maternidad y quién sabe qué más son los culpables. La mayoría de las mujeres tienen que hacer malabarismos en esta etapa. Además, empiezan a aflorar las pruebas de las malas costumbres solares: pequeñas líneas alrededor de la boca y de los ojos, manchitas marrones en las mejillas o en la frente. El proceso de regeneración celular se vuelve más lento y la piel se ve un poco más apagada. Puesto que la patrulla de reparación del ADN ya no está tan activa como antes, la piel no se recuperará tan deprisa.

NO TE PIERDAS EN TU VIDA

¿Cómo puedes perderte? Observa las 50 horas a la semana que dedicas al trabajo, y añádele el cuidado de tus hijos, cocinar, limpiar, comprar, pagar recibos, y verás que no te queda tiempo para ti. Eso puede conducir al estrés, al agotamiento físico e incluso a la depresión.

Todas tenemos grandes expectativas respecto a nosotras mismas, pero a veces no podemos abarcarlo todo. Culpabilizarte por todos tus supuestos errores no te ayudará. Tampoco lo hará saltarte comidas, engullir comida basura, dejar de hacer ejercicio cuando estás estresada. Elige las cosas saludables que te gustan (caminar por la playa, por el bosque, ir al cine con tus hijos, salir una noche con tu marido), y céntrate en ellas en lugar de hacerlo en las negativas.

EMPIEZA A HACERTE REVISIONES ANUALES DE PIEL

Cada vez hay más mujeres entre los 30 y los 40 años que desarrollan cáncer de piel. Ponte una nota en tu calendario para programar la revisión anual con un dermatólogo. Para poder recordarla, procura programarla el mismo mes que te haces la revisión ginecológica. Convierte ese mes en el mes de las revisiones.

Piensa en hacerte un *peeling* con ácido salicílico o glicólico

Un *peeling* puede invertir los signos prematuros de envejecimiento y reducir las cicatrices debidas al acné. No obstante, la frecuencia con la que desees hacerlo dependerá de tu presupuesto. Es mejor si lo haces mensualmente, pero si te gusta su efecto, puedes repetirlo cada pocos meses y considerarlo como parte de tu presupuesto para gastos de bienestar. Es decir, ¡no te sientas culpable por ello! Si padeces acné, prueba el *peeling* de ácido salicílico, que es más suave.

Al inicio de los cuarenta

En la década de los cuarenta te diriges hacia la perimenopausia: el comienzo de las subidas y bajadas hormonales que conducen a la menopausia. Las arrugas se marcan más y la piel se vuelve más seca y menos firme debido a que la producción de estrógeno, que mantiene el colágeno y la elastina, desciende. Los niveles cambiantes de estrógeno y progesterona pueden trastornar tu ciclo menstrual, y por supuesto también tu estado anímico.

La mitad de la vida conlleva esta carga. Las mujeres que no estén muy conformes con lo que han (o no han) conseguido en la vida pueden sentir que se encuentran al borde de la depresión. Los cuarenta puede ser una década dura, aunque estudios recientes indican que los niveles de ansiedad y de salud mental generales tocan fondo alrededor de los cuarenta y ocho y medio en todo el mundo (recuerda la llamada depresión de la mitad de la vida). El punto medio más bajo en Estados Unidos se encuentra a los cuarenta y cuatro años y medio (aunque aparentemente los hombres siguen la espiral hasta los 53). La parte buena de esta década es que suele ser una época de nuevos comienzos. Muchas mujeres deciden poner fin a algunas cosas y hacer balance de su vida, realizar algunos cambios, aprender a cuidarse mejor y afrontar nuevos retos. Ya sabes que no eres una jovencita, pero estás orgullosa de todas las experiencias de tu vida y buscas otras nuevas.

No te quedes atrapada entre tus hijos y tus padres

En esta década es bastante habitual sentirte atrapada entre cuidar a tus hijos y a tus padres que se están haciendo mayores. Esta doble maldición puede perjudicar a tu matrimonio, economía y salud. No olvides que tú eres lo primero; de lo contrario no podrás ayudar a nadie.

La depresión de la mitad de la vida

En 2008, se realizó un estudio sobre el predominio global de la depresión, y se descubrió que los hombres y mujeres cuarentones son los más afectados. Los investigadores británicos y estadounidenses observaron que la felicidad de las personas de 72 países, desde Albania hasta Zimbabue, describía una curva en forma de U, donde la vida empieza siendo alegre y se vuelve más sombría a los cuarenta (no es de extrañar que se le llame la crisis de la mitad de la vida; que es cuando has de conformarte con tu condición social y económica, quizá tienes factores de estrés procedentes de tus hijos y de tus padres que se están haciendo mayores), y luego vuelve a las delicias de la juventud en los años dorados. Otro dato sorprendente: si llegas a los 70 años y estás físicamente en forma, gozas de la misma salud mental y eres tan feliz como si tuvieras 20.

DUPLICA EL TIEMPO QUE DEDICAS A HACER EJERCICIO

Prueba a hacer 30 minutos de ejercicio al día para liberar el estrés. Haz yoga y medita. Puede que necesites hacer más en esta década que en ninguna otra.

HABLA CON SINCERIDAD CON TU DERMATÓLOGO

Si no te gusta lo que ves en el espejo, puede que sea el momento de probar terapias más agresivas en su consulta. No tengas miedo, porque algunos de los arreglos rápidos sólo necesitan una crema con receta o la pulsación rápida de un láser.

En tus saludables y libres cincuenta

Para muchas mujeres, llegar a los cincuenta años es todo un logro: es como estar otra vez en los treinta. Como los hijos empiezan a marcharse de casa, empiezas a tener más tiempo para ti. También ayuda que esta época se caracteriza por un estado mental más equilibrado y por el bienestar psicológico. Habrás (supuestamente) dominado el arte de hacer frente al estrés y te afectará menos. Todavía tendrás que enfrentarte al estrés que ha ido haciendo mella en tus facciones durante todos estos años.

A los cincuenta, la piel se vuelve más fina y la ruptura del colágeno debilita la elasticidad. La mayoría de las mujeres llegan a la menopausia a los 55 con unos niveles de estrógenos permanentemente bajos, menos humedad y la piel más seca. Las manchas marrones empiezan a hacer su aparición, y son víctimas de la flacidez.

NO DEJES QUE LA MENOPAUSIA PUEDA CONTIGO

Desde los sofocos hasta los cambios de humor, la sequedad vaginal y la obesidad en la cintura, la menopausia nunca deja de recordarte que no puedes retrasar el reloj del tiempo. También es una parte natural de la vida a la que han de enfrentarse todas las mujeres. Sé sincera no sólo con tu dermatólogo sino con tu médico de familia. Él o ella pueden darte sugerencias que te ayudarán a navegar por este período de transición único.

NO ABANDONES TU VIDA SEXUAL

No hay razón para dejar de lado tu vida sexual. Utiliza lubricantes vaginales para combatir la sequedad provocada por la reducción de estrógeno, o dile a tu ginecóloga que te recete una crema o un anillo de estrógeno.

PIENSA EN TOMAR ALGÚN SUPLEMENTO DE NATURAL

Si los altibajos anímicos y la irritabilidad debidos a la menopausia te provocan estrés, prueba una combinación de cohosh negro o espantachinches (*Cimicifuga racemosa*) e hipérico, dos hierbas que se han usado y estudiado mucho en Europa: puede que te ayuden a aliviar los síntomas. Un consejo extra: esta combinación puede ayudarte a subir tu colesterol bueno HDL. Habla con tu médico antes de empezar a tomarlas. En 2007, un estudio alemán demostró que los efectos positivos de esta combinación de hierbas aliviaban los síntomas de la menopausia tanto física como psicológicamente; las mujeres que participaron en el estudio tomaron dos pastillas diarias, una con extracto de cohosh negro y otra con hipérico. Muchas dijeron tener menos sofocos y sudoración y estar de mejor humor. Repito, antes de usar este suplemento, habla con tu médico y que te dé más información. Los suplementos de hierbas no están exentos de posibles efectos secundarios y pueden ser incompatibles con la medicación que estés tomando en esos momentos.

TOMA MÁS CALCIO Y AUMENTA EL ENTRENAMIENTO DE FUERZA

Tus huesos se encogen (las mujeres perdemos hasta un 90 por ciento de nuestro estrógenos, lo que hace que la masa ósea descienda entre un 2 y un 5 por ciento anual durante los años siguientes a la menopausia). Las dos formas de contrarrestar este efecto y solidificar los huesos es proporcionarles de 1.200 mg a 1.500 mg de calcio y entre 800 y 1.000 UI de vitamina D, así como hacer ejercicio cada día. El entrenamiento de fuerza, concretamente, es la clave para reducir la pérdida de masa ósea y evitar la osteoporosis. Si en tu juventud eras una fanática de los cardiovasculares, ahora dedica más tiempo al entrenamiento de fuerza. Tener unas mancuernas cerca del televisor y unas zapatillas deportivas no es una mala idea.

LUBRICA TU PIEL CON ACEITE DE CÁRTAMO

Recuerda lo que te he dicho sobre este aceite culinario: es rico en ácido linoleico, un ácido graso que, cuando eres más joven, tu piel suele generar para mantener la humedad. Cuando llegas a los 50, puede que lo necesites. Aplícatelo libremente y dale tiempo para que se absorba, y prepárate para la sorpresa. La diferencia será notable en tan sólo dos semanas.

PIENSA EN ELIMINAR TUS MANCHAS MARRONES

El láser acaba con ellas en uno a tres tratamientos, y has de ser rigurosa en el uso de la protección solar. Habla con tu dermatólogo respecto a tus opciones.

A tus flácidos sesenta y más allá

Algunas personas no bajan su ritmo a los 60 años, y ni siquiera piensan en jubilarse. Es la década en la que la piel cuelga. Puede ser una década similar a la de los 40 o la de los 50, una etapa en la que ciertamente no pareces tan joven como te sientes. Te gusta salir por ahí y gozar de la vida a tope, pero no te gusta que te cuelgue la piel.

El envejecimiento suele ser sinónimo de lentitud, y en nada es más cierto como en las capas profundas de la piel. Las fibras de colágeno y elastina se renuevan de manera más gradual, lo que invita a la flacidez. La producción de glucosaminoglucanos —¿recuerdas esas moléculas a las que les gustaba el agua?— desciende, lo que significa que la piel se reseca mucho. La piel tarda más tiempo en curarse, y también existen menos células de Langerhans del sistema inmunitario, por lo tanto, la piel es más vulnerable a las infecciones.

NO LO PASES SOLA

¿No te sorprende que hayamos vuelto al punto de partida? Mantener tus redes sociales en los sesenta puede ser tan importante como hacerlo a los veinte. Aunque probablemente no tengas que preocuparte de la presión de los compañeros para que vayas a la próxima fiesta del botellón (quizá sí, ¿quién sabe?), la pérdida del cónyuge, el nido vacío o la jubilación pueden llevarte al aislamiento si te descuidas. Nuestro número de amistades de confianza disminuye, de tres que tenías en 1985 a dos en 2005. A medida que te vas haciendo mayor, no sólo te enfrentarás a tu propia mortalidad, ya que tus amistades irán falleciendo, sino que tendrás que llenar vacíos en tu estructura social. Las soluciones son las mismas que a los veinte, haz actividades con las que disfrutes y que te conduzcan a tener nuevas amistades y a mantener tu red social. Nunca eres demasiado mayor para conocer gente, y prueba cosas nuevas que te entusiasmen y te hagan sentirte joven.

NO UTILICES LIMPIADORES O TOALLITAS LIMPIADORAS ABRASIVOS

Aunque nunca hayas tenido la piel sensible, en esta etapa tu piel no puede tolerar la aspereza, así que tira los exfoliantes, toallitas limpiadoras abrasivas y similares. Utiliza siempre las manos para lavarte suavemente la cara. Después, con la cara todavía húmeda, aplícate una crema hidratante justo hasta el borde de las pestañas inferiores (no es necesario que utilices una crema para contorno de ojos).

HAZ VOLUNTARIADO

Puede que no exista una forma mejor de emplear tu soledad que apartar tu mente de tus problemas ayudando a otros. Una de cada tres personas de esta edad utiliza su tiempo de este modo, así que tendrás mucha compañía.

PIENSA EN MODIFICAR ESE CEÑO ENFURRUÑADO

Los surcos de la frente y las líneas del surco nasolabial pueden darle a tu rostro un aspecto malhumorado, aunque no sea cierto. Puedes intentar modificar tu entrecejo con rellenadores de mayor duración que borren los surcos profundos durante 6 meses. Las inyecciones de Botox también pueden relajar los músculos de la frente (y, claro está, los surcos) y de otras zonas de la cara. Un *lifting* de la frente o de los párpados también puede eliminar esas líneas y toda una vida de flacidez, haciendo que puedas posponer (si es que estabas pensando en ello) un *lifting* facial durante otra década.

Esta lista no es en modo alguno exhaustiva, pero cuanto mejores sean tus hábitos durante las primeras décadas de tu vida, menos trabajo cosmético necesitarás en las últimas, y te sentirás mejor año tras año.

APÉNDICE B

Siete alimentos que combaten la depresión

A continuación tienes más ideas sobre alimentos que pueden ayudarte a paliar los estados de ánimo depresivos.

SANDÍA

Además de su saludable dulzor, te proporciona fibra, un montón de vitaminas A y C, licopeno, sin contar todo ese jugoso y fresco sabor casi exento de calorías (menos de 50 por taza). Para que tu nueva cremallera te dure más tiempo, cómela con un poco de proteína y un poco de grasa, como un puñado de almendras, pipas de girasol o requesón bajo en grasa.

PATATA AL HORNO A LA MEXICANA

Las patatas tienen un alto índice glucémico —es decir, que inyectan rápidamente azúcar a la sangre—, lo cual es malo para la diabetes, pero bueno en dosis moderadas para otras personas que necesitan una inyección de energía. Las patatas también son una excelente fuente de vitamina C. Ponle un poco de salsa encima con una porción de crema ácida baja en grasa para potenciar el sabor. Los alimentos picantes son estimulantes, y los pimientos picantes despiertan algo más que las papilas gustativas. Utiliza boniato y conseguirás una dosis de antioxidantes.

UNOS CUANTOS DÁTILES SECOS

En el Sáhara se les dan a los camellos para que recuperen pronto su energía. Al igual que las patatas, tienen una alta carga glucémica, pero son ricos en minerales, especialmente en potasio. Abre los dátiles e introduce una almendra para fabricarte un dulce.

MANTEQUILLA DE CACAHUETE Y MERMELADA CON PAN INTEGRAL

El sándwich estadounidense por excelencia también es un gran recurso para recobrar energía, gracias a su sorprendente mezcla de hidratos de carbono, grasas saludables, proteínas y fibra integral. Hazte sólo una rebanada para reducir unas 200 calorías, y utiliza mantequilla de cacahuete natural que no tenga azúcar o grasas añadidas. (¡Mira que sólo haya cacahuetes en los ingredientes!)

EDAMAME

Las judías de soja son las primeras de la lista en *ácidos alfa-linolénicos*, un ácido graso omega-3 que hemos de adquirir a través de nuestra dieta porque nuestro cuerpo no puede producirlo. La proteína, fibra soluble, magnesio, hierro y el folato hacen de estas judías un reconstituyente rápido.

PAPAYA

Es mi tentempié energético favorito. Esta fruta tropical amarilla contiene fibra y vitaminas B; una enzima digestiva muy buena, papaína, que alivia los nudos en el estómago; además tiene vitaminas C y A que refuerzan el sistema inmunitario.

PIPAS DE GIRASOL

Es difícil que encuentres un tentempié más saludable que éste para contrarrestar la depresión. Tienen fibra, están cargadas de vitamina E y de selenio para tu piel, y vitaminas B y magnesio para tu estado de ánimo y para los nervios. Échate un puñado en la ensalada.

Agradecimientos

Este libro es la culminación de ideas de una pequeña comunidad de personas brillantes y apasionadas que me han ofrecido su asesoramiento, experiencia y opiniones, y sí, incluso también muchas críticas. Debo a todos los colaboradores mi más sincero agradecimiento.

En primer lugar quiero dar las gracias a mis pacientes que me enseñan diariamente las miles de conexiones que existen entre cuerpo y mente. Ayudarles todos los días es un verdadero privilegio para mí.

Muchas gracias a Kristin Loberg, mi genial escritora, que ha digerido complicados artículos médicos con facilidad, una actitud positiva y humor, y ha hecho de la tarea más tediosa una delicia. Gracias también a Bonnie Solow que nos ayudó a permanecer unidas cuando el proceso de escribir este libro necesitaba aire fresco para seguir fieles a la meta que nos habíamos propuesto.

Gracias a todo el equipo de FreePress (Simon & Schuster), cuyo apoyo y confianza han hecho posible esta publicación. También quiero agradecer especialmente la colaboración de Dominick Anfuso y su ayudante, Leah Miller, y a Martha Levin, Carisa Hays, Heidi Metcalfe, Suzanne Donahue, Eric Fuentecilla, Jennifer Weidman, Phil Metcalf, Barbara Hanson, Laura Davis, Paul O'Halloran y Ashley Ginter. Gracias a nuestra extraordinaria agente literaria, Candice Fuhrman.

Me siento en deuda con Val Weaver, de RealAge, por iniciar nuestra colaboración, criticar incansablemente el manuscrito y ser un verdadero amigo. También quiero dar las gracias a otros miembros de RealAge, como Charlie Silver, Andy Mikulak, Dianne Lange, Axel Goetz y todo el equipo de investigación. Gracias a Jenny Cook por hacer que todo fuera sobre ruedas. Gracias a la doctora Jen Trachtenberg por preparar el camino con su libro. ¡Y a Michael Black, de Black Sun Studio, cuya increíble creatividad ha hecho posible que este libro cumpliera con los requisitos necesarios para satisfacer a aquellas personas que juzgan un libro por su portada!

A los doctores Mehmet Oz y Michael Roizen, a los que admiro profundamente y a cuya altura espero estar un día, y cuyo apoyo ha sido fuente de inspiración y ánimos para mí.

Muchas gracias a mi fabulosa directora y amiga, Melody Cheung, por su leal apoyo. Gracias a mi asistente médica, Ivette Maldonado.

Agradezco a todos mis colegas y mentores que me han animado a estudiar múltiples especialidades y que han supuesto una gran aportación a mi práctica profesional y a mi vida. Al doctor Alan Shalita, por su predisposición psicológica y claridad de pensamiento. A los doctores Neil Brody, Michael Jacobs, Frank Miller, David Shapiro, Barbara Landreth, Chris Creatura, Ingrid Rosner, Elliott Hershman, Orli Etingen, Richard Fried, Ralph López y Darrick Antell.

Agradezco también a mis queridas amigas y amigos que insisten en que puedo hacer todo lo que me proponga. Esta lista incluye a Jill Seigerman, Amy Mandelbaum, Julie Berman, Jodie Sperling, Laura Sheehy, Sumeet Bal, Melinda Waskow, Fredda Goldberg, Gabrielle Zilkha, Elizabeth Zoia, Mara Stern Helie, Marcela Speert, Jack Flyer y Winnie Hahn, Charly y Larry Weiss, Annie Partridge, Lisa Gallina y Andrea O'Brien. A Judy Brooks, por asegurarse de que siempre estuviera bien vestida para la ocasión. Al personal del restaurante Kai y a la tienda de tés Ito En, por proporcionarme un entorno zen para pensar. A mi sorprendente abogado, Marc Chamlin, y a Cathy O'Brien y Courtney O'Neill por llevar mis relaciones públicas y marketing con tanta profesionalidad y tacto.

A los numerosos directores de revistas de belleza y editores que me han puesto a prueba con sus preguntas, que siempre están informados sobre los últimos y mejores productos, y que no tienen precio como cajas de resonancia para mis ideas. Quiero dar las gracias especialmente a Ying Chu, Jane Larkworthy, Didi Gluck, Val Monroe, Jen Bially, Cheryl Kramer, Holly Crawford, Eva Chen, Liz Flahive y Jean Godfrey June.

A mis padres, Ellen y Steve Wechsler, que me han enseñado a perseguir mis sueños y metas sin dudarlo, y que nunca se han cuestionado mi éxito, incluso cuando estaba en mis peores momentos. En especial a mi madre, que conoce muy bien la conexión cuerpo-mente y que ha luchado con fuerza y sabiduría.

A mi hermana, Jodi, y a mi cuñado, Jared, por su lealtad incondicional y por sentirse orgullos de mí.

A mi esposo, Harry, y a nuestros hijos, Zoe y Jaden, que han tenido que soportar el tiempo que he dedicado a este libro, y cuyo entusiasmo y apoyo han hecho posible este proyecto.

Sobre la autora

La doctora Amy Wechsler es miembro de la American Academy of Dermatology, la American Psychiatric Association y la Skin Cancer Foundation. Favorita de los medios, entrevistada habitualmente por *The New York Times; O, The Oprah Magazine; Marie Claire*, y otras importantes publicaciones, reúne una rara combinación de especialidades: licenciada en dermatología y en psiquiatría. Gracias a ello puede aportar a sus pacientes una visión única en su consulta de dermatología de Manhattan. La doctora Wechsler se graduó *magna cum laude*, es miembro de la prestigiosa sociedad Phi Beta Kappa, y posee un *bachelor* en psicología de la Duke University. Licenciada con honores en medicina en la Cornell University Medical College, completó sus años como residente en psiquiatría, seguidos de una beca para psiquiatría infantil y adolescente; luego completó su segunda práctica como residente en dermatología. Está afiliada al New York-Presbyterian Hospital/Weill Cornell Medical Center y al SUNY Downstate Medical Center. Vive en Manhattan con su esposo y sus dos hijos.